Research on the Practical Teaching Competency of Engineering Teachers in Higher Vocational Colleges

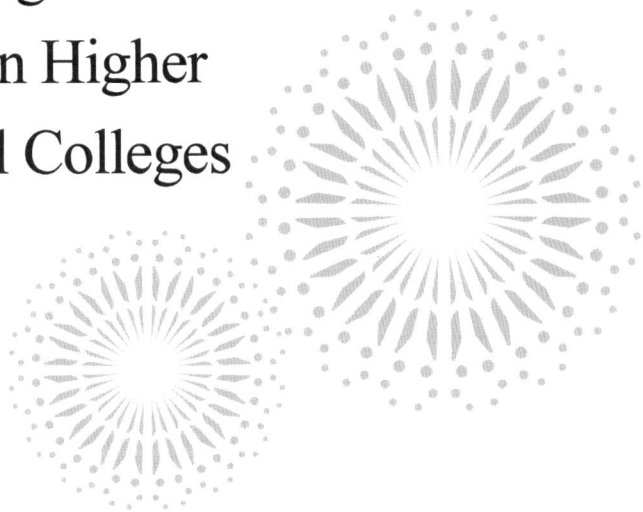

高职院校工科专业教师 实践教学胜任力研究

冯旭芳 ———— 著

ZHEJIANG UNIVERSITY PRESS
浙江大学出版社

前 言

高职教育最鲜明的特色在于其实践性和应用性，在于其强调学生实践应用能力的培养。当前国家大力推进的现代学徒制改革试点、"1+X"证书制度试点、"教材、教法、教师"三教改革、产教融合型企业培育等，主要目的都是解决当前高职教育人才实践应用能力不足这一关键问题。加强实践教学是由高职人才培养目标决定的，是凸显高职教育特色的关键。实践教学质量直接影响高职院校人才培养整体质量。教师是实践教学的直接实施者，教师实践教学胜任力水平直接制约高职教育实践教学的质量水平。教育部印发的《职业教育专业目录（2021年）》中，共设置19个专业大类，其中工科专业大类10个，可见工科专业是高职院校主要开设的专业。工科专业教师占全国高职院校教师的绝大多数，但从当前高职院校工科专业教师教学能力发展状况来看，教师普遍存在工程实践能力、动手操作能力、现场教学能力弱的问题，教师实践教学胜任力不足，这种状况已在很大程度上制约了高职教育人才培养的质量。因此，提升高职院校工科专业教师教学胜任力，尤其是提升教师相对欠缺的实践教学胜任力，成为高职院校高质量发展迫切需要关注的热点和解决的难点之一。但当前高职院校工科专业教师实践教学胜任力的提升又存在诸多问题，关于教师实践教学胜任力的研究相当匮乏，且还处于初步探索阶段。鉴于工科专业教师实践教学胜任力的重大意义和相关理论研究的欠缺，对高职院校工科专业教师实践教学胜任力进行研究具有现实重要性和紧迫性。

本书紧紧围绕"高职院校工科专业教师实践教学胜任力"这一研究主题，综合运用文献资料法、行为事件访谈法、德尔菲法和问卷调查法等研究方法，探析高职院校工科专业教师实践教学胜任力的结构、现状、问题，以及提升对策。全书主要包括绪论、理论阐释、模型构建、模型验证、现状调查与问题分析、提出对策及研究结论与展望等七个部分。

第一部分，绪论。对研究缘起、研究目的、研究意义进行阐述，进行国内外文献综述和核心概念界定，基于此提出研究问题，研究重点、难点和创新点，研究思路和研究方法。

第二部分，理论阐释。对模型构建所依据的理论进行分析，主要是管理学领域的胜任力结构模型理论和工作分析理论、心理学领域的人格类型理论和智力三元理论、教育学领域的教师专业发展理论和行动导向教学理论，这些理论共同构成了高职院校工科专业教师实践教学胜任力建模的理论基础。

第三部分，模型构建。通过对高职院校工科专业教师实践教学工作的分析和胜任特征的调查分析，提取实践教学胜任特征；对高职院校工科专业教师进行行为事件访谈，其中 12 名为绩优教师、8名为普通教师，通过胜任力编码和对两组不同绩效教师的胜任特征进行差异分析，区别出基准性胜任力和鉴别性胜任力，构建高职院校工科专业教师实践教学胜任力结构模型；两次采用德尔菲法，对高职院校工科专业教师实践教学胜任力结构模型进行修正，最终形成高职院校工科专业教师实践教学胜任力"双模块四维度"结构模型。

第四部分，模型验证。采取编制量表检验法对模型进行验证。在实践教学胜任力结构模型的基础上，编制调查问卷。通过探索性因素分析，得出教学组织与实施、教学设计与研究、校企合作、教学知识、安全教学、身份认同、教学评价与反馈等7个共性因素，其中的胜任特征与通过行为事件访谈法和德尔菲法构建的高职院校工科专业教师实践教学胜任力结构模型中包含的胜任特征基本吻合，表明构建的模型质量良好。构念效度和效标效度的检验结果也验证了这一结论。

第五部分，现状调查和问题分析。运用自编的、经过信效度检验的高职院校工科专业教师实践教学胜任力调查问卷（正式卷），采用分层随机抽样的方式，对浙江省不同类型、不同层次高职院校进行调查。调查结果发现：高职院校工科专业教师的实践教学胜任力整体处于中等水平，但不同性别、不同年龄、不同教龄、不同专业技术职务、不同学历、不同教师类型、不同企业工作经历的高职院校工科专业教师实践教学胜任力表现水平存在差异。结合访谈资料分析发现，当前存在教师学历层次高但实践教学胜任力较弱、教学评价与反馈能力不足、校企合作能力不强，青年教师实践教学胜任力较差，兼职教师实践教学胜任力不足，教师实践教学胜任力水平参差不齐等问题。剖析问题存在的原因，主要在于教师个体缺乏专业自主发展意识与发展能力、政府部门尚未制定高职院校工科专业教师实践教学胜任力标准、高职院校不够重视工科专业教师实践教学胜任力发展、企业参与职业教育的积极性不够、培训机构难以满足教师实践教学胜任力提升的培训需求。

第六部分，提出对策。针对高职院校工科专业教师实践教学胜任力现状、存在的问题，提出高职院校工科专业教师实践教学胜任力提升的对策，即明确基于实践教学胜任力结构模型的教师自我发展路径，形成高职院校工科专业教师实践教学发展共同体，构建政校行企协同工科专业师资培养培训格局，规范高职院校工科专业教师专业发展。

第七部分，研究结论与展望。通过对本书的脉络进行梳理，展望未来的研究内容和方法。从研究内容上看，可以研究高职院校工科专业教师的科研胜任力、社会服务力和文化传承胜任力；可以聚焦更为具体的专业大类或专业；可以把研究取样扩大到全国范围。从研究方法上看，可以尝试用其他方法建立高职院校工科专业教师实践教学胜任力结构模型；可以考虑开发情境测试问卷；可以进行纵向研究。

本书的出版得益于很多人的支持和帮助。在此，要特别感谢博士生导师张桂春教授的悉心指导和帮助，他是职教师资建设研究方面的资深专家，在选题和写作过程中给予了很多指导，提出了中肯的修改建议，没有他的远见卓识和专业智慧，本书不可能顺利完成。还要感谢左彦鹏博士、李贺伟博士、白玲博士、王忠昌博士、王洋博士、徐丹阳博士、张婷博士、王佳桐博士等，他们为本书的部分章节或提供背景资料，或提供专业意见，或提供技术支持。感谢接受访谈的老师，是他们慷慨接受访谈，并不计报酬地配合工作，才让研究得以顺利实施。感谢参与德尔菲法的各位专家学者，是他们的热情、细致、博学，让本书的结论更加科学。感谢发放调查问卷的各个高职院校的同仁，以及参与调查问卷填写的许许多多高职院校教师，他们的鼎力支持和积极配合，使得本书得以顺利完成。此外，也要特别感谢浙江工业职业技术学院的领导和同事们，正是学校高度重视师资队伍建设和以高质量教科研助力学校高质量发展，才让我更有动力和信心完成本书的写作。本书的出版得到了浙江工业职业技术学院学术著作出版资助专项资金资助。本书的责任编辑、浙江大学出版社宁檬老师进行了细致的编辑加工，在此一并表示感谢！

　　本书在撰写过程中借鉴和参考了国内外专家学者的研究成果，虽然已注明出处，表示了对原作者的尊重和感谢，但难免有遗漏之处，敬请谅解。

　　由于水平有限，书中难免存在不足之处，恳请指正。

冯旭芳

2021 年 12 月

目 录

第一章

绪　论

高职教育最鲜明的特色在于其实践性和应用性，在于其强调学生实践应用能力的培养。当前国家大力推进的现代学徒制试点、"1+X"证书制度试点、"教材、教法、教师"三教改革、产教融合型企业培育，主要目的是要解决当前高职教育人才实践应用能力不足的问题。加强实践教学是由高职人才培养目标决定的，是凸显高职教育特色的关键。教师是实践教学的直接实施者，教师实践教学胜任力水平直接制约高职院校人才培养质量。高职教育"复合型技术技能人才"的培养目标要求教师既要有理论教学能力，又要有实践教学能力。教育部印发的《职业教育专业目录（2021年）》，共设置19个专业大类，其中工科专业大类10个，可见工科专业是高职院校主要开设的专业。工科专业教师占全国高职院校教师的绝大多数，但从当前高职院校工科专业教师专业发展情况来看，教师普遍存在工程实践能力、动手操作能力、现场教学能力较弱的问题，教师实践教学胜任力不足，而这种现状已经在很大程度上制约了高职教育人才培养的质量。"百年大计，教育为本。教育大计，教师为本。""我们无论怎样强调教学质量亦即教师质量的重要性都不过分……提高教师的质量和积极性应是所有国家优先考虑的问题。"（联合国教科文组织，1996）解决高职院校工科专业教师实践教学胜任力不足的问题，提高高职院校实践教学质量和人才培养质量，成为当前高职院校工科专业教师专业发展和教学能力建设的热点和难点问题。

一、研究缘起

（一）高职院校工科专业教师实践教学胜任力的重要性

人才培养质量是高职院校办学的生命线，评价一所高职院校办学的成功与否关键在于其是否培养出了符合区域经济社会发展需求的高素质复合型技术技能人才。高职教育的内涵和目标决定了实践教学在高职教育中的地位和作用。高职教育以培养"复合型技术技能人才"为目标，这类人才除了要掌握必备的基础理论知识，更重要的是要具有较强的实践应用能力和职业综合能力。因此，在其培养过程中，必须重视实践应用能力的培养，重视职业经验和职业技能的获得。实践教学是学生在校期间获得实践应用能力和职业综合能力的最主要途径和手段，因此在整个高职教育教学体系中占有极为重要的地位。教师是实践教学的直接实施者，教师实践教学胜任力的高低直接影响实践教学质量的高低，影响教学改革的深度，影响人才培养质量的高低。

工业化是国家经济繁荣发展的必由之路。当前，我国大力提高工业发展质量和效益，实施"中国制造2025"重大战略，推动"工业制造"向"工业智造"转型，推动"工业大国"向"工业强国"转型。"科学技术是发展的第一生产力"，"人才是发展的第一资源"。"中国制造2025"战略需要大量的复合型技术技能人才作为战略支撑。纵观世界工业发展史，但凡工业强国，都是复合型技术技能人才大国。无论通过新技术改造传统产业，还是实现从"中国制造"到"中国智造"的跨越，复合型技术技能人才都不可或缺。但在工业发展呈指数级增长的背景下，我国工科专业人才实践应用能力薄弱的问题非常突出，部分高职院校工科专业毕业生无法胜任企业工作。这种境况不仅不利于工科专业毕业生的职业发展，也难以满足企业的用人需求，难以契合产业界的发展需要，更阻碍我国由"工业大国"迈向"工业强国"的转型发展。企业的痛点正是改革的发力点，培养复合型技术技能人才也需要来一场供给侧结构性改革。在此背景下，2017年教育部积极推进新工科建设，先后形成"复旦共识""天大行动"和"北京指南"，从不同方面强调复合型技术技能人才创新培养的重要性，以及工科专业教师实践教学能力提升的重要性。由此可见，工科专业教师实践教学能力，特别是实践教学胜任力提升对人才培养乃至工业产业发展尤为重要。

（二）高职院校工科专业教师实践教学胜任力较弱

在国家"三改一补"发展高职教育政策的指导下，高等专科学校、职业大学和中等专科学校通过转制、合并、升格等多种途径建立起高等职业院校，以培养专科层次的技术技能人才。1999 年，随着高等教育扩招、发展高职教育的权力和责任下放到省级，以及教育部对高等职业教育、高等专科教育和成人高等教育实行"三教统筹"，高等职业教育进入跨越式大发展时期。特别是在1999 年实施了高等教育扩招政策之后，高职院校发展迅猛，从 1999 年的全国474 所增长到 2018 年的 1418 所。学校规模不断扩大，招生数量不断增加，在校生数剧增，甚至占据了我国高等教育的"半壁江山"。伴随着办学规模的不断扩张和学生数量的持续增长，教师数量也相应快速增加。1999 年，全国高职专任教师总数为 8 万余人，到 2018 年已近 50 万人。其中，快速增长的工科专业教师主要来源于以下几个方面：一是普通高等学校毕业的应届毕业生；二是高职院校中留校任教的、具有较强动手操作能力的优秀毕业生；三是从企业引进的能工巧匠、高技术技能人才。因高职院校教师准入制度尚未建立，教师"入口"把关不严，所以，高职院校工科专业教师实践教学能力不足，实践教学胜任力普遍偏弱。来自高等学校的应届毕业生，往往从"校门"到"校门"，缺乏一线岗位实践经历，对行业知识掌握不够，对行业企业发展趋势把握不足，动手操作能力不强，对学生实践学习的指导能力不强。而来自企业的专兼职教师，虽然拥有丰富的企业工作经验和较强的动手操作能力，却往往因为不了解职业教育教学规律和高职院校学生心理发展特征，实践教学绩效表现不佳。学校虽给予新入职教师岗前培训和提供企业实践机会，但在当前产教融合、校企合作不紧密的尴尬境地下，教师"企业实践"形式大于实质，对教师实践教学能力培养的助推力不足，教师在实践教学岗位的工作绩效表现不佳。

此外，当前部分高职院校教师缺乏身份认同感。由于受传统文化观念和社会偏见影响，职业教育长期被视为一种"低等"教育，职业院校学生被视为"差等生"，甚至个别教师不好意思说自己在职业院校工作，严重缺乏身份认同感。另外，部分高职院校教师缺乏实践教学热情。高职院校学生来源复杂且基础素质相对较差，实践教学课堂管理难度较大，教师在实践教学过程中自我尊重感、获得感缺失，缺乏教学热情，容易出现厌教情绪。再者，部分高职院校教师存在功利主义倾向。在以职称晋升为目的的教师个人发展中，教师更多地偏重于对职称晋升、待遇提高有直接影响的因素，如项目申报、论文撰写、学历提升等，而忽视了教师伦理、职业精神、职业态度、价值观、师德师风对学生职业精神和综合素养提升的重要作用，忽略了教师精神、价值观层面的因素对于实践教学胜任力提升的重要作用。

综上所述，高职院校教师，尤其是工科专业教师存在实践教学知识欠缺、实践教学能力不足、身份认同感低、教学热情不高、功利主义倾向等一系列问题，导致实践教学胜任力较弱，影响实践教学的实施效果和人才培养质量。因此，要实现高职院校高质量发展，提升人才培养质量，关键在于提高教师教学能力，重点在于解决教师实践教学胜任力弱的问题。

（三）高职院校工科专业教师教学能力发展迫切需要提升实践教学胜任力

高职教育兼具"高等性"和"职业性"。高职教育自身的特殊性质，对教师实践教学能力提出了不同于普通教育的更高、更多样化的要求。高职教育中的"教师专业发展""教师教学发展"问题被理论界和实践领域广泛关注和研究。"双师型"教师队伍建设是高职教育教师队伍建设的特色和重点。《国家职业教育改革实施方案》明确提出，"'双师型'教师占专业课教师总数超过一半"（国务院，2019）。《深化新时代职业教育"双师型"教师队伍建设改革实施方案》明确提出，"突出'双师型'教师个体成长和'双师型'教学团队建设相结合……大力提升职业院校'双师型'教师队伍建设水平"（教育部等四部门，2019）。从教师理论教学角度而言，当前高职院校工科专业教师绝大多数来源于高等学校的优秀应届毕业生，拥有较为扎实的理论知识，入职后又有一定的教育教学方面的培训和指导，再加上高职教育理论以"够用"为基础，教师专业理论知识基本达到高职院校专业教学要求，普遍胜任理论教学。但实际上，高职院校工科专业教师实践教学胜任力明显不足，且因身份认同感低、教学热情不高等一系列原因，实践教学胜任力普遍较低。因此，当前同时具备理论教学和实践教学能力的工科专业"双师型"教师严重短缺。

　　针对高职院校工科专业教师实践教学胜任力薄弱的现状，无论是国家、地方、高职院校对教师教学能力建设的"外拉力"，还是高职院校教师自身教学能力提升的"内驱力"，都将提升实践教学胜任力作为教学发展的重点。现实的情况是，由于受政治、经济、文化等多方面因素的交织影响，教师实践教学胜任力发展存在诸多问题，主要表现在如下几个方面：一是高职院校工科专业教师实践教学胜任力标准缺失，承担实践教学任务的工科专业教师整体素质参差不齐；二是高职院校工科专业教师实践教学胜任力结构模型缺失，教师实践教学胜任力发展缺乏理论依据和技术支持；三是产教融合不紧密，教师企业实践形式大于实效；四是教师培训体系不完善，培训内容单一，培训效果不佳等。

　　高职院校工科专业教师教学能力发展迫切需要提升实践教学胜任力，但针对高职院校工科专业教师实践教学胜任力的研究相当匮乏，还处于初步探索阶段。鉴于工科专业教师实践教学胜任力水平在高职院校人才培养中的重要性和相关理论研究的欠缺，对高职院校工科专业教师实践教学胜任力进行研究具有现实重要性和必要性。本书将针对高职院校工科专业教师实践教学胜任力进行研究，构建高职院校工科专业教师实践教学胜任力结构模型，明确高职院校工科专业教师实践教学应该具备什么样的胜任力，并根据调研结果，有针对性地提出提升高职院校工科专业教师实践教学胜任力的对策建议。本书的研究成果不仅有利于丰富职业教育学科理论，也可为高职院校实践教学管理、教师培养培训提供科学依据和理论基础，也可为高职院校教师自身实践教学胜任力的提高做出指引。

二、研究目的与研究意义

（一）研究目的

　　本研究旨在采用科学的建模方法构建高职院校工科专业教师实践教学胜任力结构模型，明确高职院校工科专业教师实践教学应该具备什么样的胜任力，并通过编制实践教学胜任力调查问卷进行模型验证，通过大样本调查摸清浙江省高职院校工科专业教师实践教学胜任力的水平和特点，探究其中存在的问题，剖析实践教学胜任力不足的原因，提出提升实践教学胜任力的对策建议，为高职院校加强实践教学师资队伍建设提供理论依据，为工科专业教师继续教育和培训提供技术支持，也为其实践教学胜任力提升提供指引。

（二）研究意义

1. 理论意义

一是丰富职业教育学学科理论。对高职院校工科专业教师、实践教学、实践教学胜任力、实践教学胜任力结构模型等概念进行界定，有利于人们更好、更深入地理解其含义；对高职院校工科专业教师实践教学胜任力结构模型的构建，对高职院校工科专业教师实践教学胜任力水平和特征的分析，能丰富人们对实践教学胜任力的认知，并为研究者研究该领域的问题提供基本框架，丰富职业教育学学科理论。

二是丰富和完善教师职业能力测试理论。高职院校工科专业教师实践教学胜任力结构模型的构建引入和融合了胜任力理论、工作分析理论、教师专业发展理论和行动导向理论等多种前沿理论，在方案设计上采用定性和定量相结合的混合研究范式，而非脱离情境的简单测试。因此，高职院校工科专业教师实践教学胜任力模型的构建和测量工具的开发可以进一步丰富和完善教师职业能力测试理论。

三是丰富高职院校教师教学能力建设理论。高职院校工科专业教师实践教学胜任力研究还处在初始阶段，不论是实践教学胜任力要素、实践教学胜任力模型、实践教学水平测量，还是实践教学胜任力形成规律都缺乏成熟的研究与深入的探讨。理论研究的欠缺与不足既无法有效了解实践层面高职院校工科专业教师实践教学胜任力水平与存在的问题，也阻碍了未来高职院校教师实践教学胜任力提升的有效路径供给。鉴于此，本研究运用管理学、教育学、心理学等多学科知识，采用问卷调查法、行为事件访谈法和德尔菲法构建高职院校工科专业教师实践教学胜任力结构模型，并依据模型编制调查问卷，提出提升高职院校工科专业教师实践教学胜任力的策略，丰富高职院校教师教学能力建设的相关理论。

2. 实践意义

一是能够为政府部门制定高职院校工科专业教师实践教学胜任力标准提供理论依据。对高职院校工科专业教师实践教学胜任力结构模型的构建，以及对基准性胜任力和鉴别性胜任力各要素的分析，能为高职院校工科专业教师实践教学胜任力标准的制定提供一定的理论支撑。

二是能够为高职院校工科专业教师实践教学管理提供理论依据和技术支持。科学的管理决策需要以大量真实的实证数据为依据，而数据的获取需要有效的支持工具，以及开发这种工具所依据的科学模型。对于职教和行政部门来说，要提升高职院校工科专业人才培养质量，就要提升工科专业教师队伍质量，尤其是其实践教学胜任力，这就要求弄清高职院校工科专业教师实践教学胜任力的概念和内涵是什么，包含哪些胜任力要素，当前高职院校工科专业教师的实践教学胜任力水平如何，如何干预才能取得最大成效。同样，对于高职院校校长来说，要提高办学质量，提升人才培养水平，促进学校的可持续发展，亦要清楚当前教师实践教学的整体水平、存在的问题，这样才能采取有效措施加以提升。这种管理决策的工具和数据正是本研究致力于开发和研究的。

三是能够为高职院校工科专业教师的在职教育培训提供理论依据和技术支持。高职院校工科专业教师的教育与培训，需要有一个科学可行的模型指引，以及在此模型基础上开发出来的评价诊断工具。本研究构建的高职院校工科专业教师实践教学胜任力结构模型和开发的调查问卷，能够更好地在教学法方面为教师的教育教学活动提供直接的技术支持。

四是能够为高职院校工科专业教师实践教学胜任力发展提供指引。高职院校工科专业教师实践教学胜任力结构模型是针对高职院校工科专业教师实践教学工作提出的一系列标准，教师可以针对自身测评结果，对照实践教学胜任力标准，发现自身的欠缺之处，选择有针对性的学习培训，不断提升自身实践教学胜任力，实现专业自主发展。

三、文献综述

当前，尽管已经有学者开始对教师实践教学胜任力进行研究，但未能形成系统的研究成果，[①] 尤其是往往采取理论思辨和经验总结法进行胜任力结构分析，研究较为缺乏科学性，这表明关于教师实践教学胜任力的研究未能够充分有效地借鉴其他学科领域的研究成果，因此，制约了本领域的研究。因此，为了能够在当前对教师实践教学胜任力的研究中有所突破，需借鉴相关学科领域的研究成果。因为以胜任力为主题的研究起源于管理学，之后扩展到教育学、心理学、社会学等领域，在各领域的人力资源管理开发中得到广泛应用。文献综述部分主要围绕核心概念的延伸进行整理与归纳，围绕胜任力、教学胜任力、高职院校工科专业教师实践教学胜任力三个主题展开文献梳理，为后续研究奠定坚实基础。

（一）关于胜任力的研究

通过超星图书馆、中国期刊网、维普中文科技期刊网以及 Springer 外文电子期刊全文数据库等，对关于胜任力的文献资料进行检索和搜集，发现了较为丰富的研究成果，以下从胜任力内涵、胜任力分类和胜任力结构模型三个方面进行梳理和分析。

1. 关于胜任力内涵的研究

自美国哈佛大学教授戴维·麦克莱兰（David McClelland）提出胜任力概念后，管理学界掀起了对胜任力的研究热潮，这股热潮迅速扩展到其他领域，如教育学、社会学、心理学、经济学等，在各领域的人力资源管理实践中广泛应用，引发了"胜任力运动（competency movement）"。学者纷纷对胜任力的内涵进行了界定，其中较为典型的定义如表 1-1 所示。

[①] 在中国知网对截至 2019 年 12 月 31 日的文献以"胜任力""教师""实践教学"进行主题检索，只搜索到 13 篇相关学术论文，且主要集中在对应用型本科高校教师实践教学能力的评价与发展研究上，而且还未有博士学位论文对这一主题进行关注。

表1-1　学者关于胜任力的典型定义

学者	胜任力定义
McClelland（1973）	与工作绩效相联系的特质、动机、知识、技能和能力，可区分绩效优异者和绩效普通者。
McLagan（1980）	一系列足以完成主要工作任务的知识、技能与态度。
Boyatzis（1982）	个体满足组织环境中工作任务的行为能力，这一能力能带来预期的成效。
Fletcher（1992）	运用知识和技能完成既定工作任务的能力和意愿。
Spencer（1993）	在特定职业（组织、文化）中，把绩效优异者和绩效普通者区分出来的个人特质。
Yeung（1994）	胜任力是指影响个人工作绩效和工作成果的深层次、关键特性。
Spencer, McClelland, Spencer（1994）	个体的特征，如态度、价值观、动机、特质、自我概念、知识、技能等，这些特征可以进行衡量。
Peterson, Mumford, Bormon, et al.（1995）	个体潜质的综合体，包括兴趣、价值观、理念、知识、技能、能力、自我激励等。
Mansfield（1996）	知识、技能和行为特征的综合体，员工必须经过学习培训，才能胜任并提高工作绩效。
Mirabile（1997）	与高工作绩效相关的知识、技能、能力或特征。
Sandberg（2000）	那些人们在工作时所使用的知识和技能，而不是个体所具有的全部知识和技能。
王重鸣（2000）	与高绩效相联系的个性、动机、价值观以及某一工作领域的知识和能力。
彭剑锋（2003）	一个人产生卓越工作绩效的各种人格特征的集合，是从事某项岗位工作的起点，是区分绩效优异者和绩效普通者的个人知识、技能、个性特征和驱动力等。
仲理峰、时勘（2003）	能把某一岗位的绩效优异者和绩效普通者区分开来的个体潜在的、较为持久的行为特征。

总结学者们对胜任力的界定，可以发现他们是从不同角度入手，偏重点各有差异。有的学者认为胜任力是行为表现或行为模式，而更多的学者认为胜任力是个体的深层次特征，但他们在定义胜任力的内涵时还是有共同点的。学者们对胜任力的定义，主要有如下共同点：（1）都认为胜任力是绩效导向的。高胜任力导向高绩效，低胜任力导向低绩效，胜任力是影响个体岗位绩效高低的潜在的、深层次的原因；（2）都认为胜任力的表现形式是个体行为，是其中能预测绩效高低、可描述的、稳定的那部分行为；（3）都认为胜任力与岗位相关，

与工作任务相联系，能够区分绩效高低，且具有一定的稳定性和发展性；（4）都认为胜任力是员工在工作场景中所具有的知识、技能、动机、价值观、个性和态度等系列特质。

2. 关于胜任力分类的研究

角度不同，学者们对胜任力的划分也不相同，可从胜任力的主体、运用情境、区分标准和内涵上加以分类。

从胜任力的主体上看，有国家胜任力、组织胜任力和个人胜任力。国家胜任力是指使一个国家保持国际竞争优势的关键特征，如人才、资源、文化、领导等；组织胜任力是指使一个组织保持竞争优势所具有的核心特征，如组织的整体特质、技术、文化、知识等；个人胜任力是指特定工作中直接影响个人绩效水平的知识、技能、特质或动机等。

从胜任力的运用情境上看，有概念胜任力、人际胜任力和技术胜任力。概念胜任力包括发现问题、分析问题、解决问题、捕抓机遇和创造力的能力等；人际胜任力包括沟通能力、协作能力、同情心、社会敏锐度、人际交往能力等；技术胜任力包括熟悉工具、使用工具、操作设备、掌握方法的能力等。另外，Pavett 和 Lau（1983）认为胜任力包括概念、技术、人际和政治胜任特征四种类型。Yukl（1989）根据个体处理事、人、观念及概念等各种运用情境的特点，对胜任特征进行了分类。

从胜任力的区分标准上看，可分为基准性胜任力和鉴别性胜任力。其中，基准性胜任力是指满足一般岗位工作的知识、能力和个人特质等；鉴别性胜任力其实就是狭义的胜任力，指的是能够区分一般绩效和高绩效的知识、能力、特征和动机等。如 Spencer（1993）、仲理峰和时勘（2003）认为胜任力与工作绩效的高低密切相关。

从胜任力的内涵上看，可分为元胜任力、组织内部胜任力、行业通用胜任力、特殊技术胜任力、行业技术胜任力、标准技术胜任力（Nordhang, Gronhaug, 1994）。冯明（2001）在其研究中，界定了这些胜任力。

3. 关于胜任力结构模型的研究

1973 年，胜任力冰山模型的提出标志着胜任力结构模型研究的开端。之后，理查德·博亚特兹（Richard Boyatzis）的洋葱模型、罗伯特·斯滕伯格

（Robert Sternberg）的智力三元理论、普拉哈拉德（Prahald）和加里·哈默尔（Gary Hamel）的组织核心胜任力理论、诺德豪格（Nordhaug）的胜任力分类学说，都对胜任力结构模型理论的发展做出了重要贡献。

1982 年，Boyatis（1982）的著作《胜任的经理：一个高效的绩效模型》出版，胜任力结构模型开始引起国内外人力资源开发领域的广泛关注。他通过对 12 个工业领域的 41 个管理岗位的 2000 多名管理人员胜任力的综合分析，构建了包括 6 大类 19 个子类的工业领域管理人员胜任力通用结构模型。

1989 年，McBer & Company 咨询公司前总裁 Spencer 和 Spencer（1993）研究了 200 多种工作，涉及教育、服务、技术、制造、销售、卫生保健、政府机构、军事以及宗教，最终分析出与高绩效相关的数百种工作行为，提出了 21 个基本的个人胜任力。此研究成果成为之后同类研究的典范。

1998 年，McClelland（1998）运用行为事件访谈法帮助两家跨国公司开发高层管理人员胜任力结构模型。结果表明，对于以胜任力结构模型为标准选拔的高层管理人员，其离职率从过去的 49% 降到了 6.3%。追踪研究还发现，达到胜任力标准的所有新聘高层管理人员中有 47% 在一年后表现出色，而没有达到胜任力标准的人中只有 22% 一年后表现出色。

2003 年，Douglas（2003）构建了包括认知水平、技术技能、经验、行为特征和人际关系等五大类胜任力的医疗机构高层管理人员胜任力结构模型。他认为，认知水平和技术技能是基准能力，行为特征较难培养和发展，人际关系则与高绩效的管理业绩相关。

目前，国外在胜任力研究与实践方面较有代表性的企业是海姆—麦克博（Hay-McBer）管理咨询公司，此外还有罗明格国际（Lominger International）、兹威尔国际（Zwell International）公司和其他组织等。经过 30 多年对胜任力的研究，海姆集团（Hay Group）建立了丰富的胜任力结构模型库，并配备了评估反馈和相应能力发展指南手册（刘泽文，2009）。

相对国外，国内胜任力结构模型的研究和应用起步较晚，且主要集中在人力资源管理和心理学两大领域。我国关于胜任力研究的专家中，比较具有代表性的有浙江大学管理学院的王重鸣教授、陈民科教授，中国科学院心理研究所的时勘教授、王继承教授、仲理峰教授，北京科技大学管理学院的魏钧教授，清华大学经济管理学院的张德教授，南京大学商学院的赵曙明教授，中国人民大学的彭剑锋教授，南京理工大学的江卫东教授等。

时勘、王继承和李超平（2002）通过行为事件访谈法，构建了包括 9 项胜任特征的我国通信业高层管理者胜任特征模型。王重鸣和陈民科（2002）通过总结国内外相关文献资料，运用胜任力职位分析法，编制量表并调查了 220 名中高层管理者，构建了包括管理素质和管理技能等两个维度的管理胜任特征结构模型，并根据职位层次间存在的显著差异，区分了副职和正职的胜任特征。魏钧和张德（2007）采用团体焦点访谈法、关键行为事件访谈法，构建了由 4 大类胜任力模块 16 项胜任特征组成的商业银行风险经理胜任力结构模型与层级结构。

相关的建模研究还有研发团队胜任力结构模型的构建及其对团队绩效的影响（徐芳，2003）、项目管理者胜任力结构模型（姚翔、王垒、陈建红，2004）、IT 业项目经理人胜任力结构模型研究（潘文安，2005）、中小学教师胜任力结构模型：一项行为事件访谈研究（徐建平、张厚粲，2006）、党政领导干部胜任力结构模型的构建（赵辉、黄晓、韦小军，2006）、高校教师胜任力结构模型研究（汤舒俊、刘亚、郭永玉，2010）、企业中层管理者胜任力结构模型研究（谌珊，2015）、智库专家胜任力结构模型构建（庆海涛、陈媛媛、关琳等，2016）、基层统计部门领导胜任力结构模型的构建与检验（姜勤德、蔡永红、孟静怡等，2019）等。

胜任力结构模型研究主要由理论研究和应用研究两方面组成。从胜任力结构模型的理论研究来看，国外学者取得了一系列成就，并形成了相对成熟和完善的胜任力建模体系。国内学者借鉴国外建模的理论研究成果，并结合中国国情，对各行各业的胜任力结构模型也进行了探索性研究，但是缺乏系统性和深入性。从胜任力结构模型的应用研究来看，国外对胜任力结构模型的研究源于实践需求，且起步早，结构模型已广泛运用于行政管理、教育教学等各大领域，实践经验较为丰富。国内胜任力结构模型的应用研究起步较晚，应用范围较窄，应用方式也不甚规范。

（二）关于教学胜任力的研究

1. 关于教学胜任力内涵的研究

学术界虽未形成关于教学胜任力内涵的统一定义，但对其进行了丰富研究。

国外学者 Olson 和 Wyett（2000）认为教学胜任力是指教师个体成功实施教学所具备的专业知识、专业技能和专业价值观。Tigelaar、Dolmans 和 Wolfhagen（2004）等认为，教师教学胜任力是指教师的人格特征、知识和在不同教学背景下所需要的教学技巧及教学态度的综合。

国内学者邢强和孟卫青（2003）认为，教师教学胜任力是指教师个体所具备的、与实施成功教学有关的一种专业知识、专业技能和专业价值观。李长华和曾晓东（2004）认为，教师教学胜任力是指教师知道的知识、技能、价值观的具体内容，它直接影响教师的教学成绩。张祥兰和许放（2009）认为，教学胜任力是教师应具备并在教学情境中体现出的能有效影响教学设计、教学实施、教学效果的个体潜在的、较为持久的心理及行为特征，这些特征包括个性特质、价值观、动机、知识和技能等。

可见，国内外学者均认为，教师教学胜任力是与教师个人实施成功教学有关的专业知识、专业能力和专业品质。

2. 关于教学胜任力结构模型的研究

在教育领域的胜任力研究中，出现了两种明显的模型倾向：一种是以技能为本的胜任力结构模型，另一种是以素质为本的胜任力结构模型（Janet，1993）。

从国外学者的研究成果来看，其研究重点是分析优秀教师的素质、总结优秀教师所具备的心理素质，或者是构建优秀教师应该具备的素质的结构模型或心理素质结构模型。Charlotte（1996）构建了包括计划与准备、教师环境监控、教学组织与实施、专业责任感四个维度的教学胜任力结构模型。Foster（2002）认为，具有教学成效的教师具有八个方面的特征：对学生富有责任心、为学生学习提供多样机会、实施有效的课堂管理、善于调整教学方式方法、帮助学生了解学习目标和进度、积极开展教学活动、及时向学生提供教学反馈让学生掌握学习成效、为学生学习提供环境支持。Hay-McBer 公司指出，教师教学的五大胜任特征包括：专业化（尊重他人、挑战与支持、建立信任关系、信心）、领导力（管理学生、交往责任心强的朋友、灵活性、学习热情）、思维（概念性、分析性）、计划/设定目标（上进心、主动性、信息技术能力）、交往关系（团队合作、影响力、同理心）。澳大利亚维多利亚州独立学校协会指出，教学胜任力是一个多因素结构模型，由发起、决策、专业知识、计划和组织、辅导、行动、沟通能力、创新、工作标准、信息监控、关注质量、以学习者为中心、人际交往、发展友谊、终身学习等15个因素组成（刘钦瑶、葛列众、刘少英，2017）。

相对而言，国内学者对教学胜任力的研究起步较晚，最早见于2007年，发展缓慢但稳中有增。10多年来，我国关于教学胜任力的研究大致可分为起步和发展两个阶段：2007—2013年属于起步阶段。在该阶段，公开发表的论文数量较少，最多的年份为6篇；2014年至今为发展阶段，这一阶段的论文数量有较大的增长。值得注意的是，这一时期教学胜任力研究亦成为研究生的毕业论文选题，其后成为重要的共引文献，如《高校教师教学胜任力结构模型研究》（宋晓芳，2007）《中学信息技术教师教学胜任力研究》（李慧亭，2011）《高校教师本科教学胜任素质模型构建》（张浩，2011）《高校教师网络教学胜任力结构模型构建研究》（慈琳，2012）《高校青年教师教学胜任特征模型的构建研究》（蔺粟，2014）《高校青年教师教学胜任力结构模型与测评研究》（熊思鹏，2015）《中职教师教学胜任力实现过程中隐性因素分析》（曹正香，2016）等26篇。国内比较有代表性的关于教学胜任力结构模型的研究如表1-2所示。

表1-2　国内教学胜任力结构模型研究成果

研究者	研究方法	研究结论
常欣、陈淑娟、杨金花等（2009）	文献分析法、问卷调查法	中小学教师任务胜任特征模型包括导向胜任特征模型和关系导向胜任特征模型，前者包括认知能力、教学监控能力、职业动机和职业管理4个一阶因素，后者包括沟通合作、学生观、个人修养和个性特质4个一阶因素。
周榕（2012）	行为事件访谈法、问卷调查法	高校教师远程教学胜任力结构模型归结为包含11项通用胜任力（责任感、行业认知、信息素养、问题解决、团队协作、沟通能力、创造性思维、自我效能、自我提升、媒体表达、教学评价）及5项岗位序列胜任力（其中主讲教师3项，辅导教师2项）的双层结构。
颜正恕（2015）	行为事件访谈法、问卷调查法	高校教师慕课教学胜任力结构模型和评价体系包括教学人格、信息素养、晶体能力、教学影响、教学互动和教学管理等6个一级因素和21个二级因素。

研究者	研究方法	研究结论
郝永林（2015）	文本分析法	研究型大学教师教学胜任力结构模型包括：学术支撑能力、教学转化能力和教师个性态度等方面。
何齐宗、熊思鹏（2015）	文献分析法、德尔菲法、统计法	高校教师教学胜任力的指标体系包含 4 个维度（知识素养、教学能力、职业品格与人格特质）、11 个方面的内容（教育知识、学科知识、通识知识；教学设计、教学实施、教学研究与改革；职业态度、职业情感、职业追求；自我特性、人际特征）和 41 项具体指标。
郝兆杰、潘林（2017）	文献研究法、德尔菲法、问卷调查法	高校教师翻转课堂教学胜任力结构模型包括教师通用胜任力 10 项（学科知识、信息技术知识、学科专业知识的讲授技能、课堂活动组织技能、信息检索技能、自我效能、成就动机、亲和力、尊重学生、敬业精神）和核心胜任力 17 项（翻转课堂理论知识、信息化教学知识、个性化指导技能、翻转课堂教学评价技能、翻转课堂教学设计技能、微视频设计技能、教学平台使用技能、教学反思技能、教学研究技能、创新性思维、善于接受新事物、团队协作、树立因材施教理念、注重学生高阶思维的培养、注重学习者自主学习能力培养、教师作为导演的角色定位、教学改革意识）。
廖宏建、张倩苇（2017）	行为事件访谈法	该模型包含 3 项基准性胜任特征（专业知识、讲授能力、信息素养）以及 13 项鉴别性胜任特征（灵活自适、团队协作、服务意识、成就动机、课程设计、互动维持、教学反思、持续改进、学习分析、混合教学策略、创新精神、评价素养、质量监控）。

综上而言，国内学者对教学胜任力结构模型的研究取得了一些成果。但研究较为分散，缺乏一定的系统性和深入性，且更多的是采用调查分析法进行模型建构，由于社会赞许性因素的干扰，调查数据在一定程度上与实际情况脱节，建模科学性值得商榷。因此，需要进一步采用目前社会公认的科学建模方法——行为事件访谈法，或者综合采取多种建模方式，保证教学胜任力结构模型的科学性。

（三）关于高职院校工科专业教师实践教学胜任力的研究

通过检索国内外文献资料发现，专门针对实践教学胜任力的研究不多。在中国知网对截至 2019 年 12 月 31 日的文献以"胜任力""教师""实践教学"进行主题检索，只搜索到 13 篇相关学术论文，且主要集中在对应用型本科高校教师实践教学能力的评价与发展研究上，其中 3 篇文献涉及教师实践教学胜任力模型构建（杨茜、周莹，2010；徐丽、孙艳萍，2013；孙晓燕，2017）。可见，关于高职院校教师实践教学胜任力的研究明显不足，更不用说聚焦工科专业教师实践教学胜任力方面的研究了。因此，从与高职院校工科专业教师实践教学胜任力研究具有较强关联性的三个方面对文献进行检索，即从高职院校教师胜任力、工科专业教师教学能力、高职院校教师实践教学能力三个方面进行文献梳理，可为本研究提供尽可能详尽的理论依据。

1. 关于高职院校教师胜任力的研究

国外研究结果显示，英国、澳大利亚、美国、德国等国都非常重视对高职院校教师能力的研究。英国最先进行研究。20 世纪 80 年代，英国就重新制定了教师的专业标准。1984 年，英国教育部制定了专业教师的资格标准；2002 年，有关部门进一步完善了合格教师专业标准的相关内容。英国规定高职教育教师要满足国家职业资格体系的要求，必须具有职业资格且有传授知识的能力。英国对教师的教学能力有三个要求：一是因材施教，制订针对性学习计划；二是注重定期评估、及时反馈，为学习者提供多方面学习帮助；三是全程监管学习过程，熟练掌握各种现代教育技术并能有效用于教学过程。2007 年 1 月，学校训练及发展局草拟了《教师专业标准（草案）》，对以往的教师专业标准进行修订，明确规定政府对教师职业生涯各个阶段的专业标准要求。同年 9 月，《英国教师专业标准》正式颁布实施，从专业品质、专业知识与理解、专业技能三个维度分别阐释了五个等级教师的胜任力标准（邵海燕，2011）。

1989 年，澳大利亚正式启动以能力标准体系和资格框架体系为基础的职业技术教育体系。2008 年 1 月，澳大利亚国家质量委员会（NQC）开始正式应用最新的教师培训包与认证程序。2010 年 5 月，创新与行业协会（IBISC）发布了以 2.0 版为前提不断开发修正的培训包（TAE10）。此培训包规定了教师接受教育培训和教师资格认证的标准，包括 7 个模块：培训咨询服务、学习设计、培训实施、评估、高级学习项目培训、国际教学管理和学习项目。2010 年，澳大利亚教育联盟发布的《TAFE 教师资格、专业发展及注册的未来框架》明确了职业技术与继续教育教师能力发展的 3 个阶段，为教师专业发展指明了方向（翁朱华，2011）。

20 世纪 90 年代，美国专业教学标准委员会（NBPTS）构建了职业院校教师能力结构模型。1996 年 5 月，美国起草了《国家职业教育认证标准（草案）》，提出对达到国家职业教育认证标准的教师颁发合格教师证书，以提高教育质量。NBPTS 将职业教育教师分为"合格"和"优秀"两个等级。这两个等级的教师必须分别在教育理念、基础知识、教学方法和教师可持续发展等 4 个方面具备相应的能力标准。此后，该标准经数次改革，目前 NBPTS 采用的是 2015 年颁布的《生涯与技术教育标准》。

1998 年 9 月，德国的教师教育联合委员会对德国教师教育制度进行了系统研究，并于 2004 年公布了各类教师教育的能力结构，于 2008 年发布了第二个教师标准——《专业学科和教育学标准》。另外，德国的《教师标准：教育科学的视角》是根据活动领域划分的，由 4 个能力领域（教学、教育、评价与创新）、11 项能力指标及理论学习标准与教学实践标准模块 2 类共 22 个标准模块组成。

我国关于高职院校教师胜任力的研究起步较迟，在中国知网对截至 2019 年 12 月 31 日的文献以"胜任力""教师""职业"或者"高职"进行篇名检索，共检索到 151 篇相关学术论文，研究主要聚焦在高职院校教师胜任力的模型建构和胜任力发展上。

在高职院校教师胜任力模型建构上，张颖、蒋永忠和黄锐（2010）通过行为事件访谈法和问卷调查法，构建了 5 个方面 23 个因素的高职"双师型"教师胜任力模型。邹艳荣（2016）采用行为事件访谈法和问卷调查法，构建了包括教育教学能力、人际交往能力、管理协调能力、创新能力、自我发展意识、良好心态六个因素的高职院校"双师型"教师胜任力模型。陈斌和刘轩（2011）通过问卷调查法，构建了包括能力技能、个性特征和工作态度等二阶三因素的高职院校教师胜任力结构模型。张新兰（2019）采用行为事件访谈法和问卷调查法，构建了高职院校"双师型"教师胜任力模型，包括职业道德修养、个人性格特质、职业教学能力、专业实践能力、学术科研能力、基础理论知识等六因素。

在高职院校教师胜任力发展上，主要聚焦在高职院校"双师型"教师胜任力的提升策略和路径研究上。李斐（2017）结合职业胜任力理论，从强化专业知识技能储备、强化职业教育价值观与角色意识、提升教师自我效能感、打造高职文化生态四方面提出提高高职教师职业胜任力的对策。陈小云（2019）从构建高职院校师资引进机制、校企合作办学共担培育重任、改革职称评审制度和健全管理机制等四方面，提出了"双元"育人模式下提升高职院校"双师型"教师职业胜任力的相关策略。卞丹丹（2019）提出，要从构建人才管理机制、发挥"传—帮—带"作用、以"走出去、引进来"的方式进行培训、以赛促进、参加社会服务等途径，提升"双师型"服务胜任力。金礼舒（2019）基于胜任力理论，提出从牢固树立发展"双师型"教师的理念、探索培育方式、优化队伍结构和构建激励机制等方面提升"双师型"教师胜任力。

综上所述，高职院校教师胜任力研究主要呈现以下特点：一是研究对象以高职院校教师整体为主，聚焦具体专业的研究较少，涉及高职院校工科专业教师胜任力的研究则更少；二是研究方法更多拘泥于经验性研究，实证类研究成果不足；三是发表研究成果的期刊层次较低，研究不够系统、不够深入。

2. 关于工科专业教师教学能力的研究

这方面国外的研究成果较为丰富。德国、美国等发达国家非常重视工科专业教师教学能力的建设，不仅建立了较高的教师专业标准，而且还拥有较为完善的师资队伍建设体系。德国颁布的《德国高等学校总纲法》和其他相关法律规定，应用技术大学的专任工科教师需要有 5 年及以上的企业工作经历，其中至少有 3 年时间在与所教专业相对应的工作岗位上，并且对专任工科教师入职后的继续教育和培养培训进行了强制规定。更为重要的一点是，德国应用技术大学的工科教师中，60% 是来自企业一线的优秀工程师。这些来自企业一线的兼职教师拥有丰富的工程实践经验和扎实的工程实践能力，能够将行业最新、最前沿的知识和操作技能融入课堂教学。此外，美国高度重视工科专业教师队伍建设，由美国工程技术认证委员会颁布的《工程技术类专业认证标准（2016—2017）》明确提出，工科专业教师是工科专业教学的核心，应确保教师数量足够多，且教师有能力执行教学计划中规定的所有教学任务。工科专业教师要为学生提供足够的指导和咨询，保持适当的师生联系，并能满足服务学校、加强自身继续教育、保持与企业的联系等的需要。工科专业教师应拥有一定的学术水平，在行业领域具有一定的影响力，以确保对专业建设的正确指导和评估。因此，可以从以下因素判断工科专业教师的综合素质：学历背景、工程实践经验、教学经验、人际交往能力、教学热情、学术水平、专业社团的参与程度、专业工程师执照等。

国内学者针对工科专业教师的研究成果较为丰富，但具体聚焦工科专业教师教学能力的研究还有待深入。在中国知网对截至 2019 年 12 月 31 日的文献以"工科""教师""教学"进行检索，共检索到相关学术论文 53 篇，研究主要聚焦在工科专业教师教学能力发展存在的问题和提升策略上。

在工科专业教师教学能力发展存在的问题上，学者们更多采用经验性和思辨性研究的方法，实证性研究明显缺乏。从教师内因来看，张菱奥和代德伟（2019）认为工科专业教师专业知识丰富但实践教学能力不够，教学手段先进但教学技能不够全面，重科研轻教学，严重影响课堂教学质量。徐伟丽、何胜华和杨林（2019）认为工科专业教师教学上存在主观上忽视实践教学和行动上消极对待、实践教学形式和成绩评定方式单一、指导教师实践性知识陈旧、教学内容枯燥粗浅等问题。张丹、孙月华和胡金平等（2018）认为工科专业教师普遍缺乏实践经验、行业工程意识与系统知识，研究方向单一而无法满足教学要求，科研与教学未做到互促互进。从外部环境来看，祝英杰、曲成平和商怀帅等（2016）认为政策制度缺乏专业个性化、专业岗位评聘机制不尽合理、青年教师培养薄弱、缺少个性化发展引导等导致工科专业教师教学能力不足。孙晶和王奇（2016）认为高校针对工科青年教师的岗前培训和入职后的培训体系不完善导致教师教学经验和专业实践经验缺乏，部分高校重科研轻教学导致提升教学研究的激励机制缺乏，师生之间缺乏有效交流沟通等，这些造成工科专业教师教学能力不足。

关于工科专业教师教学能力提升策略，学者们主要从国家层面、社会层面、高校层面和教师个体层面提出对策建议。在国家层面上，学者们认为可以提高工科专业教师职业准入标准（张文文，2019）、政府加大对工科专业教师培养的投入（俞成涛、孙月梅、叶霞，2019）等；在社会层面上，学者们认为可以强化校企合作（徐伟丽、何胜华、杨林，2019）、支持教师企业锻炼（张丹、孙月华、胡金平，2011）等；在学校层面上，学者们认为可以完善教师的聘用和培养制度（徐伟丽、何胜华、杨林，2019）、完善管理制度和评价政策（俞成涛、孙月梅、叶霞，2019）、正确鼓励引导开展科研教研工作（祝英杰、曲成平、商怀帅等，2016）、进行针对性的岗前和入职后培训（孙晶、王奇，2016）、建立和完善校内实践教学基地（徐伟丽、何胜华、杨林，2019）等；在教师个体层面上，学者们建议教师转变教学发展理念（陈冬松，2018）、树立积极的教育观（张菱奥、代德伟，2019）、参与新工科课程体系建设和教学研究（郑开启、李国芬，2019）、勤做教学反思（黄斌，2018）、加强团队协作（陈冬松，2018）、积极参加教学竞赛（李晓静，2015）等。

综上所述，工科专业教师教学能力研究主要呈现以下特点：一是研究以工科教师教学能力存在的问题和提升策略为主，且多为经验性和思辨性研究，实证性研究缺乏。关于工科专业教师教学能力结构建模的研究则明显欠缺，对工科专业教师教学能力构成的研究不足。二是发表研究成果的期刊层次较低，研究不够系统、深入、全面，系统研究的学位论文不多。三是宏观研究多、微观研究少，重复研究多、创新研究少。

3. 关于高职院校教师实践教学能力的研究

实践教学是职业教育的灵魂，是学生实践应用能力提升的重要途径（蒋宗珍，2011）。通过对中国知网的中国期刊全文数据库截至2019年12月31日的文献，以"教师""实践教学""高职"或"职业"进行篇名检索，共检索到相关学术论文117篇，其中学位论文1篇（刘洁，2015），2008—2019年每年具体的发文量如图1-1所示。文献检索显示，当前研究成果主要聚焦于高职院校教师实践教学能力的提升策略上，而对实践教学能力内涵的研究明显不足。

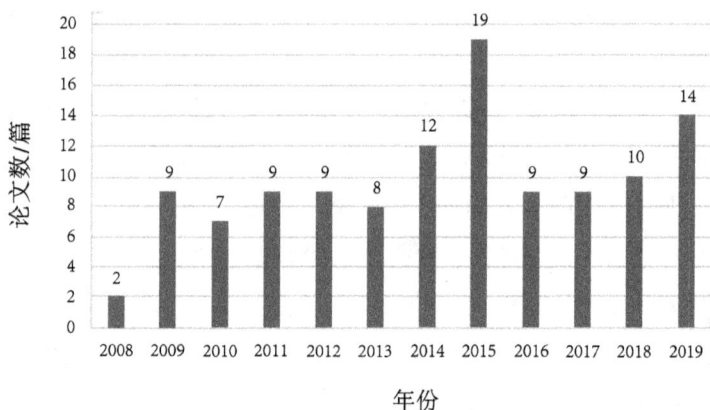

图1-1 关于高职院校教师实践教学能力的发文量

学者们对高职院校教师实践教学能力的研究,更多地集中于实践教学能力的培养和发展策略上。这些研究中大部分属于宏观性的理论研究,如陆宁宁(2009)从现状分析出发,提出从创新实践教学体系、拓展培养方式、强化实践能力考核、改革职称评审制度等四方面入手,提高高职院校中青年教师的实践教学能力。李海涛和郭华东(2011)认为校企合作是高职院校教师实践教学能力培养的必由之路,建议从建立校企合作相关制度、成立专家委员会、加强校企合作联合办学、校企合作开展课题研究、建设"校中厂"模式的校内实习实训基地、建立校外实习基地、实行职业学院教师双证书制度等方面来提升高职院校教师的实践教学能力。徐艳(2015)结合江西科技师范大学的实例,从管理、平台、激励三方面入手,构建了行企校共同参与的教师实践教学能力建设体系。仅有少量研究采取调查分析和实证研究的方法,对高职院校教师实践教学能力的发展策略进行探索。刘洁(2015)选取山东省的六所高职院校对青年教师的实践教学能力进行调查,分析存在的问题,并针对问题剖析影响因素。从青年教师、学校和社会三个方面总结影响青年教师实践教学能力水平提升的因素。李可(2016)通过对通辽职业学院青年教师实践教学能力现状的调查,提出采取导师引领制、轮训培训制、互听互评制、评比考核制四种方式,全方位提升青年教师实践教学能力,为社会培养合格的职业技能人才。

从对高职院校教师实践教学能力内涵的研究上看,仅黄宏伟(2010)从教师的实践能力、教学能力等概念入手,对实践教学能力的内涵进行了阐释。魏明和郝理想(2010)则对"实践教学能力建设"概念进行了透析,认为实践教学能力具有丰富的内涵,其主体具有不同的层次。而对于实践教学能力结构和要素的研究,则尚未有相关文献资料。

(四)对已有研究的评价

通过对国内外相关文献的梳理发现,学者们在教师教学胜任力研究方面存在一些共同点:一是都认为教师教学胜任力是指教师个体所具备的、与实施成功教学有关的专业知识、专业能力和专业价值观,具有稳定性与动态性,是能够区分绩效优异者与普通者的个体潜在特征;二是对于教师教学胜任力结构模型构建的方法逐步从定性研究转变到定量研究,再到混合研究范式。

相对于普通高校教师教学胜任力研究，关于高职院校教师教学胜任力的研究明显不足。对相关领域的文献进行研究发现，当前还存在以下不足。

1. 从研究内容看，欠缺对教师教学胜任力测量工具的开发

在已有的胜任力研究中，对高职院校教师教学的胜任特征进行了一些探讨，但缺乏具体的胜任力标准和需求分析，高职院校教师教学胜任力结构模型和职业能力标准尚未形成体系。此外，在高职院校教师实践教学胜任力结构模型领域尚未有文献研究，更是缺少对具体工科专业教师实践教学胜任力结构模型的研究。另外，过去对教师教学胜任力测量工具的开发比较少，测量工具较少经过有效的信度和效度检验，这些都是需要进一步深入研究的问题。

2. 从研究方法看，缺乏科学研究方法支撑，较少遵循科学的胜任力建模方式

目前，教育领域的胜任力建模方式更多的是采用单一的文献资料法、思辨法、访谈法或者问卷调查法。大多数学者从理论或者现有文献中分析教师的岗位教学职责、教学内容、教学任务，进而总结归纳出教师教学胜任力的构成要素，在此基础上设计教师教学胜任力项目调查问卷，请同行教师或专家进行填写，再通过数据分析，归纳概括出教师教学的胜任力结构模型。随着国内胜任力建模理论的逐渐丰富、完善和成熟，国内教师教学胜任力建模研究也逐步规范，从最初的定性研究，到后来的定量研究，再到现在的定性和定量相结合的混合式研究方式。但是，国内教育领域胜任力研究仍普遍缺乏科学的研究方法的支持，大多数关于胜任力结构模型的研究并没有遵循该领域国际上公认的胜任力建模研究范式。研究方法上，仍存在一定的随意性。

3. 从研究结果看，高职院校教师教学胜任力结构模型缺少职教特色，更多模仿普通高校教师教学胜任力结构模型

已有高职院校教师教学胜任力模型较难回答"为什么高职院校教师胜任力由这些要素组成""这个胜任力结构模型能准确反映高职院校教师的教育教学实际吗"等问题。产生这些问题的原因主要是，以往的高职院校教师教学胜任力研究缺乏对教师岗位职责的分析，缺乏对高职教师教学特殊性的分析，缺乏科学的理论基础和实践基础，而是更多地模仿普通高校教师教学胜任力结构模型。分析高职院校教师教学胜任力应建立在对该岗位工作充分分析的基础上，因为"实践工作者比任何其他人都能更准确地描述和界定他们的工作"，"界定和描述一个工作的有效途径是准确地描述实践工作者所从事的任务"。高职院校教师的岗位职责有其自身独特性，职业性和技术性是职业教育的本质属性（俞启定、和震，2009），但当前对高职院校教师教学胜任力的研究更多地借鉴和模仿普通高校教师教学胜任力研究，职业教育特色不鲜明。

4. 从研究层次看，国内已有研究系统性不足，研究深度不够

与普通高校教师教学胜任力研究相比，高职院校教师教学胜任力研究起步较晚，研究成果层次较低且不够丰富，硕、博士学位论文对这方面的研究较为匮乏，当前的研究主要是以高职院校一线教师或部分研究人员为主发表的期刊论文，且聚焦"实践教学胜任力"的研究较少，聚焦"工科专业教师实践教学胜任力"的研究更少。而且，现有的研究成果比较零散，不够系统。因此，加强对占高职院校教师主体的工科专业教师的实践教学胜任力的研究，形成系统、深入的研究成果，能够丰富职业教育学科发展理论，丰富教师教学发展和专业发展理论。

基于相关文献的梳理和分析可以发现，当前关于高职院校教师教学胜任力的研究已经获得了学者们的广泛关注，而且研究的广度和深度都在不断地扩展和深化，但具体聚焦实践教学胜任力的研究则明显缺乏，还处于初步探索阶段。鉴于相关理论研究匮乏和教师实践教学胜任力在高职院校人才培养过程中的重要性，有必要对这一主题进行进一步深入研究。一是在研究对象上，本研究将"工科专业教师"作为研究对象，并将模型构建置于实践教学的具体工作情境和工作任务之中。二是在研究方法上，采用问卷调查法、行为事件访谈法、德尔菲法等多种建模方法进行结构模型构建研究，突破单一结构建模研究范式。三是在研究内容上，从工科专业教师实践教学工作分析出发，采取问卷调查法、行为事件访谈法和德尔菲法等构建、验证并修正高职院校工科专业教师实践教学胜任力结构模型，确保各胜任特征之间逻辑清晰、层次分明。在自建模型基础上编制调查问卷，以浙江省高职院校工科专业教师为调查对象，通过大规模调查，探析浙江省高职院校工科专业教师实践教学胜任力水平和特点，探讨存在的问题，并剖析深层次原因，提出高职院校工科专业教师实践教学胜任力提升的对策，研究结论更具现实意义和可操作性。

四、核心概念界定

Wilkinson（1991）曾说："科学家们都渴求定义他们研究中所用到的术语，以便准确地交流他们的研究成果和观点。"像 Firestone（1997）所表述的那样，对概念进行界定能够增强和确保科学研究的准确性。因此，要对高职院校工科专业教师实践教学胜任力进行研究，逻辑起点在于准确把握其核心概念内涵。

（一）高职院校

高职院校是我国高等学校的重要组成部分，兼具高等教育和职业教育的双重属性。邓宏宝（2012）认为当前我国的高职院校主要包括职业大学、独立设置的职业（技术）学院以及高等专科学校、高等职业技术学校等。2015年 11 月，教育部、国家发展改革委、财政部印发的《关于引导部分地方普通本科高校向应用型转变的指导意见》（教发〔2015〕7 号）指出："按照试点一批、带动一片的要求，确定一批有条件、有意愿的试点高校率先探索应用型（含应用技术大学、学院）发展模式……推动高等教育改革和现代职业教育体系建设不断取得新进展。"由此，开启了普通本科高校向高职院校的转变之路。本书的研究范畴仅为高等职业技术学院，即以三年制专科学历教育为主，以"复合型技术技能人才"培养为目标，以坚持"以服务为宗旨，以就业为导向，走产教融合、校企合作为发展道路"的高等职业技术学院。

（二）工科专业

2016 年 8 月，教育部发布《普通高等学校高等职业教育（专科）专业目录》，又分别于 2017 年、2018 年、2019 年进行专业增补，包括专业大类 19个，其中工科专业大类 10 个，包括资源环境与安全大类、能源动力与材料大类、土木建筑大类、水利大类、装备制造大类、生物与化工大类、轻工纺织大类、食品药品与粮食大类、交通运输大类、电子信息大类等，可见工科专业是高职院校主要开设的专业。工科专业是将数学、物理、化学等基础科学的基本原理与生产实践中积累的技术经验相结合而形成的专业。高职院校工科专业兼具"高等性""职业性""工程性"三大特点，其培养的学生是既需要有一定的文化素养和必要的专业理论知识，又需要掌握扎实的专业实践应用技术和专业技能，能在生产一线工作与创新的高素质复合型技术技能人才，这类人才主要在工业企业从事生产、建设、施工、操作、检测等工作。

当前教育部积极推进新工科建设。新工科专业以新兴产业为主，以互联网和工业智能为核心，包括人工智能、大数据、智能科技、云计算、区块链、虚拟现实等相关工科专业。与传统工科人才相比，未来新兴产业和新经济更需要高素质的复合型新工科人才，这类人才不仅具有较强的动手能力，还具有较强的创新能力和国际竞争力。

高职院校工科专业人才培养主要包括以下内涵：（1）以培养工业工程生产第一线所需要的高素质复合型技术技能人才为目标；（2）形成以专业技术技能应用能力为主线的理论和实践教学体系；（3）形成学校与企业生产实践相结合的人才培养途径；（4）以有一支教学水平较高并且具有较强实践教学胜任力的师资队伍为保障。

（三）高职院校工科专业教师

教师是一种社会角色。本研究中的高职院校工科专业教师是指在高职院校从事高职教育工科专业课教学，教授学生专业理论知识和专业实践技能的专业基础课、专业技能课和实训实习指导课的专兼职教师。因教育部规定高职院校专任教师与兼职教师的比例要达到1∶1，聘请企业技术能手和能工巧匠作为兼职教师已成为各高职院校工科专业的普遍做法。由于兼职教师是高职院校工科专业教师实践教学的重要补充，因此在本研究中，"工科专业教师"也同样包含兼职教师。

（四）实践教学

不同学者对实践教学有着不同的界定，但包含了一个共同点，即实践教学是通过技术技能操作教学让学生获得专业实践应用能力。本研究中的实践教学为：以培养复合型技术技能人才为目标，在教师指导和帮助下，通过实训、实习等教学环节，巩固和深化专业理论知识，以达到理论掌握和实践操作相结合的一系列教学活动。与普通高校实践教学侧重对学生研究能力和工程能力培养不同，高职院校实践教学侧重对学生技术技能的训练和职业素质的培养，因此根据高职院校实践教学实际情况，本研究中的实践教学主要包括实训教学与实习教学两大部分。实训是职业技能实践训练的简称，是指按照人才培养规律与目标，在学校控制状态下，对学生进行职业技术技能训练和职业素质培养的教学过程，分为校内实训和校外实训，包括教学见习、教学实训和生产实训。实习则是学生去企业参加工作实践，用实践检验所学。

（五）实践教学胜任力

本研究中，实践教学胜任力是指高职院校教师在实践教学环境中，所具有的富有成效地完成实践教学目标所需要的特质，包括知识、能力、动机、态度、价值观、个人特质等。这一界定具有两个特征。

第一，从高职院校教师实践教学的实际出发，把以完成有效教学所需要的知识、技能、动机、态度、价值观、个人特质等作为实践教学胜任力内容，既包括表象的知识、技能等方面的内容，也包括深层次的动机、态度、价值观、个人特质等个人品质。

第二，与教师教学绩效有密切联系。高职院校教师实践教学胜任力能有效预测教师未来实践教学绩效的高低，并能够区分绩优者和普通者。

从教师实践教学胜任力的内涵中，我们又可以看出其有以下特性。

第一，可测量性。所有胜任力都是可测量的，都可以通过问卷调查或访谈等形式进行测量。其中对显性的知识和技能的测量相对简单、可操作；对动机、态度、价值观、个人特质等的测量则相对复杂，但仍可以通过问卷调查、访谈、面试等方式进行测量。

第二，个体差异性。由于先天遗传素质和后天教育塑造的不同，不同的个体具有不同的胜任力。由于教师实践教学胜任力的形成，不是教师掌握现成的、普遍的、规范的教育理论或知识，然后运用到教育实践中的简单过程，而是受教师的个性、思维特点、职业动机与教育环境等因素的影响，使教师个人情感与知识、态度、价值观等融合与内化的过程。不同个体的教师实践教学胜任力反映出不同的个性特征、文化背景、学习经历和工作经历，因而具有个体差异性。

第三，稳定性。胜任力在个体身上往往反映为经常性和一贯性，不仅存在于一时一事之中，也体现于个体的全部活动中，虽然在某些时候可能有反常，但这仅仅是偶然的，总体来看仍是稳定的。另外，胜任力不会经常改变，在一定的时空内相对稳定。

第四，发展性。个体的胜任力是先天遗传和后天塑造的结果，先天缺乏的或比较弱的胜任力可以通过后天的培养逐步得到完善。高职院校工科专业教师是知识型员工，受过较高的教育，有自主成长的动向和意识，促使其寻找平台和机遇施展和发展自己的胜任力，以实现自身价值。因此，高职院校工科专业教师实践教学胜任力是可以不断发展与提升的。教师实践教学胜任力的发展是一个由低到高的过程。当然，对于不同的教师个体，其实践教学胜任力发展的速度和程度是不尽相同的。

（六）实践教学胜任力结构模型

本研究中，高职院校实践教学胜任力结构模型是指教师个体所具备的富有成效地完成实践教学目标所需要的胜任力集合。实践教学胜任力模型的构建能使我们清楚地了解工作中表现优异教师和普通教师的胜任力的差别，这为高职院校工科专业教师的选拔、培训、行为评价和反馈以及后续的专业发展提供了准确的依据。

五、研究框架

（一）研究问题

任何研究都是基于问题的研究。没有问题，研究也就无的放矢，失去价值。开展高职院校工科专业教师实践教学胜任力研究，可以为新时代高职院校工科专业教师专业发展和培养培训提供理论支持和技术支撑。根据高职院校工科专业教师实践教学胜任力发展的现实需求，结合既有研究中存在的问题与启示，本研究将从以下四个问题展开研究。

问题一：什么是实践教学胜任力？它为什么重要？

问题二：我国高职院校工科专业教师实践教学胜任特征有哪些？这些胜任特

征之间的关系如何？高职院校工科专业教师实践教学胜任力结构模型是怎样的？

问题三：在高职院校工科专业教师实践教学胜任力结构模型的实证应用中有何发现？不同人口学特征的教师实践教学胜任力水平有何差异？

问题四：当前高职院校工科专业教师实践教学胜任力存在什么问题？是什么原因引起的？如何提升高职院校工科专业教师实践教学胜任力水平？

（二）研究的重点、难点和创新点

1. 研究的重点

本研究的重点有以下三个方面：一是高职院校工科专业教师实践教学胜任力结构模型的构建和验证；二是当前浙江省高职院校工科专业教师实践教学胜任力现状调查、问题剖析以及归因分析；三是针对高职院校工科专业教师实践教学胜任力现状、存在的问题和原因，提出提升高职院校工科专业教师实践教学胜任力的对策。

2. 研究的难点

本研究的难点是高职院校工科专业教师实践教学胜任力结构模型的构建与验证。依据高职教育特征和工科专业教师实践教学的要求，理论分析和实证调研相结合，通过对高职院校工科专业教师实践教学工作分析和胜任特征的调查分析，提取高职院校工科专业教师实践教学胜任特征；通过行为事件访谈法鉴别基准性胜任力和鉴别性胜任力，构建高职院校工科专业教师实践教学胜任力结构模型；通过德尔菲法对高职院校工科专业教师实践教学胜任力结构模型进行修正，最终形成"双模块四维度"的结构模型。

3. 研究的创新点

首先，研究主题的创新性。由于高职院校以培养复合型技术技能人才为目标，因此高职院校教师教学胜任力既区别于普通高等学校教师教学胜任力，也区别于中职院校教师教学胜任力，存在特殊性。文献检索表明，当前对普通高等学校教师教学胜任力的研究较多，而对高职院校教师教学胜任力的研究则明显不足，对高职院校教师实践教学胜任力的研究更少。"不同学科（专业）的高校教师或者处在不同专业发展阶段的教师，其胜任力也有差异，需要有针对性地进行研究。"（何齐宗，2014）本研究聚焦高职院校工科专业教师胜任力研究，是对研究主题的创新。

其次，研究内容的创新性。本研究的落脚点有三：一是构建高职院校工科专业教师实践教学胜任力结构模型；二是调查当前高职院校工科专业教师实践教学胜任力的现状、存在的问题，并进行原因分析；三是针对高职院校工科专业教师实践教学胜任力的现状、存在的问题和原因，提出提升高职院校工科专业教师实践教学胜任力的对策。三项内容既自成体系，又相辅相成。针对国内现有研究仅限于构建普通高等学校教师教学胜任力结构模型的研究现状，本研究在高职院校工科专业教师实践教学胜任力结构模型构建和高职院校工科专业教师实践教学人力资源开发的实证研究上有很大的推进作用和创新。

最后，研究方法的创新性。研究方法上，突破单一的模型构建方式，综合采用问卷调查法、行为事件访谈法和德尔菲法等多种建模方法进行高职院校工科专业教师实践教学胜任力结构模型构建研究，使高职院校工科专业教师实践教学胜任力模型的构建更具科学性和有效性。

（三）研究思路

本研究的基本思路如下：确定研究主题—查阅和梳理相关文献资料—诠释相关概念和理论基础—模型构建—模型验证—现状调查—问题分析—原因剖析—对策建议。本研究主要解决四个方面的问题，即高职院校工科专业教师实践教学胜任力为什么重要，高职院校工科专业教师实践教学胜任力结构如何，高职院校工科专业教师实践教学胜任力现状怎样，以及如何有效提升高职院校工科专业教师实践教学胜任力水平。综合运用教育学、管理学、心理学等相关学科的理论，采用定量和定性相结合的混合研究范式，对高职院校工科专业教师实践教学胜任力进行理论与实证的探索。

研究具体思路如图 1-2 所示。

研究思路　　　　　　　研究内容　　　　　　　研究方法

```
┌──────────┐    ┌─────────────────────┐
│ 研究缘起 │ ⇒  │ 研究的意义、重要性和必要性 │
└──────────┘    └─────────────────────┘          ┌──────────┐
     │                   ⇓                    ⇠┈ ┊ 文献资料法 ┊
     ▼                                           └──────────┘
┌──────────┐    ┌─────────────────────┐
│ 研究基础 │ ⇒  │ 文献综述、概念界定、理论基础 │ ┈┈┈┈┈┈┈┘
└──────────┘    └─────────────────────┘
     │                   ⇓
     │          ┌ ─ ─ ─ ─ ─ ─ ─ ─ ─ ─ ─ ─ ─ ┐
     │            ┌─────────────────────┐
     │          │ │  高职院校工科专业教师   │ │        ┌──────────┐
     │            │ 实践教学胜任力结构模型构建 │        ┊ 文献资料法 ┊
     │          │ └─────────────────────┘ │        ┊          ┊
┌──────────┐     ┌──────────┐ ┌──────────┐         ┊ 问卷调查法 ┊
│ 模型构建 │ ⇒  │ │要素选取：  │ │模型构建：  │ │  ⇠┈┈ ┊          ┊
└──────────┘     │工作分析法  │ │行为事件访谈法│         ┊行为事件访谈法┊
     │          │ │问卷调查法  │ │德尔菲法   │ │        ┊          ┊
     │            └──────────┘ └──────────┘         ┊ 德尔菲法   ┊
     │          └ ─ ─ ─ ─ ─ ─ ─ ─ ─ ─ ─ ─ ─ ┘        └──────────┘
     ▼                   ⇓
┌──────────┐    ┌─────────────────────┐          ┌──────────┐
│ 模型验证 │ ⇒  │高职院校工科专业教师实践教学胜任力│ ⇠┈ ┊编制量表检验法┊
└──────────┘    │     模型验证        │          └──────────┘
     │                   ⇓
┌──────────┐    ┌─────────────────────┐          ┌──────────┐
│现状、问题与│⇒  │高职院校工科专业教师实践教学胜任力│ ⇠┈ ┊ 文献资料法 ┊
│   原因   │    │   现状的调查结果与分析   │          ┊          ┊
└──────────┘    └─────────────────────┘          ┊ 问卷调查法 ┊
     │                   ⇓                        ┊          ┊
┌──────────┐    ┌─────────────────────┐          ┊行为事件访谈法┊
│   对策   │ ⇒  │   高职院校工科专业教师   │          └──────────┘
└──────────┘    │ 实践教学胜任力提升的对策  │
     │          └─────────────────────┘
     ▼                   ⇓
┌──────────┐    ┌─────────────────────┐
│结论与展望 │ ⇒  │ 结论、不足及有待进一步研究的问题 │
└──────────┘    └─────────────────────┘
```

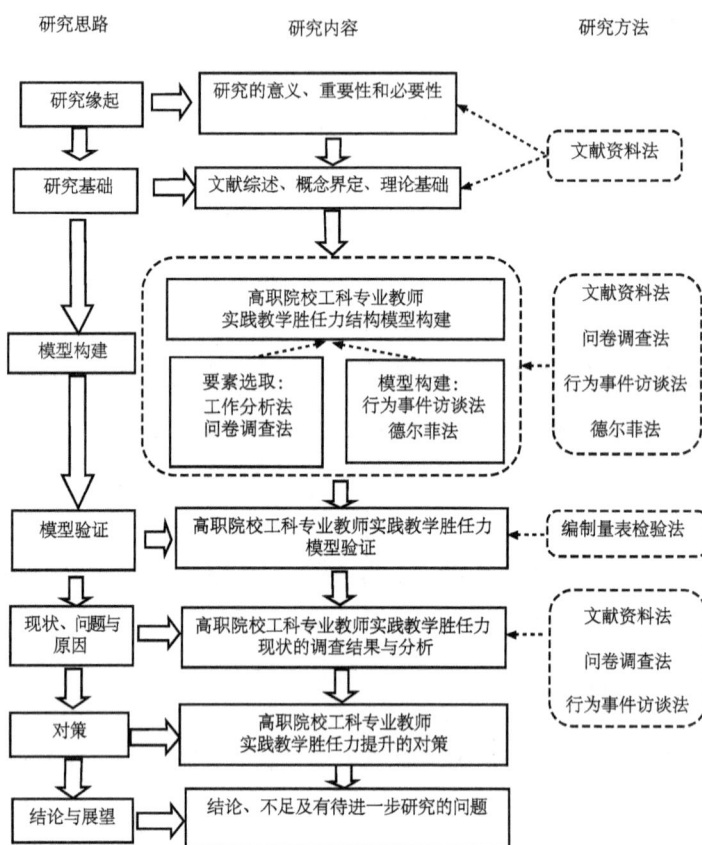

图 1-2　研究思路

　　一是对研究缘起、研究目的、研究意义进行阐述，进行国内外文献综述，对研究的核心概念进行界定，基于此提出研究问题、研究的重点、难点和创新点、研究思路，以及研究方法。

　　二是分析研究的理论基础。对模型建构所依据的理论进行分析，主要是管理学领域的胜任力结构模型理论和工作分析理论、心理学领域的人格类型理论和智力三元理论、教育学领域的教师专业发展理论和行动导向教学理论，它们共同构成了高职院校工科专业教师实践教学胜任力建模的理论基础。

　　三是构建高职院校工科专业教师实践教学胜任力结构模型。依据高职教育发展特色和高职院校工科专业教师教学要求，运用理论分析和实证调查相结合的方法，通过对高职院校工科专业教师实践教学工作分析和高职院校工科专业教师实践教学胜任特征的调查分析，提取高职院校工科专业教师实践教学胜任特征，采用行为事件访谈法构建结构模型，运用德尔菲法对模型进行修正，形成最终的高职院校工科专业教师实践教学胜任力结构模型。

四是验证高职院校工科专业教师实践教学胜任力结构模型。采取编制量表检验法，验证高职院校工科专业教师实践教学胜任力结构模型。依据通过行为事件访谈法和德尔菲法构建的高职院校工科专业教师实践教学胜任力结构模型，对高职院校工科专业教师实践教学胜任特征进行行为表现描述，形成调查问卷。进行问卷调查，通过项目分析、探索性因素分析、验证性因素分析、效标分析和聚类分析，验证模型有效性。

五是调查高职院校工科专业教师实践教学胜任力现状。运用自编的经过信效度检验的高职院校工科专业教师实践教学胜任力调查问卷（正式卷）对浙江省高职院校工科专业教师进行大规模调查，探析浙江省高职院校工科专业教师实践教学胜任力整体水平，并分析其在不同绩效、性别、教龄、年龄、专业技术职务、教师类型、企业工作经历、学历上的表现差异，进而探讨高职院校工科专业教师实践教学胜任力存在的问题，并对产生问题的原因进行深层次剖析。

六是提出提升高职院校工科专业教师实践教学胜任力的对策。针对高职院校工科专业教师实践教学胜任力的现状、存在的问题和原因，提出相应对策。

七是通过对本书的脉络进行梳理，从研究内容和研究方法两方面展望未来对高职院校工科专业教师胜任力结构模型的研究。

（四）研究方法

文献综述表明，国外学者对教师胜任力的研究多采用实证研究方式，而我国学者则多采用定性研究方式。根据研究内容和研究目的，本研究将继承与发展国内外学者的研究优势，遵循国际上规范的胜任力建模方式，采用定性研究与定量研究相结合、理论与实证相结合的研究方式，主要使用以下几种研究方法。

1. 文献资料法

文献资料法将贯穿整个研究，是基础的研究方法。通过图书馆、中国期刊网、中国知网等，收集、整理、分析文献资料，了解胜任力、教学胜任力、实践教学胜任力研究的整体情况，从众多理论中找到本研究的理论基础。同时大量查阅其他相关学科资料，为研究提供尽可能全面、详细的理论支持。

2. 行为事件访谈法

行为事件访谈法是一种开放式的行为回顾探索技术，是揭示胜任特征的主要工具，也是本研究的主要研究方法之一。行为事件访谈法主要以目标岗位的任职者为访谈对象，通过对访谈对象的深入访谈，收集其在任职期间所做的 3 项成功事件与 3 项失败事件，挖掘出影响目标岗位绩效的细节性行为。本研究选定 20 位从事实践教学工作的高职院校工科专业教师（其中绩优教师 12 名、普通教师 8 名）实施行为事件访谈调查，了解其实践教学过程中的成功与失败经历，探寻其对实践教学胜任力的认识与思考，进而挖掘高职院校工科专业教师实践教学所需的显性与隐性特质，为高职院校工科专业教师实践教学基准性胜任力和鉴别性胜任力的辨识提供坚实的实证数据基础。

3. 德尔菲法

德尔菲（Delphie）法是 20 世纪 50 年代由美国兰德（Rand）公司开发的，主要采用沟通交流的方法向研究领域的资深专家发放问卷，收集和核实他们的意见。近年来，德尔菲法在能力鉴定中得到了广泛应用，因为它可以减少个体在调查过程中的主观偏见，并且可以集中智慧达成共识。主要目的是让专家确定哪些胜任力要素对员工绩效有预测作用，让每个专家独立对评价目标做出选择和判断，并给予反馈。因此，本研究采用德尔菲法对通过行为事件访谈法得到的高职院校工科专业教师实践教学胜任力结构模型框架进行修正，进而提高高职院校工科专业教师实践教学胜任力结构模型的科学性。

4. 问卷调查法

问卷调查法是调查者围绕某个主题，将编制的问题以书面的形式发放给被调查者作答，并及时收回和进行信息汇总，以此收集资料和数据的一种调查方法（刘淑杰，2016）。问卷调查法是教育调查中最常用的资料收集方法，研究者能够获得被调查者行为、态度、价值观等方面的信息。本研究通过对高职院校工科专业教师进行问卷调查，提取高职院校工科专业教师实践教学胜任特征；通过对高职院校工科专业教师实践教学胜任力的预调查，进行问卷检验与模型验证；通过对大样本的高职院校工科专业教师实践教学胜任力现状的调查，客观呈现高职院校工科专业教师实践教学胜任力水平和特点。

第二章

高职院校工科专业教师实践教学胜任力模型构建的理论基础

理论是"一套相互联系的概念（变量）、定义和命题"（Kerlinger，1979）。任何研究都需要理论支撑和理论基础，因此，本研究主要从管理学领域的胜任力结构模型理论和工作分析理论、心理学领域的人格类型理论和智力三元理论、教育学领域的教师专业发展理论和行动导向教学理论，分析不同理论对高职院校工科专业教师实践教学胜任力模型构建的价值。

一、高职院校工科专业教师实践教学胜任力模型构建的管理学基础

（一）胜任力结构模型理论

1. 胜任力结构模型内涵及发展

当前，对于胜任力结构模型的概念，学界还存在争议。Lucia 和 Lepsinger（1999）认为：胜任力结构模型主要回答了两个问题，即完成工作所需的技能、知识和个性特征是什么，以及哪些行为对工作绩效和工作成功有最直接的影响。McLagan（1996）认为：胜任力结构模型是描述完成特定任务所需的关键能力的决策工具，包括对实现工作预期结果至关重要的能力。Mansfield（1996）认为：胜任力结构模型简要描述了满足工作需要包括的四个方面，即技术要求、异常

处理、不同工作行为与工作环境之间关系的处理、各种关系的处理，这四个方面都具体体现在工作行为上。Woodruffe（1993）和McClelland（1994）都认为胜任力模型应该只包括那些对取得优秀绩效有最直接影响的关键性的胜任力集合。Mansfield（1996）、McLagan（1996）、Mirabile（1997）都认为胜任力模型是影响个体在某一工作岗位上取得的绩效的所有重要行为、技能和知识的总和。后两种观点的不同之处主要在于绩效标准的不同，前者认为胜任力模型中应该只包括鉴别性胜任力，即那些对优秀绩效确实有较大预测作用的胜任力；而后者认为胜任力模型应是基准性胜任力和鉴别性胜任力的总和。

1973年，美国哈佛大学教授戴维·麦克莱兰科学地界定了胜任力的概念，并提出了胜任力冰山模型（见图2-1），从素质和能力水平上论证了个人特质与岗位工作绩效的关系，倡导用胜任力结构模型取代智力测验来预测未来的工作绩效，这标志着胜任力结构模型理论的开始。

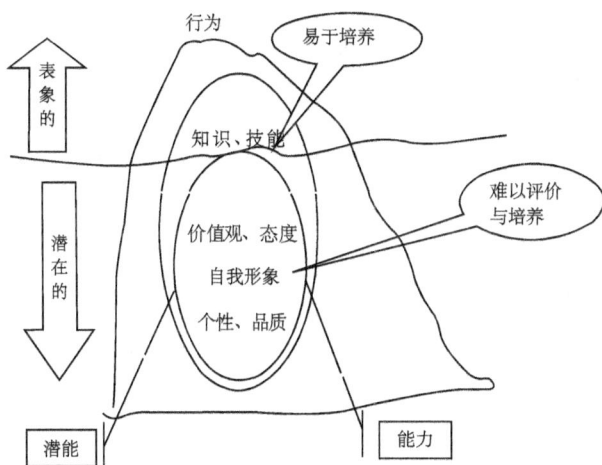

图2-1　胜任力冰山模型

在胜任力冰山模型中，麦克莱兰教授将个人胜任力分为"冰山之上部分"和"冰山之下部分"，并对胜任力的构成要素进行了层次性排序，"冰山之上部分"包括与工作相关的直接所需的技能和知识，这些技能和知识可以在较短的时间内通过一定手段（如通过审查简历、资格证书，面试，笔试等具体形式）进行考量，如有不足也比较容易通过培训等手段来提升和改变。"冰山之下部分"是隐蔽的难以考量的内在部分，一般不会与工作直接相关。只有当主观能动性的变化影响到工作时，才能反映出这些因素对工作的影响。它们不容易被改变，但在人类行为和表现中起着关键作用。

同样，美国学者博里特兹在 1982 年提出著名的胜任力洋葱模型（见图2-2），把胜任力概括为由内到外层层包裹的结构，展示了胜任力的核心要素。此模型中，越向外层，胜任力越容易培养和评价；越向内层，胜任力就越难评估和习得。

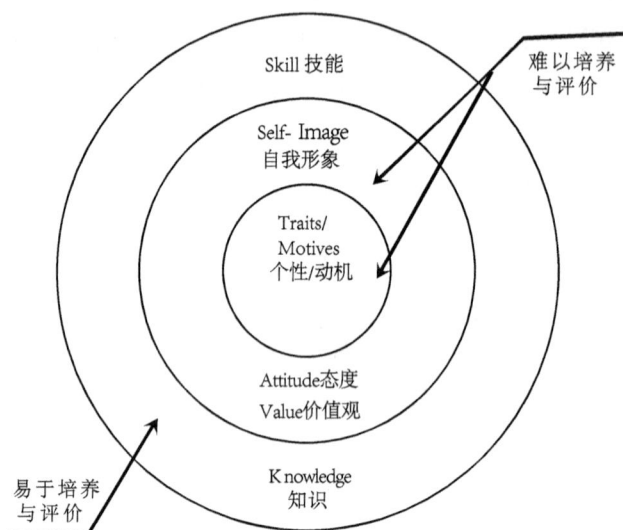

图 2-2　胜任力洋葱模型

以上两种模型都强调核心胜任特征，具有相同的本质，都认为通过衡量核心胜任力因素就可以预测一个人的长期绩效。与胜任力冰山模型不同的是，胜任力洋葱模型更加突出潜在要素和显现要素之间的层级关系，能更好地解释胜任特征之间的关系。

在胜任力冰山模型与洋葱模型研究基础上，又发展出了多种不同类型的胜任力结构模型（见表 2-1）。

表2-1　胜任力结构模型的主要类型

区分标准	类别	内涵	学者
结构形式	指标集合式模式	由一些经过研究和筛选的胜任力指标组合而成，这些胜任力可能是概念相对单一的能力指标，也可能是包含多种能力指标的综合因素。主要包括两类：一类是带权重的集合方式，即指标之间有较重要与较不重要的区分；另一类则是不带权重的集合方式，即假设指标之间没有差异，共同影响岗位的胜任情况或绩效。	霍晓丹（2013）
	结构方程式模式	通过回归分析等数学统计手段建立起来的关于胜任力与绩效之间的因果关系的模型。因素既可以是概念相对单一的能力指标，也可以是包含多种能力指标的综合因素。	薛琴（2016）
构建思路	层级式模型	建模思路：收集数据，找出某个岗位或职业的关键胜任特征，然后对每一项胜任特征用一种行为进行描述，根据每项胜任特征的相对重要程度进行排序，并确定每一项胜任特征的排名和重要性。这种模型对于识别某个胜任水平的工作要求或角色要求来说是很有用的，而且还有助于人与工作很好地匹配。	魏钧、张德（2007）
	簇型模型	建模思路：在确定了某岗位或职业的胜任特征后，对胜任特征进行行为描述。这种模型中不列出各胜任特征的相对重要程度，比较适合于掌握一个工作或职业群体的信息。也就是说，它关注一个职业群体的胜任特征，推广性较好。	林立杰（2010）
	盒型模型	建模思路：针对一项胜任特征，左边表明该胜任特征的内涵，右边则写出相应的出色的绩效行为。	伊伶（2010）
构建思路	锚型模型	建模思路：分别对每项胜任特征给出一个基本定义，同时，对每项胜任特征的不同水平层次给出相应的行为锚。该模型实用性强，适用于具体的工作模块，如培训和发展需求评价等。	李慧（2010）

2. 关于构建胜任力结构模型

关于胜任力结构模型的构建有多种方法。

（1）行为事件访谈法。目前公认的最有效的胜任力建模方法是行为事件访谈法，采用开放式的行为回顾探究技术，是揭示胜任特征的主要工具。行为事件访谈法建模的程序如下：确定绩效标准，选择目标岗位上的绩效优异者和绩效普通者，对两组样本进行行为事件访谈，鉴别绩效优异者和绩效普通者之间存在差异的胜任特征，建立岗位胜任特征模型，验证岗位胜任特征模型。

（2）德尔菲法。德尔菲法又称专家小组法，是通过借助在某一专业领域具有较高专业水平的专家们的群体智慧，就某一问题达成一致性意见的方法。在遴选专家组成员时，应充分考虑实际需要，采取内外专家相结合的方式，尽量保持专家组成员的多样性，从而能从不同角度对目标岗位提出不同的胜任特征要求。与行为事件访谈法相比，德尔菲法在人力、财力、物力等方面节省了很多。但由于样本数量的限制，德尔菲法的有效性低于行为事件访谈法。在实际工作过程中，德尔菲法可与简化后的行为事件访谈法相结合使用。

（3）评价中心法。在胜任力结构模型构建和人才选拔时，都可以采用评价中心法。在以构建胜任力结构模型为目标的评价中心法中，人力资源工作者主要收集与目标岗位任职者相关的行为表现，然后对其进行编码，并与不同群体进行比较。虽然用评价中心法构建企业胜任力结构模型也需要大量的财力和物力，但由于它能在模拟情境中收集到相对真实的具体行为，因此其有效性和准确性较高。

（4）问卷调查法。问卷调查法是一种快速收集胜任力数据的方法，可以收集到目标岗位的胜任特征和行为表现。虽然实施问卷调查法省时、省力，但由于问卷设计的质量直接影响胜任力结构模型构建的成效和应用，因此相关人员在进行初始问卷的编制和设计时需要投入足够的精力。

胜任力结构模型的建构方法各有优劣，如表2-2所示。

表2-2　胜任力结构模型的建构方法比较

构建方法	优势	不足	效度
行为事件访谈法	准确度高，便于对任职者进行评价与考核	人力、物力、财力投入较大，对访谈者要求非常高，所需的样本数量较大，不易获取	*****
德尔菲法	操作方便，节省人力、物力和财力，便于专家直接对任职者进行胜任力评定和考核	不够全面，准确度不高	***

构建方法	优势	不足	效度
评价中心法	在模拟情境中可以直接观察任职者的表现，准确度较高，而且便于对其进行评价和考核	人力、物力、财力投入较大，对技术专业要求较高	****
问卷调查法	省时、省力，便于对任职者进行评价和考核	问卷编制和设计复杂，对设计人员要求较高	***

3. 关于胜任力结构模型的应用

胜任力结构模型概念提出后，在各领域人力资源开发管理方面得到有效利用。胜任力结构模型能清楚地描述胜任某类工作或岗位的胜任力，借助于胜任力结构模型，能使人力资源管理工作获得有效的支撑。好的胜任力结构模型就是一套可操作的、系统的人员招聘和绩效考核工具，可以为任职者胜任力发展和绩效激励提供正向反馈。对于管理者，胜任力结构模型为其提供了人力资源管理的基础；对于任职者，胜任力结构模型能帮助他们了解组织需要他们做什么，定义高绩效标准，指明职业发展方向。

（二）工作分析理论

工作分析是人力资源管理的基础和基本工具，亦是本研究的基础之一。人力资源管理的各项活动都在工作分析的基础上进行。

1. 工作分析的概念

工作分析法是根据岗位的工作描述、任务说明书等，确定员工为满足要求所必须掌握的知识、技能和态度。"工作分析法概括了工作中所需要的知识、技能和素质。"（金娜，龚幼龙，1995）工作分析涉及两方面内容：一是工作本身，研究每项工作的目的、岗位责任和任务以及与其他岗位的关系；二是人员素质，研究能够胜任岗位工作并达到目的的任职者应具备的条件和素质。

2. 工作分析的构成

工作分析是人力资源管理者在短时间内了解工作信息和情况的科学手段，整个过程包括六个步骤：准备、计划、设计、信息分析、质量鉴定和结果展示。其中，计划与设计是基础，信息分析和成果展示是关键。工作分析一般包括七个问题的调查和四个方面的分析。七个问题的调查包括：用谁（who）、做什么

（what）、何时（when）、在哪里（where）、如何（how）、为什么（why）、为谁（for whom）。四个方面的分析包括：工作名称分析、工作规范分析、工作环境分析、工作条件分析。

通过工作分析，我们可以了解岗位内容、工作职能、工作关系，以及该岗位对任职者在知识、能力、素质、个性上的要求等，从而为员工测评提供指标，为人职匹配提供可能。

（三）胜任力结构模型理论和工作分析理论的价值

将胜任力结构模型引入人力资源管理是管理学领域的一项重大革新。在管理学领域，胜任力结构模型理论和工作分析理论都是胜任力建模的重要理论基础。胜任力强调岗位工作绩效，因此，在资料收集阶段，效标的选择非常重要，需要在一定的标准和规范下选取目标岗位绩效优异者和绩效普通者，再通过两组不同绩效者的微观行为表现描述，提取特定情境下的岗位工作胜任特征，并区分导致不同绩效水平的基准性胜任力和鉴别性胜任力。工作分析就是分析工作，是确定岗位胜任力的基础。收集、分析和记录与工作相关的信息，确定从事这项工作所需要的胜任力要素、条件和资格。工作分析是客观的、科学的人才评价的前提，评价指标、评价要素和评价标准都依据建立在工作分析结果基础上的岗位能力结构来确定。因此，胜任力结构模型理论和工作分析理论是高职院校工科专业教师实践教学胜任力模型构建的重要理论基础和理论工具。

二、高职院校工科专业教师实践教学胜任力模型构建的心理学基础

（一）人格类型理论

1959 年，美国心理学家霍兰教授提出"人格类型理论"，认为人格包括现实型、传统型、社会型、事业型、研究型、艺术型等六大类别。每一类别都与从事的职业密切相关，不同的人格类型适应不同的职业。霍兰提出大多数人的人格类型可以主要归为某一类型，但人又有着较强的适应能力，一个人的职业

倾向类型往往不止一种，而是三种或四种。如果一个人只属于某一种类型，则职业适应性最差。当人们的职业生涯与他们的人格类型相匹配时，他们很可能会表现得最好，并取得成功；相反，他们可能会感到非常不适应，即使已经取得了一定的成就也很难获得成就感。

（二）智力三元理论

"智力三元理论"是美国心理学家罗伯特·斯滕伯格教授于1985年提出来的。智力三元理论认为智力是复杂的、多层次的，包括智力的内在构成、智力的外在功能、智力与经验的关系。

斯滕伯格教授提出了"实践智力"与"内隐知识"的概念。其中，"实践智力"是指个体在日常生活中，运用学得的知识经验处理其日常事务的能力。"内隐知识"是指高度个体化的，难以形式化或沟通的，难以与他人共享的知识，具有三个特征：其一，"内隐知识"是程序化的知识，与行动关联；其二，"内隐知识"具有实用性，是指向目标的一种手段；其三，"内隐知识"出个人习得，无法言传。

（三）人格类型理论和智力三元理论的价值

根据心理学基础，在特定情境下的具体活动中，复杂特征中的某一关键特征有可能发挥重要的支持或限制作用，而主体的微观行为描述可以将这一关键性特征分析、提炼出来。也就是说，可以从复杂的、变化的能力中，提炼、概括出一些相对稳定、可测量的能力特征。尽管这种提炼可能不够准确，但有着简洁、方便的特点。由于人类活动存在许多共性，因此，在实践活动中显示出的特征自然在结构上具有某些共同点。换言之，某一具体情境下的能力结构是可以分析、提炼出来的。同时，人格类型理论和智力三元理论从一个全新的角度来阐释人类的智力因素，并通过可操作的心理学测量法来分析、描述智力，将智力理论的发展提升到一个新的高度，为高职院校工科专业教师实践教学胜任力模型建构和实证研究提供了坚实的基础。

三、高职院校工科专业教师实践教学胜任力模型构建的教育学基础

（一）教师专业发展理论

1. 教师专业发展的内涵

教师专业发展的内涵主要包括两方面：一方面，教师群体的专业发展，是指教师职业不断成熟，逐渐达到专业标准，并获得相应专业地位的过程。它既是教师专业发展的条件和保障，同时代表着教师职业的专业化。另一方面，教师个体的专业发展，是指教师作为专业人员，从专业思想到专业知识、专业能力、专业心理品质等方面由不成熟到比较成熟的发展过程。这一定义包括四层含义：一是教师专业发展在教育职业生涯中实现；二是教师专业发展在专门的专业训练和培养下实现；三是教师专业发展在自身的不断努力学习和实践基础上实现，这是教师专业发展的关键；四是教师专业发展既是一种结果，也是一种过程。作为结果，它是指教师达到专业成熟的水平，能够独立、出色地完成教育教学任务。作为过程，它是指教师专业发展需要教师不断努力，经过几个阶段，日积月累，逐步提升，不是一蹴而就的。

2. 教师专业发展的目标和标准

教师专业发展目标是什么？标准是什么？回答这些问题，就是回答教师专业发展中需要发展什么的问题。换言之，就是什么样的教师才是真正合格的教师，教师专业发展的主要目标是什么。就教师专业发展的相关研究而言，一些具有代表性的研究，如表2-3所示。

表2-3 关于教师专业发展的代表性研究

研究者	教师专业素质结构
叶澜	专业理念、知识结构、能力结构
艾伦	学科知识、行为技能、人格技能
林瑞钦	所教学科的知识、教育专业知识、人格技能
饶见维	教师通用知能、学科知识、教育专业知能、教育专业精神
姚志章	认知系统、情境系统、操作系统
唐松林	认知结构、专业精神、教育能力

来源：教育部师范教育司. 教师专业化的理论与实践（修订版）[M]. 北京：人民教育出版社，2003.

教师专业发展过程中，除了教师自身的发展意识和能力外，还需要有一个良好的外部环境作为支撑。因此，从这一层面上讲，教师专业发展除了提升教师自身专业素养和专业能力外，也是其社会地位相应提升的过程。因而，教师专业发展的标准和目标主要体现在两个方面：一方面，教师自身的综合素质；另一方面，外部的客观环境。从教师自身的角度来看，教师专业发展的标准和目标包括三个方面：一是专业知识；二是专业技能；三是专业情意。这部分是教师专业发展的核心。从外部发展环境的角度来看，教师在发展过程会受到社会环境等客观环境的影响。如果社会环境较好，相应的教师培训制度势必更加完善，那么教师就可以得到更加健全和规范的职前培训。教师获得更好的培训机会有助于其专业水平的持续提高。另外，需要注意的是，教师专业发展标准不仅仅局限于外部标准，还包括内部标准，而这两方面的标准是必不可少的，缺一不可。

（二）行动导向教学理论

1. 行动导向教学理论的内涵

行动导向（Handlungsorientierung）教学理论是起源于德国"改革教育学派"的教学理论，它最早可以追溯到 16 世纪罗马圣路卡艺术与建筑学院（Accademia di San Luca）的项目教学和德国 20 世纪初以教育家凯兴斯泰纳（Kerschensteiner）为代表的"工作学校"（Arbeitsschule）[①] 运动。进入 20 世纪后期，培养职业行动能力逐渐成为现代职业教育的重要目标，行动导向教学也在职业教育实践中获得了新生，其重要标志是 20 世纪 80 年代以来世界范围内进行的以项目教学代替学科性灌输式教学的课程和教学改革。

行动导向教学是一种整体化的、主动性的学习方式。国内外学者对行动教学理论的具体含义进行了丰富研究，如表 2-4 所示。

---

① "工作学校"与"词语学校"和"书本学校"相对应，致力于通过教学中的手工实践操作及脑力劳动来促进学生独立认知和行动能力的发展。

表2-4　国内外学者对行动教学理论内涵的代表性论述

研究者	行动教学理论内涵
Jank W，Meyer H（1991）	行动导向教学以学生为中心，以学生的兴趣作为组织教学的起始点，并且创造机会让学生接触新问题和新题目，以不断发展学习的兴趣；要求学生从一开始就参与教学过程的设计、实施和评价之中，提倡学生主动地学习。
Hortsch H（2006）	行动导向教学不是一种教学方法，而是一种教学设计理念，它根据机构与组织自身的条件对各种可能的设计保持开放；学习过程具有自我决定的特征，教师让出主导角色，其责任是发起学习行动；建立在行动理论基础上的学习过程设计，需要不断开发学习条件；学习过程以人的完整的行动结构为导向；行动导向遵循自己的内在逻辑，因此不是按照学科结构而是跨学科的；创设积极的结构与组织背景，为学习者提供回旋的空间，从而能更灵活地学习。
Bader R，Schäfer B（1998）	企业内的行动导向培训指的是"完整的行动"，是对职业工作的独立计划、实施及控制与评价；学习课程中的行动导向学习，是通过对事实和问题的学习，使学习者拥有满足可预见的将来需要的经验；行动导向作为一个完整的学习理论，有严谨的心理学基础，如认知心理学和行动调节理论等，并将两者进行了很好结合；在行动导向学习中，学习者至少是积极地"做"，甚至可能通过独立行动变成主动者，而不仅是理解别人的行动；作为一种学习方式，行动导向教学是通过具体的行动实现的，由于强调深入理解，行动的结果不是固定的，而是开放的；行动导向作为教学过程设计的基础，目的是培养学生的行动能力，使其有能力针对目标，根据变化的情境确定和完善行动计划。
刘邦祥、吴全全（2007）	行动导向教学是根据完成某一职业工作活动所需的行动以及行动产生和维持所需的环境条件以及从业者的内在调节机制来设计、实施和评价职业教育的教学活动。
姜大源（2007）	强调学生对知识的自我构建的行动过程为学习过程，以专业能力、方法运用能力和社会能力整合后形成的行动能力为评价标准。
柳燕君（2006）	在学校整个教学过程中，创造一种教与学、学生与教师互动的职业交往情境，强调学生作为学习的行动主体，通过学习活动构建知识，形成职业能力，达到学以致用的效果。

　　根据国内外学者对行动导向教学内涵的表述，我们可以看到，行动导向教学采用"完全行动模式"。它有目的、有系统地组织学习者在模拟或真实的环境中，参与职业活动过程的设计、实施、检查和评价，学习者通过发现、探索和解决职业活动中的问题，学习经验和反思行动的过程，最终获得相关职业活动所需的知识和能力。适用行动导向教学的教学方法，如图2-3所示。

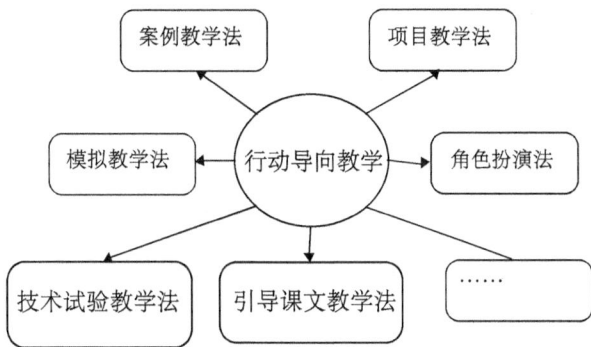

图2-3　行动导向教学的教学方法

2. 行动导向教学的基本特征

"以生为本，以学论教"的教学理念是行动导向教学的鲜明特征。教学选择作为职业活动情境的载体，对学生"为行动而学"具有重要意义。行动是学习的起点，在教师设定的真实或模拟情境中，学生实施自己的行动，不断反思"行动中的学习"。作为典型的以学生为中心的教学方式，行动导向教学强调学生的个性化要求和整体性发展，重视合作学习与多种学习方式的综合运用，具有独有的特征。

（1）工作任务的引领性。"工作任务的引领性"是行动导向教学最基本的形式，也是行动导向教学最基本的特点。职业教育中最早的任务引领学习是手工业学徒在接受培训时，师傅利用客户订单任务，让其通过完成订单进行学习。按照客户订单任务的要求组织的学习，可以利用"蕴藏在客户订单中的教和学的潜力"，为学习者提供一个完整的、在行动过程中通过实践进行学习的机会。学习者在完整的行动过程中体会相互联系的、整体化的工作过程，从而实现职业学习与工作过程的统一。教师通过给予学生能够反映该职业特点的典型工作任务，提供学生真实或模拟的职业情境和充裕的任务完成时间，促进学生职业能力发展。

（2）教学现场的情境性。情境学习是学习者与情境交互过程中展现的一种状态，也是人类行为适应动态变化发展环境的能力。可见，知识具有情境性，同时也在情境中不断地被应用和发展着。行动导向教学的情境性既包括任务问题情境，也包括职业实践情境。任务问题情境是职业实践的核心，也是行动导向教学的核心，创设"处于真实情境中的实践性问题"，要求学生在任务问题情境中进行学习。职业实践情境是指依赖于特定情境进行实践教学，学生在实践中学习知识并解决实际问题。学生必须按照真实或虚拟的工作实践情境要求，以最优路径、最高效率完成工作任务，获得职业经验。为了促进能力和经验的转移，教学情境和职业情境在构成和功能上必须相对一致。

（3）工作过程的实践性。在目标、结构、内容、教学模式和教育环境等方面，行动导向教学与职业实践紧密相关，具有显著的实践性。行动导向教学的主要目标是培养学生完成工作所需的知识能力、技能和素质；课程结构基于工作结构逻辑，以工作过程知识进行排序；课程内容基于典型工作任务，理论知识和实践知识、显性知识和隐性知识相结合，实现课程内容的整合；教学模式强调以生为本，教师是学习过程的组织者和协调者，学生通过工作实现学习；教育环境是指课程教学的组织和实施是师生在浓厚的工作氛围和工作情境中互动的过程。

（三）教师专业发展理论和行动导向教学理论的价值

依据教育学理论基础，教师专业发展主要有以下特征：一是长期性。教师职业生涯发展艰辛且漫长，不仅需要教师所在学校提供促进教师专业发展的政策和平台，也需要教师自身具有专业发展的自主意识，注重教学知识积累，积极参加各类教学活动，并经常性开展教学反思，注重在平常的教学过程中实现自身综合素质的提升，形成教学智慧。二是阶段性。教师专业发展包括职前教育、入职教育、在职教育三个阶段，不同阶段的教师专业发展要求有所差异。三是生成性。学习是一个主动参与的过程，学习者不是被动地接收信息，而是主动地建构自己对信息的解释并从中做出推论。教师在不同的职业生涯发展阶段都应强化自主提升意识，将专业发展内化成自身的自觉行动。

行动导向教学对教师的教学能力提出了更高的要求。行动导向教学要求教师根据相应的职业行动要求，选择教学方法、设计教学活动、评价教学过程，以达到预定的教学目标。教师需要"以职业实践中的典型行动为导向"来组织教与学（刘邦祥，2008）。行动导向教学时教师需要在以下几个方面实现不同于传统教学的角色与作用的转变。一是教学准备阶段。教师由知识选择者转变为策划者和设计师。在行动教学准备阶段，教师则需要将从实践和行动中学习的理念放在优先地位，以学生的职业能力培养为目标来设计学习任务和学习情境。教师首先要了解学生的知识基础、能力基础和性格特点等。在此基础上，根据学生现有的基础和状况，对学习目标、学习环境、培养手段、评价方法等问题进行认真思考并做出决策。教师还需要设计综合实践项目、学习任务或互动学习活动等学习活动载体，并使项目和任务的设计尽量符合职业岗位的要求。教师在教学准备阶段更多地扮演着项目或任务的策划者和设计者的角色。二是教学实施阶段。教师由知识传授者向指导者和咨询者转变。在这个阶段，教师的主要任务是，在学习过程中为学生提供必要的帮助；观察学生在学习过程中是否积极、遵守规则；注意学习的进度和方向，给予提示和纠偏。特别是在教学实施阶段，虽然教师是指导者和咨询者，但并没有"回答每一个问题"，而是让学生尽可能多地自行寻找解决方案。在大多数情况下，教师只给予提示和指导，这样才能充分发挥学生的自主学习能力。三是教学评价阶段。教师由单一的赋分者转变为组织者和评价者。在行动教学的教学考评阶段，教师需要依据行动教学任务，选择评价的具体内容、方式和方法，设计评价程度，组织评价活动，是整个评价过程的组织者和主导者。教师不仅要评价学生的作品（成果），还要评价学习过程，如任务执行过程中是否符合程序规定、是否积极投入任务的各环节、是否遵守规章制度、是否掌握相关知识和技能等。教师专业发展理论和行动导向教学理论为高职院校工科专业教师实践教学胜任力模型的建构和胜任力发展提供了理论基础和理论支撑。

任何一项研究都需要理论支撑和理论基础。本章从管理学、心理学、教育学领域寻求高职院校工科专业教师实践教学胜任力模型构建的理论基础，并分析了各理论的价值。依据管理学基础，胜任力结构模型理论和工作分析理论是高职院校工科专业教师实践教学胜任力建模的重要工具，胜任力结构模型理论强调显著的绩效，以激励个人获取良好的工作绩效、提升组织整体效能为研究目的。工作分析理论则通过分析从业者的岗位特点、性质找出背后的胜任力要素。根据心理学基础，在特定情境下的具体活动中，复杂特征中的某一关键特征有可能发挥重要的支持或限制作用，而主体的微观行为描述可以将这一关键性特征分析、提炼出来，即在某一具体情境下的能力结构是可以分析、提炼出来的，这为高职院校工科专业教师实践教学胜任力结构模型的构建提供了坚实的理论基础。依据教育学基础，教师专业发展是一个循序渐进的过程，教师胜任力发展具有长期性和阶段性，行动导向教学与传统导向教学相比，对教师实践教学能力提出了更高的要求，教学更注重从实践和行动中学习，为高职院校工科专业教师实践教学胜任力模型建构和胜任力发展提供了理论基础和理论支撑。

第三章

高职院校工科专业教师实践教学
胜任力结构模型构建

只有搞清楚高职院校工科专业教师实践教学胜任力结构模型中可能存在的胜任特征，才能使构建的模型更具有针对性和科学性。本章的研究思路是，依据胜任力结构模型理论、工作分析理论等理论、人格类型理论、智力三元理论、教师专业发展理论和行动导向教学理论，通过问卷调查法、行为事件访谈法和德尔菲法等研究方法，识别我国高职院校工科专业教师实践教学胜任特征，构建高职院校工科专业教师实践教学胜任力结构模型。

一、高职院校工科专业教师实践教学胜任特征分析

（一）高职院校工科专业教师实践教学工作分析

当前，高职院校工科专业教师实践教学主要需要完成三项基本任务，即学生职业技术技能培训、学生职业素养养成和学生创新能力培养。

1. 职业技术技能培训

实践教学是高职教育教学活动的重要组成部分，重点培养学生的技术技能，提升实践动手能力。实践教学教师在培养学生职业技术技能的过程中，承担着以下职责任务。

第一，传授与实践教学相对应的专业技术技能知识。技术技能的掌握离不开认知活动，也就离不开相关理论的学习。实践教学教师在学生技术技能形成

的过程中，起着授新、固旧的作用。与技术技能培养相联系的知识传授与一般的知识教学相比具有鲜明的特点：一是简约性。实践教学以培养专业实践操作能力和技术应用能力为主，不需要系统、全面地传授某一方面的知识，也不需要花费太多时间在知识传授上，一般只是概略地提出掌握技术技能所必需的知识。二是针对性。与一般理论课教学相比，实践教学中的知识传授更具有针对性，只是传授对形成技术技能应用能力必不可少的知识。而理论教学一般以知识、原理的学习为目的，具有较为广泛的目的性。三是一体性。实践教学中的理论往往与技术技能应用结合在一起，很难分开，因此，在教学过程中，教师通常是边示范边讲解，理论与实践相结合，进行理实一体化教学。知识的学习和技术技能的训练往往融为一体。

第二，指导学生职业技术技能训练。职业技术技能的形成和巩固离不开实践教学教师的指导。实践教学教师在职业技术技能培养中的作用主要体现在：一是示范和演示。实践教学教师通过示范、演示，让学生了解技能要领，学会操作过程。二是指导和纠错。技术技能是一种逐步习得的能力，需要反复练习和巩固，在学生练习的过程中，教师通过指导、纠错，帮助学生掌握操作要领，逐步熟练掌握操作过程。三是评价考核。教师对学生的评价考核既要注重结果导向也要注重过程监控，是一种综合性考核评价过程。这种评价方式有利于教师及时发现问题、合理安排教学过程、正确指导学生技术技能的习得。

第三，开发实践教学项目。高职院校技术技能训练项目要充分体现高职教育的"高等性"和"职业性"。高职教育与普通的区别主要在于更重视学生职业技术技能的培养，而与中等职业教育相比，技术技能水平又相对较高。因此，高职院校工科专业教师不仅需要有实践教学能力，还要有应用性科学能力，用企业实践成果和应用性科学成果反哺实践教学工作，能够开发高端的技术技能训练项目。

2. 职业素养养成

职业素养是一种综合品质，是职业内在的规范和要求。高职院校学生职业素养养成，无论对学生个人发展、对企业发展还是社会发展都起到至关重要的作用。高职院校学生的职业素养犹如胜任力冰山模型的"冰山之下部分"，对学生未来职业生涯的发展起到根本性作用。高职院校工科专业教师在学生职业素养养成中承担着以下的职责。

第一，以正确的职业认知和丰富的职业知识影响学生。教师正确的职业认知和丰富的职业知识对学生正确认识职业、树立正确的职业观具有重要影响。教师在工艺、流程、企业组织管理、职业前景等方面的丰富知识，对教育学生热爱专业、潜心专业发展具有直接的潜移默化的影响。教师在实践教学中结合学生的特点，通过对职业发展前景的分析，让他们在自身职业兴趣的基础上，看到自己对职业的适应性，有利于学生进行正确的职业选择。

第二，以一丝不苟的工作态度和敬业乐业精神熏陶学生。教师在实践教学中表现出的敬业乐业精神和一丝不苟的工作态度，是学生工作态度形成的最初榜样，对学生具有持久的影响作用。当今社会，很多人可能会因为种种原因在不同时期从事不同职业，但他们的工作态度却具有一定的稳定性和持续性。无数事实表明，态度是事业成功的决定性因素，教师在实践教学过程中兢兢业业、精益求精的工作态度，对学生产生着潜移默化的熏陶作用。

第三，以规范意识和规范操作影响学生。实践教学中教师以身作则，在指导学生实践和示范操作中的操作风格和规范意识，无不对学生形成规范的操作意识和严谨的工作作风起着直接的影响作用，"安全第一、质量为本"的理念正是通过教师的言传身教无形中传递给学生的。

第四，以积极进取的职业精神培养学生的工匠精神。教师在实践过程中表现出积极进取、精益求精、追求卓越的精神，对学生的操作过程严格要求，绝不因为不是真实的工作岗位就放任自流，教师严谨的教学态度将使学生终身受益。教师要把实操、实训当作真实的职业工作，对学生进行真刀实枪的训练，并要求学生把每一项技能、每一项工艺、每一步操作训练落实到位。培养学生"生产"产品时精益求精的态度，追求卓越以不断进步，不满足于仅仅"会"，而满足于"求优""求精"。

第五，以安全至上的意识影响和教育学生。实践教学中的许多训练都会涉及安全问题。当前，高职院校在实践教学中设有专门的安全教育课，并把它作为实训教学的第一课。但是，仅仅开展专项安全教育是不够的。很多学生在实际操作过程中还是会有不合规范的危险操作行为，这就要求教师在实践教学时，从头到尾、自始至终对学生进行安全教育和安全指导。此外，教师在教学过程中表现出的安全意识和问题解决能力，都无形地影响着学生。

第六，培养学生的团队协作精神。对于未来人才培养，团队协作精神培养不容忽视。实践教学教师在教学中主要采用分组教学的形式，进行适当地引导和组织，有利于学生团队协作精神的形成。

3.创新能力培养

创新能力是指运用相关知识、原则和技术创造性地解决问题的能力。实践教学过程中的"创新"能力不是指一般意义上的"原创"能力，而是培养学生的创新意识、创新精神和创新方法，为成为创新型人才奠定必备的素质基础。在学生创新能力的培养中，教师承担着以下的职责。

第一，培养学生的创新意识。教师在实践教学过程中表现出的创新意识对学生具有潜移默化的影响，这要求教师具有创新的意识和精神，并善于发现教学过程中的创新契机。

第二，培养学生的创新思维。创新思维是指发明或发现一种用于处理事务的新方式的思维过程，它需要重新组织思想观念，以便产生某种新产品。这种创新思维能使学生在学习过程中创新性地解决各类问题，巧妙地掌握新知识，并能将新旧知识融会贯通，形成知识体系，迁移到新的学习过程中，帮助其顺利完成学习任务。创新思维是创新智能活动的核心，是创新能力形成的关键。因此，在实践教学过程中，教师要善于引导学生从不同的角度、用不同于常规的方法思考或解决问题，以便培养学生的创新思维意识和能力。

第三，培养学生的创新方法。创新方法主要包括新信息的加工利用能力，一般工作能力，实践能力或操作能力，掌握和运用创新技能和方法的能力，创新成果的表达、表现和转化能力等。

（二）高职院校工科专业教师实践教学胜任特征调查分析

本研究以调查高职院校工科专业教师实践教学应具备哪些胜任特征为目标（见附录一），向浙江省 5 所高职院校[①]的工科专业专兼职教师发放问卷。发放问卷 150 份，实际回收 132 份，回收率 88.00%，剔除无效问卷 4 份，实际有效问

---

① 调查的 5 所高职院校为：浙江工业职业技术学院、温州职业技术学院、浙江建设职业技术学院、浙江机电职业技术学院和金华职业技术学院。

卷 128 份，问卷有效率 96.97%。对调查问卷进行统计、分析、归纳，并把相同或相似项目进行合并，最后高职院校工科专业教师认为的高职院校工科专业教师实践教学所需拥有的胜任特征，如表 3-1 所示。

表 3-1　高职院校工科专业教师实践教学的胜任特征

胜任特征	关键词	总频次
专业知识	知识丰富、知识扎实、掌握学科前沿动态	115
教育教学知识	教育学知识、心理学知识、教学方法知识、实践教学方法知识、学生成长特点、技术技能形成规律	113
示范操作	动手能力、指导实践、技能分解	105
校企资源整合	校企合作、利用企业资源、开发企业教学资源、科研服务、专利申请、开展横向项目	101
教学设计	计划周到、课程开发、教案撰写、学案设计	96
责任感	敬业、负责、事业心、工匠、主动	92
问题解决	善于发现问题、解决问题、分析问题	88
因材施教	差别对待、个性化教学、区别教学、分组教学	84
专业发展	自身成长、终身学习、持续学习、自我发展、企业实践	78
尊重学生	热爱学生、平等对待学生、师生关系融洽、理解他人、尊重他人、激励他人、宽容、支持学生、倾听学生、换位思考	74
职业知识	了解行业知识、来自企业、技术精湛、考取技术技能证书	72
教学实施	分析能力、课堂管理、冲突管理、课堂驾驭、组织协调、教学策略、调控能力	72
语言表达	言语清晰、逻辑性强	69
奉献	热爱、自我牺牲	61
安全教育	注重安全、安全操作、安全意识	60
创新	创意、创造、创新方法、开拓、创新教育、创新思维、创新意识、创新力、变革性	58
教学反思	自我批评、批评精神、批判性思维	55
沟通交流	善于交往、人际交往、协调、良好人际、人际理解力	54
教学评价与反馈	教学反馈、教学评估、自我评价、客观评价	50
团队协作	团队合作、共同发展、关系建立	49
成就导向	成就感、结果导向、自豪感、荣誉感、进取、自我激励	48
现代信息技术	信息收集、虚拟教学、网上辅导、获取信息、数字能力	44

续表

胜任特征	关键词	总频次
安全事故防范	安全管理、事故处理	42
教学研究	申请专利、善于钻研、成果转化、开展横向项目	40
注重学生职业素养养成	遵守规矩、培养学生综合素养、人文素养	39
情境创设	实践环境创设、工具准备充分、文化营造	38
实践性知识	教学智慧、企业实践、操作性知识、企业工作经验	36
社会服务	社会服务意识、社交能力、社会责任感	35
幽默、耐心、灵活性、影响力、应变能力、正直、公平、果断、自信心、乐观、视野开阔、诚实、情绪稳定、思路清晰、自我认同、敏锐性、宽容、亲和力、专注、逻辑分析、观察力、洞察力、关注细节、治学严谨（出现频率各 ≤ 10 次）		≤ 10 次

从表 3-1 可以看出，在高职院校工科专业教师心目中，排在前 5 位的实践教学胜任特征是专业知识、教育教学知识、示范操作、校企资源整合和教学设计。高职院校工科专业教师普遍认为开展有效的实践教学必须具有一定的专业知识和教育教学知识，示范操作在实践教学过程中显得尤为重要，此外，教师还需要有一定的校企资源整合能力，能将企业一线的生产实践带入教学一线，能有效设计实践教学的教案和学案。

（三）高职院校工科专业教师实践教学胜任特征选取

通过高职院校工科专业教师实践教学工作分析和胜任特征分析，借鉴国内外相关研究成果，提取实践教学胜任特征，经过合并相关项目，删减不重要的项目和补充缺少的项目等，共提取高职院校工科专业教师实践教学胜任特征 30 项，分别纳入态度与价值观、特征与动机、知识和能力维度（见表 3-2），为下一阶段高职院校工科专业教师胜任力编码词典的编制奠定基础。

表3-2　高职院校工科专业教师实践教学胜任特征选取

类别	胜任特征	类别	胜任特征
态度与价值观	尊重学生	能力	情境创设
	注重学生职业素养养成		教学设计
			教学实施
	敬业精神		教学评价与反馈
	责任感		安全事故防范
	奉献精神		教学反思
特质与动机	团队协作		语言表达
	成就导向		示范操作
	专业发展		教学研究
			教学创新
	创新思维		社会服务
知识	专业知识		校企资源整合
			安全教育
	职业知识		沟通交流
			现代信息技术
	实践性知识		因材施教
	教育教学知识		问题解决

二、基于行为事件访谈法的高职院校工科专业教师实践教学胜任力结构模型构建

把一个样本区域中的高职院校工科专业教师作为具体研究对象，采用行为事件访谈法实证分析其行为特征，辨识出高职院校工科专业教师实践教学胜任力的基准性胜任力和鉴别性胜任力。在这里，基准性胜任力是指高职院校工科专业教师实践教学所应具备的基本胜任力，鉴别性胜任力是指区分高职院校工科专业教师实践教学绩效优异者和绩效普通者的胜任力。鉴别性胜任力是选拔和培养优秀工科专业实践教学教师的重要指标。

（一）研究目的

通过行为事件访谈法，分别对纳入研究范围的高职院校工科专业实践教学绩优教师和普通教师进行访谈，依据胜任力编码词典对访谈文本进行编码，再

对两组绩效不同的教师的胜任特征进行差异比较，辨识出基准性胜任力和鉴别性胜任力。

（二）研究方法与步骤

1. 研究方法

行为事件访谈是目前胜任力结构模型构建中最常用的研究方法，由哈佛大学的麦克莱兰教授开发。行为事件访谈法类似于绩效评估中的关键事件法，采用一种开放式的行为回顾调查技术。行为事件访谈法主要以目标岗位的任职者为访谈对象，首先，通过对访谈对象的深入访谈，收集访谈对象对在任期间所做的成功与失败事件的描述，挖掘影响目标岗位绩效的细节性行为。其次，对收集到的具体事件和行为进行总结、分析和编码。最后，通过比较不同绩效访谈对象的胜任特征差异，区分出产生普通绩效的基准性胜任力和高绩效的鉴别性胜任力。具体操作步骤如图 3-1 所示。

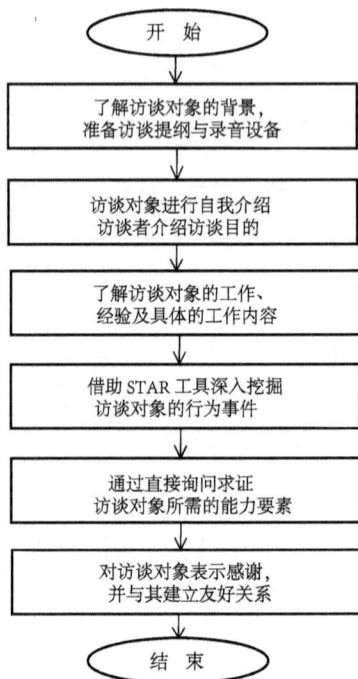

```
                    ┌──────────┐
                    │   开 始   │
                    └──────────┘
                         │
            ┌────────────────────────┐
            │  了解访谈对象的背景，      │
            │  准备访谈提纲与录音设备     │
            └────────────────────────┘
                         │
            ┌────────────────────────┐
            │  访谈对象进行自我介绍       │
            │  访谈者介绍访谈目的        │
            └────────────────────────┘
                         │
            ┌────────────────────────┐
            │  了解访谈对象的工作、       │
            │  经验及具体的工作内容       │
            └────────────────────────┘
                         │
            ┌────────────────────────┐
            │  借助 STAR 工具深入挖掘     │
            │  访谈对象的行为事件        │
            └────────────────────────┘
                         │
            ┌────────────────────────┐
            │  通过直接询问求证          │
            │  访谈对象所需的能力要素     │
            └────────────────────────┘
                         │
            ┌────────────────────────┐
            │  对访谈对象表示感谢，       │
            │  并与其建立友好关系        │
            └────────────────────────┘
                         │
                    ┌──────────┐
                    │   结 束   │
                    └──────────┘
```

图 3-1　行为事件访谈法操作程序

在实施行为事件访谈时，由于重点应放在追述访谈对象在过去真实的情景中采取的举措和行为，而不是假设性的或抽象性的行为举动，操作过程中往往借助 STAR（situation 情境；task 任务；action 行动；resalt 结果）工具来深层次挖掘具体的行为细节。行为事件访谈中，STAR 工具的使用示例，如表 3-3 所示。

表 3-3 行为事件访谈中 STAR 工具使用示例

STAR 工具	示例
情境	1. 当时这件事是如何发生的？ 2. 当时情况是怎样的？ 3. 当时您在工作中遇到了什么样的困难？
任务	1. 当时需要你做什么？ 2. 当时你承担了什么样的任务？ 3. 当时你的目标是什么？
行动	1. 你实际上做了什么？ 2. 请详细描述一下当时你是怎样处理的。 3. 处理这件事的步骤是什么？
结果	1. 你这样做的结果是什么？ 2. 这些结果与你所做的有什么直接关系？ 3. 过程中又发生了什么？

2. 访谈对象的选择

本研究主要运用目的性抽样（purposeful selection）[①] 和理论抽样（theoretical selection）[②] 的方式抽取了 G 职业技术学院的 3 位教师进行行为事件预访谈和 20 位教师进行正式行为事件访谈。抽取 G 职业技术学院的教师进行访谈主要基于以下几个方面的考虑：（1）G 职业技术学院办学以工科专业为主，是浙江省工科专业门类最为齐全、工科专业数最多的工业类高职学院，办学中"工业"特色鲜明。（2）G 职业技术学院地处浙江省东部经济发达地区，是浙江省优质高职院校，省四年制高职本科试点单位，教育部、浙江省现代学徒制试点单位、省教学诊断试点单位，1+X 证书制度试点单位，在一定程度上代表中国目前高等职业教育发展的先进水平，具有一定的代表性和典型性。（3）G 职业技术学院高度重视学生实践能力的培养，已连续 11 年举办"技能文化节"，不断营造

---

① 目的性抽样，即按照研究的目的抽取，能够为研究问题提供最大信息量的研究对象。
② 理论抽样，即在研究过程中，根据资料分析中显现出来的概念，通过不断比较的方法，选择有关资料来充实概念的属性和维度及发展理论。

技术技能育人氛围，学生在全国各级、各类比赛中屡获大奖。在实践育人方面也具有一定的先进性和代表性。（4）G 职业技术学院院内建有区域公共实训基地和工业设计基地，主要负责地区高素质技术技能型人才的培养和培训。其一直秉承着"公共性、公益性、先进性、示范性"的功能定位，由于连续多年服务区域经济社会成绩突出，被授予国家级示范性公共实训基地、国家级高技能人才培训基地、世界技能大赛中国集训基地，中德检验检测基地等称号。工业设计基地获评示范工业设计基地、省级工业设计中心、省级众创空间。作为基地承建单位，G 职业技术学院各专业教师在承担校内专业实训指导工作的同时，还兼任基地职业培训师。与此同时，基地聘请的一批来自周边企业的技术能手、技能大师、能工巧匠，组成了 G 职业技术学院各专业的优质兼职教师库，参与学生实训指导。因此，G 职业技术学院工科专业教师实践教学胜任力具有一定的典型性。（5）本书研究者是 G 职业技术学院的一名教育教学管理人员，自 2009 年入校任教以来一直在校从事教育教学管理和研究工作，也是 S 市重点创新团队"区域性职业教育联合体建设研究创新团队"、S 市区域教育与产业发展研究中心等研究团队的主要成员。因此不仅具有丰富的职业教育研究经验，而且有一定的研究平台和研究团队支撑，并且对 G 职业技术学院的办学情况比较了解，对管理人员和教师比较熟悉，这为研究课题的开展提供了较大的便利，也有利于深入观察和跟踪调研。

关于访谈对象的确定，主要考虑以下几个方面：（1）访谈对象数量的选择。一方面，根据林肯和古巴的观点，用于访谈的样本数量应该大于 12 个（吴继霞、黄希庭，2012）；另一方面，根据已有研究，样本数量通常在 12～30。斯宾塞认为，使用行为事件访谈法建立胜任力结构模型，至少需要 20 名访谈对象，其中绩优组 12 名，普通组 8 名，这样才能进行卡方检验和方差分析（谢员，2017）。本研究本着既满足研究需要又兼顾分析可行性的原则，选取 20 名教师进行研究，其中工科专业实践教学绩优教师 12 名，普通教师 8 名。（2）访谈对象的条件。高职院校工科专业实践教学绩优教师顾名思义就是在实践教学过程中表现出色且取得较好教学效果的教师。由于高职院校对教师的考核更多的是对教师综合教学能力的考评，未将实践教学胜任力作为单独考核项。鉴于此，本研究在选择高职院校工科专业实践教学绩优教师时就设定了一个标准，即获省级及以上荣誉（如技术能手、技能大师、劳模、首席技师、教学名师等）和作为主带队教师带领学生在技术技能竞赛中获省级及以上奖项的教师。访谈对象的基本情况，如表3-4所示。

表3-4　访谈对象基本情况

序号	姓名	性别	所教专业	组别	访谈类型
I	Y1	男	数控技术	1	预访谈
II	Y2	男	酿酒技术	1	预访谈
III	Y3	女	建筑工程技术	1	预访谈
1	F1	女	机电一体化技术	1	正式访谈
2	F2	男	电气自动化技术	1	正式访谈
3	F3	男	电子信息工程技术	1	正式访谈
4	F4	男	机电一体化技术	1	正式访谈
5	F5	男	工业设计	1	正式访谈
6	F6	男	汽车检测与维修技术	1	正式访谈
7	F7	男	工程造价	1	正式访谈
8	F8	男	机械制造与自动化	1	正式访谈
9	F9	女	机械制造与自动化	1	正式访谈
10	F10	女	酿酒技术	1	正式访谈
11	F11	女	现代纺织技术	1	正式访谈
12	F12	男	建筑工程技术	1	正式访谈
13	F13	女	工程造价	2	正式访谈
14	F14	女	机械制造与自动化	2	正式访谈
15	F15	男	数控设备应用与维护	2	正式访谈
16	F16	女	汽车电子技术	2	正式访谈
17	F17	男	模具设计与制造	2	正式访谈
18	F18	男	道路桥梁工程技术	2	正式访谈
19	F19	女	电子自动化技术	2	正式访谈
20	F20	男	电子信息工程技术	2	正式访谈

注：1. 为保护个人隐私，凡涉及真实姓名的均以代码呈现，对其他相关信息则进行真实还原。预访谈对象用代码Y表示，正式访谈对象用代码F表示。

　　2. 组别1表示绩优组，组别2表示普通组。

3. 研究工具的选择

本研究使用数字录音笔和 Nvivo 11 定性分析软件作为辅助工具。其中，数字录音笔主要用于行为事件访谈中录制与访谈对象的对话，并通过语音转录软件转录为标准 Word 文本格式；Nvivo 11 定性分析软件是专门用于对文字、图片、录音资料进行整理、编码、分析的软件。该软件与人工编码相比，效率更高，并能自动计算编码的频次，生成直观的柱状图。

4. 研究步骤的安排

第一步：编制高职院校工科专业教师实践教学胜任力词典

行为事件访谈编码的基础是胜任力词典。本研究首先进行了高职院校工科专业教师实践教学胜任力词典的编写，主要基于前文选取的高职院校工科专业教师实践教学胜任特征，并参考经典的胜任力通用词典，包括合益咨询公司（HayGroup）编制的基本胜任力词典（1996 年版）、Spencer 胜任特征词典、《员工胜任素质模型与任职资格全案》（杨雪，2017）等，编订出高职院校工科专业教师实践教学胜任力编码词典（初稿）。高职院校工科专业教师实践教学胜任力词典涵盖了实践教学所需胜任力的基本框架，也体现实践教学工作的特征，体现了工科专业教师实践教学的职业特点。

第二步：进行预研究

预研究选取 3 名高职院校工科专业实践教学教师进行行为事件访谈，目的是一方面，进行行为事件访谈练习，练习目标是研究成员能够准确识别出各种胜任特征的具体行为指标，或其他指标；另一方面，完善胜任力编码词典。

首先完成预访谈的前期准备工作，即确定取样策略和标准，编制高职院校工科专业教师实践教学胜任力访谈提纲（见附录二）。取样 G 职业技术学院 3 名工科专业实践教学绩优教师进行访谈，其中男性 2 名，女性 1 名。根据高职院校工科专业教师实践教学工作的特点和实际，预访谈中的绩优教师标准定为获省级及以上荣誉（如技术能手、技能大师、劳模、首席技师、教学名师等）和作为主带队教师带领学生在技术技能竞赛中获省级及以上奖项的教师。

经过预访谈及初期编码，对胜任力编码词典进行完善，在高职院校工科专业教师实践教学胜任力编码词典（初稿）的基础上，在"态度与价值观"类别增加"身份认同"胜任特征，将"特质与动机"类别中的"创新思维"胜任特征与"能力"类别的"教学创新"胜任特征合并，改胜任特征名称为"创新教育能力"。然后，在编码的基础上对胜任力编码词典进行修订和补充，通过实际的编码工作，就每一个胜任特征的名称、定义、分级、特点等进行核检，补充遗漏的胜任特征。通过征求3名高职院校实践教学教师和3名职业教育研究学者的意见和建议，在多次讨论的基础上，形成最终的高职院校工科专业教师实践教学胜任力编码词典（正式稿）（见表3-5），作为行为事件访谈实际编码的基础，主要包括教学设计、教学实施、教学评价与反馈、创新教育、问题解决、身份认同、专业发展等30项胜任特征。

表3-5　高职院校工科专业教师实践教学胜任力编码词典条目

类别	胜任特征	类别	胜任特征
态度与价值观	尊重学生	能力	情境创设能力
	注重学生职业素养养成		教学设计能力
	敬业精神		教学实施能力
	身份认同		教学评价与反馈能力
	责任感		安全事故防范能力
	奉献精神		教学反思能力
特质与动机	团队协作		语言表达能力
	成就导向		示范操作能力
			教学研究能力
	专业发展		创新教育能力
			社会服务能力
知识	专业知识		校企资源整合能力
	职业知识		安全教育能力
			沟通交流能力
	实践性知识		现代信息技术能力
			因材施教
	教育教学知识		问题解决能力

词典中的每一项胜任特征都由特征等级、名称、定义、相应的行为指标描述等构成。其中，等级指每一项胜任特征行为的程度，通常编码词典中的行为

等级以 5±2 为宜（徐建平，2014），等级分得越细，编码的操作难度越大，一致性越难保证。本研究按照特征行为的表现情况，从低到高设定为 0 级、1 级、2 级、3 级等四个等级。以"专业发展""问题解决"为例，其编码等级判别依据见表 3-6 和表 3-7。

表 3-6　胜任力词典等级划分依据示例——专业发展

胜任力名称及定义	等级及对应行为描述			
	0 级	1 级	2 级	3 级
专业发展：教师作为专业人员，在专业思想、专业知识、专业能力等方面不断发展和完善的过程。	在专业上停滞不前，不愿意更新自己的知识结构和提高技能水平；在工作中不注重向其他人学习。	在工作中，愿意并善于加强学习。	从事自己不太熟悉的任务时，能够积极主动地进行钻研，能够吸收利用他人的经验和做法，用于解决自己在实践教学过程中所遇到的问题。	能够不断寻找新的学习机会，掌握新的专业知识和技能，从而提高自己的综合能力；深入地了解当前最新的知识和技术技能，并能够意识到它们在产业界的应用，并积极应用在实践教学领域。

表 3-7　胜任力词典等级划分依据示例二——问题解决

胜任力名称及定义	等级及对应行为描述			
	0 级	1 级	2 级	3 级
问题解决：通过自身掌握的专业知识和技能，解决实践教学过程中存在问题的能力。	在问题出现时，无法进行有效应对。	能够初步判断并简单处理实践教学过程中出现的问题。	熟练掌握实践教学工作过程中易产生问题的环节，并有一定的问题发现技巧；具有一定的问题分析能力，能够根据现象探求解决问题的途径，并找到答案。	能够准确预测实践教学过程中的各种问题，并将其消灭在萌芽状态；能归纳各种问题产生的规律，并具有指导他人发现和解决问题的能力。

第三步：实施正式访谈

2018 年 10 月 15 日开始第一个访谈对象的访谈工作，到 2019 年 1 月 22 日完成最后一名访谈对象的访谈工作。对 20 名高职院校工科专业教师的访谈持续 3 个多月。这主要是由于一方面高职院校工科专业教师的教学工作量较大，从开始联系到正式实施访谈间隔时间较长；另一方面对教师的访谈往往需要安排在周末或下班后进行，这在一定程度上也增加了访谈的难度和延长了访谈的时间。

正式访谈之前，对访谈对象进行预约。事先通过QQ、微信或者OA内部邮件将访谈提纲发送给访谈对象，以便访谈对象提前进行充分思考和适当准备，以提高访谈的效果和质量。将闲置办公室进行适当布置，作为访谈工作室。为了给访谈对象提供方便，具体的访谈时间和地点的选择以访谈对象方便为原则，8次访谈在访谈工作室完成，6次通过电话、微信完成，6次在访谈对象办公室完成。在访谈前均向访谈对象说明访谈的目的，并向其出示书面访谈协议书，由他们自愿决定是否接受访谈及录音。对于接受访谈的访谈对象，要求他们分别描述3个在实践教学工作中成功和失败的事件。事件的描述包括：本人在本事件中的具体角色、任务、最初的想法、实施过程、所遇到的问题及处理方法、事后的体会与感受，并指出影响其成功或失败的关键的主观因素，如知识、能力和素养。同时，为了解和掌握更多的一线高职院校工科专业教师对实践教学胜任力的认识和看法，访谈还涉及"您认为高职院校工科专业教师实践教学胜任力应包括哪些方面？""结合自身的从教经历和感受，您认为哪些因素促进了您实践教学胜任力的提升？哪些因素阻碍了您实践教学胜任力的提升？"等问题，为高职院校工科专业教师实践教学胜任力研究提供更多一手资料。每次访谈时间应控制在90分钟左右。实际访谈录音时间最长的为120分钟，最短的为64分钟，平均为88分钟。

第四步：编码工作

（1）访谈录音文本转录。先将访谈录音导入电脑录音转换软件，由电脑录音转换软件完成录音的初始文本转换。然后由研究者对照录音和访谈笔记，核查文本。校核后给每个录音转化访谈文本编号，形成最终的访谈录音文本。本研究共转化访谈录音文本累计340552字。

（2）基于文本进行胜任特征编码。将所有文本导入专门的编码软件Nvivo 11定性分析软件，运用Nvivo 11定性分析软件实施编码。虽然质性分析软件的好处是节省时间，但软件编码有其自身缺陷，难以对特定语境下具有潜在含义的信息进行提取，故还需要人工编码进行完善（郝永林，2015）。笔者与另一位经过质性编码培训且熟悉本研究主题的编码者共同组成编码小组，经过适当交流、沟通后，阅读了所有的录音转化访谈文本，对文本中的关键事件进行独立的主题分析，分析主要概念和思想，提炼基本主题。然后，根据高职院校工科专业教师实践教学胜任力编码词典（正式稿），对每一事件中出现的胜任特征进行辨别和区分，并对其进行正式归类和编码。由于文本数据的内容非常广泛，在初始编码中，编码人员尝试根据统一的编码字典对辨别出的胜任特征先进行探索性分类编码。之后对访谈文本中出现的独特特征，进行补充编码，并进一步补充到编码词典中。初始编码之后，再次阅读文本，检查每个编码分类，寻找支持某一归类编码的所有现存证据，判断归类和编码是否相互交叉或包含，对编码的正确性进行确认或修正。高职院校工科专业教师实践教学胜任力编码示例见表 3-8、表 3-9、表 3-10。

表3-8　高职院校工科专业教师实践教学胜任力编码示例一

访谈文本	编码
先和你说说今年的事，前不久我带领的团队获得了第六届职业院校"挑战杯"创新创业特等奖，我还是觉得很开心的，这是学校第一次在该项比赛中获得特等奖，可以说是突破性成绩。现在我主要谈谈机械创新设计，这门课我是2014年接手的，是怎样的一个模式呢？机械创新设计是一个很综合性的东西，比如说机械设计一般会有机械制图、机械设计原理等课程，机械制造会有数控车、数控铣、钳工等课程，还有机械设备综合装调、公差与配合等课程。学生学完后，不是很了解，不清楚具体可以怎么用。因此，我们创新设计这门课程，就是这样一个目的，学生学完这门课程以后，可以把所有的课程联合起来。这门课程的开设并不是要给学生灌输新的东西，而是要把旧的东西串联起来，告诉学生怎么用。这门课程把机械设计、制造、装调装配三块内容结合起来。比如，你前几天给我一个主题，就像今年我给学生设定的一个主题"做康复设备"，要求他们去查资料，查资料的过程就是锻炼他们的一种能力，这个东西会查吗？查资料过程中发现了什么创新点？把这个创新点提出来，这就是培养他们的创新意识。然后，学生可以提出来，如果他来做这个东西，哪些东西他可以做，比如说我们这次做康复床，要先思考你需要康复床有哪些功能，然后去查这些功能别的康复床有没有，别人没有做的，那你提出来，这就是创新；如果别的康复床有了，是否有哪些地方做的不好的，你再把它查出来。查完以后，再花几天时间来搞设计，把刚才要做的这些东西用电脑软件设计出来，设计完了以后，去买材料，材料买过来，把它加工出来，之后，把加工好的零件装配起来，把设计、制造、装调这些应用起来，就是说，这门课程的内容全部是以前学过的，但是我们把它们综合起来。此外，为了激励学生，我们会帮他们去申报专利。如果是好的作品，就帮学生申报专利，带他们去参加比赛。今年的作品就是这样子，每个学生都有两三个专利。然后去参加比赛，获得这机械创新比赛啊，或者像这次全国的挑战杯，我们得了突破性的特等奖。我们要努力把学生的这种激情、这种创新意识激发出来，其实，到一定的时候，就不用去管了，先前学生觉得很困难，"我们要搞创新，遇到很多困难，太不可思议了"，但是一点一点去引导他们，他们会觉得这个东西其实也不是那么难，就是把他们的积极性调动起来。该管的时候管，该散的时候散。学生去查资料、搞设计的时候全部都是散的，但是整条线的组织是有管理的，管放结合。整个做的过程中，刚刚开始有想法的时候，想法是模糊的，但是这个东西做出来的时候，就是所见即所得了。看到了这个东西，学生是很开心的，那这条路就通了，学生的创作激情就被激发出来了，整个过程就会有一种兴奋感。但是，也不是所有学生有创新精神和能力的，我们会针对不同的学生个体，给予不同的任务难度，使每个学生尽量都能从本门课程受益。	责任感-2 成就导向-2 教学设计-1 教学设计-2 创新教育-2 教学实施-2 问题解决-2 创新教育-3 创新教育-3 教学实施-2 教学评价与反馈-3 创新教育-3 成就导向-3 创新教育-3 沟通交流-1 教学设计-3 教学实施-3 责任感-2 注重学生职业素养养成-2 因材施教-2

表3-9　高职院校工科专业教师实践教学胜任力编码示例二

访谈文本	编码
实践教学有一门课，就是我教的新能源汽车的维护阶段实训。有车的都知道，做维护保养的时候，会有一个服务顾问接待，从你的车开到店里，之后再把车送到车间维护，维护好后，把车开回来还给你。我们这门课讲的就是新能源汽车的维护接待，对应岗位就是4S店的服务顾问。实训课当然在实训室上，<u>采用角色扮演的方式进行教学</u>，如甲组扮演服务顾问，乙组扮演顾客，其中又分主动预约和被动预约。一般客户会自己预约4S店，有时候4S店也会打电话问要不要维护保养。这个时候我们就分组，因为这个项目贯穿整个车辆检查过程，从车辆检查到车间管理，<u>所以分组的时候要有针对性，不会把所有相对较好的学生分到同一组，也不会把相对较差的分到一组，而是有针对性地挑选各个层次的学生组成一组，让各个组都有学习气氛，学生的性格特点也会比较均衡一点</u>。为了激发学生的学习兴趣，<u>我会让每个组取一个组名，然后把组名写在展板上</u>，每次上课，学生都用组名来相互称呼，此外，各组还要有自己的口号。<u>一方面，能模拟企业的实际工作场景，另一方面，能模拟团队协作场景</u>。另外，分组有利于进行组与组之间的比赛，比如甲组跟乙组角色扮演的时候，看甲组能不能成功邀约乙组来进行保养；丙组和丁组角色扮演的时候，看丙组能不能成功邀约丁组来进行保养。这样的话，我们就可以把甲组和丙组的成绩进行比对。这是模拟主动预约，模拟被动预约的话则可以换一个方向，由乙组和丁组进行比赛。在这个过程当中，因为有些<u>学生可能平常不是太活跃，语言表达能力不是太强，所以在模拟电话预约的时候，特别是被动预约的时候，我可能还会设置一些障碍</u>。有时候就有一些比较搞笑的场景出现，但这种模式可以加强学生能力的锻炼，比如<u>口头表达能力、沟通交流能力</u>等，还有就是<u>熟悉业务流程</u>等。通过这样一个比较鲜明的对比，甲组预约乙组，乙组反过来邀约甲组，可以让学生比较直观地感受到，对于预约这个工作来说，它的重点、难点、<u>与人沟通方面的礼仪以及场景方面的一些问题</u>。然后当然更重要的还是让他们对这个<u>岗位有一个认知：技术技能人才最终还是要回归实践岗位</u>。	教学设计-2 因材施教-3 教学实施-3 情境创设-3 注重学生职业 素养养成-2 教学设计-2 教学实施-3 因材施教-3 注重学生职业 素养养成-2 专业知识-1 注重学生职业 素养养成-3 职业知识-2 专业知识-2 实践知识-2
在实践教学中会遇到一些问题，一是学生本身对岗位的了解程度不够，进行分组比赛时，有时候可能会遇到一些非常专业的问题，但对于扮演服务顾问的学生来说，因为没有从业经验，所以回答时可能不太专业。当然，正是因为他们不专业，所以才要教他们丰富的理论知识和实践知识。教师要<u>把自己从4S店实践得来的经验用相应的技巧方法，巧妙地传授给学生</u>。我们这样<u>设计实践教学课堂</u>，主要还是想通过耳目一新的方式，让学生真切感受到岗位所需的能力素质要求、岗位所需的知识要求，让他们更有兴趣进行知识的学习。二是教师的示范效应不足。比如说有些学生比较调皮，提的问题可能跟车辆不太相关，或者说提出的一些问题即使相关，回答这个层面可能也不是太专业。因此遇到这些问题时，<u>教师需要在全班先做一个示范</u>，进行规范性解答。当然学生能够把这些问题暴露出来，也正是教师能够在后面进行解答的一个前提，是吧？<u>相当于课程导论了，学生抛出问题，然后教师根据问题进行知识点的讲解，并对学生的表现进行适当点评</u>。	职业知识-2 教育教学知识-2 教学实施-2 教学设计-2 示范操作-2 问题解决-2 教学评价与反馈-1 教学设计-3 尊重学生-2 尊重学生-3 责任感-2 实践性知识-3

访谈文本	编码
实践教学真的挺好。我最深的感受是，只要给<u>学生提供一个平台、一个舞台、一个展示自己的机会，他们还是有很大的潜能的</u>。比如这样的一个角色扮演活动，能有效激发学生的学习积极性，学习的效率也会相应提高。对于教师来说，首先就是<u>技能知识要过硬</u>，其次要<u>探索教学的方式和方法，时常琢磨、反思知识的传授方式</u>，<u>探索改革创新课堂教学方式</u>，让学生在传统教学以外，<u>还有发挥自身特点、亮点的机会</u>，让他们能够畅<u>所欲言，展示自己的特长</u>。学生进入企业后，<u>一方面，要进行岗位操作</u>，<u>另一方面，则是进行人与人之间的沟通</u>。如果我们的课堂也能够把这两方面兼顾起来，比如我们现在推进的课程思政、<u>加强社会主义核心价值观的教育等</u>，对学生可持续发展会更好。	教育教学知识 -2 教学反思 -2 创新教育 -2 尊重学生 -3 因材施教 -3 注重学生职业素养养成 -2 注重学生职业素养养成 -3

表 3-10　高职院校工科专业教师实践教学胜任力编码示例三

访谈文本	编码
对于你说的成功事例，我和你谈谈我们的工程造价比赛吧。我们经过了几年的建设，在工程造价比赛中已经获得了省级和国家级的奖项，学生经过训练，动手操作能力得到了很大的提升，顶岗也比较快，<u>比较突出的是其中有 5 个学生被破格录取为中职院校的教师</u>，因为中职院校急需这样的实践实训教师。一般来说中职院校现在招聘，需要本科学历，甚至是 211 大学的本科毕业生或者是研究生。如果是专科学历，一般要求获得省级及以上一等奖，这样才可以被破格录取为实训教学老师，其实实训教学老师和其他老师是一样有编制的。学生反馈说，比较感谢学校创造这个机会。	成就导向 -3
我再说说实训场地的建设，我们有一门课是工种实训，需要<u>教师对实训场地进行设计和布置，比如砌墙、做钢筋、做楼梯等，还要做楼板</u>。另外，如果要把<u>一个班进行分组教学</u>，那么场地怎么划分，怎么进行教学实施，都需要教师提前考虑好。不过，考虑到安全性和实效性，现在一些建工教学都采用<u>虚拟仿真实训</u>了，这就需要教师掌握较多的电脑技术，加强自身的信息素养学习。我觉得虚拟仿真技术解决了一个很重要的问题，就是建工实训中的<u>安全性问题</u>，比如以前我们没有采用<u>虚拟仿真技术的时候，学生可能因为实训用具问题发生冲突</u>；另外，砌砖、钉钉子的时候，学生会不小心伤到自己。现在引入虚拟仿真技术，这些安全性问题得到了有效解决。	情境创设 -3 教学设计 -2 因材施教 -2 安全教育 -2 现代信息技术 -3 安全事故防范能力 -3

续表

访谈文本	编码
在实训过程中，我们会<u>下发任务书，告诉学生实训课需要做什么，教师也会带领学生进行一步步操作</u>。实训结束后，我们会<u>对学生进行一定的评价</u>，评价主要是根据学生平时的课堂表现，大概占40%，还有学生的成果模型，比如说制作的三维模型或者图纸设计，其中涉及的操作，学生需要分析清楚整个过程，这个评价一般占60%。	教学设计 -2 教学实施 -2 示范操作 -2 教学评价与反馈 -3
作为专业负责人，在实践教学的实施中，我也有深切体会。比如说你在做的研究，教师实践教学胜任力。我们在读研究生期间，其实和企业的接触真是非常少，导致教师<u>理论知识丰富，但是实践能力很差</u>，只是从理论到理论。那么到高等职业院校任教时，对学生实践能力的培养，势必也有缺陷。而对于从企业过来的教师，他们的<u>操作能力</u>肯定是可以的，但是理论<u>知识方面还是有所欠缺</u>，只是停留在之前他们所在的企业会怎么做，<u>但是不知道整个行业的发展趋势和技术</u>。我觉得，作为一个高等职业院校的教师，理论知识和实践知识要均衡发展，不能完全侧重于理论知识或者只<u>侧重于某一个公司的情况，应该是侧重于服务整个行业的、符合一个未来发展趋势的、共性的技术</u>。此外，我特别想提提教师的教学责任心，职业教育非常重视学生<u>工匠精神</u>的培育。作为一个教师，相当于师傅带徒弟，自身<u>应该有足够的责任心，备好每节课、上好每节课</u>。	专业知识 -3 实践性知识 -0 实践性知识 -2 专业知识 -1 职业知识 -0 职业知识 -3 责任感 -3 注重学生职业素养养成 -3 责任感 -3

第五步：数据统计与分析

数据统计的主要内容有以下几项：文本里关键事件中访谈对象的行为和语言的编码结果，包括访谈时间、访谈文本的字数、各个胜任特征出现的频次。在此基础上，统计各项胜任特征发生的总频次、等级分、平均等级分和最高等级分。

数据统计工作完成后，运用SPSS 21.0软件进行数据分析。对总频次、平均等级分、最高等级分三个指标进行验证，对绩优组和普通组的每一个胜任特征之间的差异进行比较分析。同时，统计各项胜任特征的频次及所占百分比。

第六步：建立胜任力结构模型

根据统计分析结果，确定各项胜任力要素，包括基准性胜任力和鉴别性胜任力，并在此基础上构建高职院校工科专业教师实践教学胜任力结构模型。

（三）研究结果

1. 编码信度分析

访谈文本独立编码结果的一致性程度影响着胜任力研究结果。本研究使用归类一致性系数和皮尔逊相关系数来考察访谈文本编码的一致性程度。

（1）归类一致性分析。归类一致性（CA）是指评分者之间对相同访谈资料的编码归类相同的个数占编码总个数的百分比，计算公式是：$CA=\dfrac{N\times S}{T_1+T_2+\cdots+T_n}$ [①]。

编码信度系数 R 是在归类一致性系数的基础上计算的指标。具体公式为：

$$R=\frac{N\times CA}{1+（N-1）}$$

本研究中，有两位编码者，因此 $CA=\dfrac{2\times S}{T_1+T_2}$，$R=\dfrac{2\times CA}{1+（2-1）\times CA}$，两位编码者对于 20 名访谈对象的编码归类一致性程度和编码信度系数结果见表 3-11。

表 3-11　胜任特征编码归类一致性系数

序号	被试编号	T_1	T_2	S	CA	R
1	F1	306	326	213	0.674	0.805
2	F2	383	370	201	0.534	0.696
3	F3	308	360	192	0.575	0.730
4	F4	338	398	184	0.500	0.667
5	F5	367	376	208	0.560	0.718
6	F6	339	395	201	0.548	0.708
7	F7	393	375	220	0.573	0.728
8	F8	384	317	212	0.605	0.754
9	F9	393	406	234	0.586	0.739
10	F10	335	356	203	0.588	0.740
11	F11	326	297	180	0.578	0.732
12	F12	305	256	152	0.542	0.703
13	F13	265	288	165	0.597	0.747
14	F14	247	207	138	0.608	0.756
15	F15	259	219	145	0.607	0.755
16	F16	209	156	104	0.570	0.726
17	F17	243	251	137	0.555	0.714
18	F18	250	286	159	0.593	0.745
19	F19	264	309	172	0.600	0.750
20	F20	209	151	97	0.539	0.700

① $CA=\dfrac{N\times S}{T_1+T_2+\cdots+T_n}$ 中的 S 表示编码者编码归类相同的个数，T_1 表示编码者 A 的编码个数，T_2 表示编码者 B 的编码个数，以此类推，如果有 N 个编码者，则 T_n 表示编码者 N 的编码个数。

从表 3-11 可知，编码的归类一致性系数在 0.500 ～ 0.674，总体归类一致性系数为 0.577；编码信度系数在 0.667 ～ 0.805，总体编码信度系数为 0.731。以上结果表明，本研究中编码的稳定性较高。

（2）皮尔逊相关系数。行为事件访谈数据的统计指标有访谈时间、文本字数、胜任特征频次、总频次、等级分、平均等级分和最高等级分。比如，某访谈对象"情境创设能力"这一胜任特征的具体行为表现为：1 级 3 次，2 级 2 次，3 级 3 次，则该胜任特征的总频次为 8，平均等级分为 2 分，最高等级分为 9 分。

采用皮尔逊相关系数法进一步检验编码一致性，要分别计算两位编码者对每个访谈对象胜任特征编码的频次、平均等级分、最高等级分的皮尔逊相关系数。频次除了在"敬业精神""成就导向""教育教学知识""情境创设能力""安全事故防范能力""语言表达能力"上的相关系数没有达到显著性水平，在其他胜任特征上均为显著；平均等级分除了在"注重学生职业素养养成""奉献精神""职业知识""实践性知识""教育教学知识""语言表达能力""示范操作能力""安全教育能力""现代信息技术能力"上的相关系数没有达到显著性水平外，在其他胜任特征上均达到显著水平；最高等级分除了在"成就导向""语言表达能力"上的相关系数没有达到显著性水平外，在其他胜任特征上均达到显著水平。说明两位编码者的编码一致性较高，如表 3-12 所示。

表 3-12　两名编码者在胜任特征发生频次、平均等级分、最高等级分上的相关

胜任特征	频次	平均等级分	最高等级分
尊重学生	0.495*	0.665**	0.672**
注重学生职业素养养成	0.941**	0.401	0.932**
敬业精神	0.436	0.704**	0.536*
身份认同	0.542*	0.891**	0.479*
责任感	0.600**	0.758**	0.748**
奉献精神	0.669**	0.330	0.740**
团队协作	0.773**	0.609**	0.813**
成就导向	0.139	0.752**	0.130
专业发展	0.779**	0.740**	0.677**
专业知识	0.456*	0.521*	0.649**

胜任特征	频次	平均等级分	最高等级分
职业知识	0.630**	0.391	0.737**
实践性知识	0.520*	0.309	0.844**
教育教学知识	0.249	0.174	0.661**
情境创设能力	0.177	0.478*	0.640**
教学设计能力	0.659**	0.558*	0.688**
教学实施能力	0.815**	0.813**	0.692**
教学评价与反馈能力	0.642**	0.786**	0.673**
安全事故防范能力	0.339	0.473*	0.586**
教学反思能力	0.667**	0.486*	0.769**
语言表达能力	0.100	0.324	0.347
示范操作能力	0.764**	0.286	0.772**
教学研究能力	0.734**	0.680**	0.776**
创新教育能力	0.842**	0.891**	0.813**
社会服务能力	0.638**	0.664**	0.667**
校企资源整合能力	0.795**	0.712**	0.863**
安全教育能力	0.800**	0.436	0.809**
沟通交流能力	0.682**	0.507*	0.748**
现代信息技术能力	0.783**	0.340	0.652**
因材施教能力	0.842**	0.917**	0.863**
问题解决能力	0.978**	0.473*	0.874**

注：1. * 表示在 0.05 水平上差异显著，** 表示在 0.01 水平上差异显著。

　　2. 由于部分编码在访谈文本中出现的频次极少，为了简洁起见，在具体统计分析时将其省略。

　　归类一致性分析和皮尔逊相关系数法的结果表明，两位编码者一致性良好，符合心理测量学要求，表明编码者能够准确区分两组被试，能够准确地运用胜任特征评价法提取行为指标。这为使用行为事件访谈法辨别实践教学胜任特征及其相关行为提供了支持，保证了研究数据的信度，适合进行下一步分析。因此，本研究以第一位编码者的编码结果为基础，由两位编码者一起对其中部分编码进行修订，特别是在"成就导向""语言表达能力""教育教学知识"等相关系数不显著的胜任特征上进行深入讨论，形成最终的编码结果，并以此为基础进行后续的胜任特征差异比较分析。

2. 访谈长度（字数）分析

根据行为事件访谈长度的一般要求，麦克莱兰教授认为，每位访谈对象的访谈时间应控制在 1～3 小时，录音整理成中文文本的长度大于 10000 字（时勘、侯彤妹，2002），所得数据能够比较稳定地反映样本水平。从本研究的情况看，已经达到了这一要求，见表 3-13。

表 3-13 访谈长度情况统计

序号	代码	性别	组别	访谈时间/分钟	转录文本字数
1	F1	男	1	64	11520
2	F2	男	1	120	21600
3	F3	男	1	85	15586
4	F4	男	1	92	18243
5	F5	男	1	78	14835
6	F6	男	1	65	12876
7	F7	男	1	111	20763
8	F8	男	1	107	21431
9	F9	男	1	104	21123
10	F10	男	1	95	18764
11	F11	男	1	86	17532
12	F12	男	1	79	15698
13	F13	男	2	78	16247
14	F14	男	2	65	12763
15	F15	男	2	84	16994
16	F16	女	2	72	13648
17	F17	女	2	98	18749
18	F18	女	2	93	18461
19	F19	女	2	101	17965
20	F20	女	2	87	15754
合计				1764	340552

（1）访谈长度（字数）与访谈时间分析（绩优组和普通组的 t 检验）。本次

研究中，绩优组和普通组的平均访谈字数分别为 17497.58 字和 16322.63 字，平均时间分别为 90.50 分钟和 84.75 分钟，基本符合上述要求。绩优组和普通组的访谈长度 t 检验结果表明，两组在访谈字数（t=0.855，p=0.404）和访谈时间（t=0.791，p=0.439）上没有显著性差异，见表 3-14。因此，如果绩优组与普通组在胜任特征上表现出差异，不是由于访谈长度引起的。

表 3-14　绩优组和普通组访谈长度分析

项目	绩优组（N=12）		普通组（N=8）		t	df	p
	平均值	标准差	平均值	标准差			
字数 / 字	17497.58	3429.039	16322.63	2196.155	0.855	18	0.404
时间 / 分	90.50	17.733	84.75	12.601	0.791	18	0.439

（2）访谈长度与频次、平均等级分、最高等级分的相关系数。为排除访谈长度对胜任特征差异比较分析的影响，需要进一步将胜任特征出现频次、平均等级分、最高等级分分别与访谈长度进行相关分析。访谈时间和访谈字数均可以代表访谈长度，但考虑到访谈过程中，会有一些不属于访谈范畴的内容，如访谈对象中途接听电话、访谈人与访谈对象之间的寒暄和客套话等，这些均未转化为文字访谈材料，因而本研究转化的访谈字数更能代表访谈长度。因此，将 20 个文本中胜任特征出现频次、平均等级分、最高等级分分别与访谈字数进行相关分析，结果见表 3-15。

表 3-15　胜任特征出现频次、平均等级分、最高等级分
与访谈长度（字数）的相关

胜任特征	访谈长度与频次	访谈长度与平均等级分	访谈长度与最高等级分
尊重学生	0.813**	−0.007	0.434
注重学生职业素养养成	0.266	−0.041	0.175
敬业精神	0.535*	−0.058	0.473*
身份认同	0.335	0.359	0.315
责任感	−0.235	0.415	−0.146
奉献精神	0.576**	−0.338	0.391
团队协作	−0.151	0.266	0.032
成就导向	−0.207	−0.230	−0.201
专业发展	0.479*	−0.045	0.359

续表

胜任特征	访谈长度与频次	访谈长度与平均等级分	访谈长度与最高等级分
专业知识	−0.228	−0.163	−0.342
职业知识	0.127	−0.064	0.091
实践性知识	0.070	−0.366	−0.302
教育教学知识	0.365	0.058	0.329
情境创设能力	0.200	0.491*	0.342
教学设计能力	0.517*	0.147	0.460*
教学实施能力	0.507*	−0.037	0.287
教学评价与反馈能力	0.292	−0.400	0.104
安全事故防范能力	0.148	−0.132	−0.119
教学反思能力	0.082	0.247	0.145
语言表达能力	0.025	−0.062	0.032
示范操作能力	0.595**	0.013	0.521*
教学研究能力	0.325	0.039	0.294
创新教育能力	−0.088	0.001	0.016
社会服务能力	0.088	−0.079	0.027
校企资源整合能力	−0.168	0.179	−0.166
安全教育能力	0.542*	−0.710**	0.488*
沟通交流能力	0.099	0.031	0.135
现代信息技术能力	0.002	−0.097	−0.013
因材施教	0.536*	0.219	0.458*
问题解决能力	0.435	−0.148	0.327

注：*表示在 0.05 水平上差异显著，**表示在 0.01 水平上差异显著。

结果表明，频次和访谈长度相关显著的胜任特征有 9 项；平均等级分与访谈长度相关显著的胜任特征只有 2 项；最高等级分与访谈长度相关显著的胜任特征有 5 项，由此可见，平均等级分较不受访谈长度的影响，更为稳定。因此在后续研究中将采用平均等级分进行胜任特征差异检验。

3. 绩优组和普通组的胜任特征差异检验

根据访谈指标的有效性检验结果，在胜任特征的出现频次、平均等级分、最高等级分中，平均等级分受访谈长度影响最小，最为稳定，因此使用平均等级分进行差异检验，比较绩优组和普通组在每项胜任特征上平均等级分之间的差异，结果见表 3-16。

表 3-16　绩优组和普通组胜任特征的 t 检验

胜任特征	组别	N	平均值	标准差	t	p
尊重学生	绩优组	12.000	1.785	0.136	0.190	0.851
	普通组	8.000	1.769	0.233		
注重学生职业素养养成	绩优组	12.000	2.003	0.153	2.219*	0.040
	普通组	8.000	1.841	0.172		
敬业精神	绩优组	12.000	1.865	0.388	1.654	0.115
	普通组	8.000	1.563	0.418		
身份认同	绩优组	12.000	1.956	0.282	2.592*	0.018
	普通组	8.000	1.399	0.668		
责任感	绩优组	12.000	2.112	0.239	2.068	0.053
	普通组	8.000	1.879	0.258		
奉献精神	绩优组	12.000	2.010	0.186	1.600	0.127
	普通组	8.000	1.884	0.151		
团队协作	绩优组	12.000	2.018	0.092	2.969**	0.008
	普通组	8.000	1.841	0.176		
成就导向	绩优组	12.000	2.141	0.237	2.421*	0.026
	普通组	8.000	1.910	0.155		
专业发展	绩优组	12.000	2.207	0.143	2.217*	0.040
	普通组	8.000	1.902	0.449		
专业知识	绩优组	12.000	2.086	0.177	2.019	0.059
	普通组	8.000	1.855	0.335		
职业知识	绩优组	12.000	2.131	0.166	2.176*	0.043
	普通组	8.000	1.980	0.126		
实践性知识	绩优组	12.000	2.042	0.153	3.243**	0.005
	普通组	8.000	1.719	0.293		
教育教学知识	绩优组	12.000	2.173	0.190	1.433	0.169
	普通组	8.000	2.037	0.233		
情境创设能力	绩优组	12.000	1.985	0.091	1.676	0.111
	普通组	8.000	1.889	0.166		

续表

胜任特征	组别	N	平均值	标准差	t	p
教学设计能力	绩优组	12.000	2.203	0.129	1.955*	0.046
	普通组	8.000	1.981	0.366		
教学实施能力	绩优组	12.000	2.141	0.103	2.185*	0.042
	普通组	8.000	2.021	0.144		
教学评价与反馈能力	绩优组	12.000	1.861	0.112	1.990	0.062
	普通组	8.000	1.759	0.112		
安全事故防范能力	绩优组	12.000	2.344	0.176	1.201	0.245
	普通组	8.000	2.260	0.111		
教学反思能力	绩优组	12.000	2.199	0.176	3.140**	0.006
	普通组	8.000	1.970	0.130		
语言表达能力	绩优组	12.000	2.204	0.106	0.870	0.396
	普通组	8.000	2.142	0.212		
示范操作能力	绩优组	12.000	2.189	0.125	0.607	0.551
	普通组	8.000	2.156	0.102		
教学研究能力	绩优组	12.000	2.085	0.099	3.235**	0.005
	普通组	8.000	1.894	0.166		
创新教育能力	绩优组	12.000	2.105	0.221	2.993**	0.008
	普通组	8.000	1.810	0.208		
社会服务能力	绩优组	12.000	2.055	0.170	2.287*	0.034
	普通组	8.000	1.841	0.250		
校企资源整合能力	绩优组	12.000	2.094	0.206	4.736**	0.000
	普通组	8.000	1.589	0.270		
安全教育能力	绩优组	12.000	2.272	0.153	1.035	0.314
	普通组	8.000	2.203	0.133		
沟通交流能力	绩优组	12.000	2.151	0.178	1.220	0.238
	普通组	8.000	2.002	0.365		
现代信息技术能力	绩优组	12.000	2.108	0.266	2.001	0.061
	普通组	8.000	1.865	0.267		

胜任特征	组别	N	平均值	标准差	t	p
因材施教能力	绩优组	12.000	2.058	0.177	3.507**	0.003
	普通组	8.000	1.489	0.525		
问题解决能力	绩优组	12.000	2.100	0.118	0.416	0.682
	普通组	8.000	2.080	0.083		

注：* 表示在 0.05 水平上差异显著，** 表示在 0.01 水平上差异显著。

在 30 项胜任特征中，两个组在"团队协作""实践性知识""教学反思能力""教学研究能力""创新教育能力""校企资源整合能力""因材施教"等 7 项胜任特征间的差异在统计学意义上极其显著，在"注重学生职业素养养成""身份认同""成就导向""专业发展""职业知识""教学设计能力""教学实施能力""社会服务能力"等 8 项胜任特征间的差异在统计学意义上显著。其他 15 项胜任特征在两个组的差异无统计学意义，但绩优组明显高于普通组，即绩优组有更高的正向得分。

（四）分析与讨论

1. 效标的选择

效标的选择是胜任力结构模型构建中一项极其关键的工作。由于高职院校对教师的考核更多的是对教师综合教学能力的考评，未将实践教学能力作为单独的考核项，因此客观的绩效指标无法统一。鉴于此，本次访谈在选择工科专业实践教学绩优教师时就设立了一个标准，即指获省级及以上荣誉（如技术能手、技能大师、劳模、首席技师、教学名师等）和作为主带队教师带领学生在技术技能竞赛中获省级及以上奖项的教师。从访谈统计数据结果来看，这一策略比较成功。

2. 编码过程中使用的胜任力词典

行为事件访谈编码的基础是胜任力词典。高职院校工科专业教师实践教学胜任力词典的编写主要参考经典的胜任力通用词典、国内外既往文献中对高职院校教师教学胜任力的相关研究、高职院校工科专业教师实践教学的工作分析以及针对高职院校工科专业教师的开放式问卷调查等，由此编制出高职院校工科专业教师实践教学胜任力编码词典（初稿）。在此基础上，通过征求高职院校工科专业实践教学教师、职业教育研究者的意见、建议，进行预访谈及初期编码，然后在编码的基础上对胜任力词典进行修订和补充。通过实际的编码工作，就每一个胜任特征的名称、定义、分级、特点等进行核检，补充遗漏的胜任特征，形成最终包括 30 项胜任特征的高职院校工科专业教师实践教学胜任力编码词典（正式稿）。

3. 访谈资料的编码一致性

行为事件访谈相对于其他形式的访谈，操作性较强，但其编码过程有主观因素存在，本次研究归纳出影响编码一致性的因素：一是胜任特征数量，其直接影响编码一致性，数量越多，编码难度越大，归类一致性越低。二是对胜任特征含义和行为表现的把握程度，对胜任特征的理解越准确，归类一致性越高。三是编码者的编码技术，编码技术越高，即对文本的字词句理解能力越好，归类一致性越高。四是胜任特征的行为描述层级，行为描述层级越多，归类一致性越会受影响。五是编码人数，编码人数对归类一致性也有影响，一般编码以 2 ～ 3 人为宜。本次编码是两位编码人员同时编码，采用归类一致性系数和皮尔逊相关系数考察访谈文本编码的一致性程度。结果表明，编码的归类一致性系数在 0.500 ～ 0.674，总体归类一致性系数为 0.577；编码信度系数在 0.667 ～ 0.805，总体编码信度系数为 0.731，表明本研究中编码的稳定性较高。另外，对于每个被试胜任特征编码出现的频次、平均等级分、最高等级分的皮尔逊相关系数，除个别没有达到显著性水平外，绝大多数胜任特征均达到显著水平，说明两位编码者的编码一致性较高。

4. 使用行为事件访谈法建模的关键因素

采用行为事件访谈法建模，访谈过程和编码过程决定了建模的质量和成效。首先，访谈样本的选择是关键的一步，尤其是绩优组访谈样本的选择，样本一定要有典型性和代表性；其次，对访谈者的要求极高，如对行为事件访谈技巧的掌握程度，是否按照 STAR 原则进行访谈，是否有效地得到了访谈对象的关键行为表现；最后，对编码人员的要求极高，是否准确掌握了编码胜任特征的含义及等级表现，是否准确领悟访谈对象的关键行为特征，是否准确编码相关转码文字段落。整个建模过程中，会受许多因素的影响，这些因素都会对最终模型的科学性和有效性产生直接或间接的影响。

5. 行为事件访谈法的研究结果

行为事件访谈中进行访谈编码统计的胜任特征有30项：尊重学生、注重学生职业素养养成、敬业精神、身份认同、责任感、奉献精神、团队协作、成就导向、专业发展、专业知识、职业知识、实践性知识、教育教学知识、情境创设、教学设计、教学实施、教学评价与反馈、安全事故防范、教学反思、语言表达、示范操作、教学研究、创新教育、社会服务、校企资源整合、安全教育、沟通交流、现代信息技术、因材施教和问题解决，其中绩优组和普通组存在显著差异的胜任特征有15项：注重学生职业素养养成、身份认同、团队协作、成就导向、专业发展、职业知识、实践性知识、教学设计、教学实施、教学反思、教学研究、创新教育、社会服务、校企资源整合、因材施教。基于行为事件访谈法构建的高职院校工科专业教师实践教学胜任力结构模型如表3-17所示。

表3-17 基于行为事件访谈法构建的高职院校工科专业教师实践教学胜任力结构模型

态度与价值观	特质与动机	知识	能力	
尊重学生	团队协作*	专业知识	情境创设能力	教学设计能力*
注重学生职业素养养成*	成就导向*	职业知识*	教学实施能力*	教学评价与反馈能力
敬业精神	专业发展*	实践性知识*	安全事故防范能力	教学反思能力*
身份认同*		教育教学知识	语言表达能力	示范操作能力
责任感			教学研究能力*	创新教育能力*
奉献精神			社会服务能力*	校企资源整合能力*
			安全教育能力	沟通交流能力
			现代信息技术能力	因材施教能力*
			问题解决能力	

注：*表示该胜任特征在绩优组和普通组的访谈对象上存在显著性差异。

高职院校工科专业教师实践教学胜任力究竟应该如何，我们认为仍需要进一步的研究和分析。理由是：在行为事件访谈中，访谈对象的数量虽然已经达到标准要求，但覆盖面仍不足，而且在某些胜任特征上的行为事件不够丰富，这些都会对访谈结果产生影响，为进一步验证和完善已经得到的高职院校工科专业教师实践教学胜任力结构模型，将采用德尔菲法对高职院校工科专业教师实践教学胜任力结构模型的主要内容进行验证，对其进行修正。

三、基于德尔菲法的高职院校工科专业教师实践教学胜任力结构模型修正

（一）研究目的

德尔菲法又称"专家小组法"，是 20 世纪 50 年代由美国兰德公司开发的，主要目的是通过综合专家的意见来确定哪些胜任特征对员工有绩效预测作用。本研究采用德尔菲法对已构建的高职院校工科专业教师实践教学胜任力结构模型的主要内容进行验证，并对其进行修正，进而提高高职院校工科专业教师实践教学胜任力结构模型的科学性。

（二）研究方法与步骤

1. 专家调研问卷编制

依据高职院校工科专业教师实践教学胜任力结构模型的主要内容，编制专家咨询问卷。请评议专家对每项胜任特征的重要性进行评价，其中 1 ~ 5 分分别表示不重要、不太重要、一般、比较重要、很重要，同时请评议专家对胜任特征入选最终胜任力结构模型的合适程度进行评分，设计五级评分标准，其中 1 ~ 5 分分别表示不同意、比较不同意、修改后同意、比较同意、很同意。此外，专家咨询问卷还设计了"修改意见"栏，当专家认为胜任特征需要进行修改或删除时，可在此栏写上具体的修改意见。

2. 专家选择与确立

根据德尔菲法中评议专家选择的要求，本次调查选取的评议专家有研究职业技术教育的博士、教授，有来自高职院校教育管理、实践教学管理一线的管理者，以及在高职院校工作的省、市级技能大师和拥有高级工程师职称的工科专业实践教学兼职教师。本研究中的评议专家对高职院校工科专业教师实践教

学胜任力中的各项胜任特征的熟悉程度分为较熟悉、熟悉和非常熟悉，符合德尔菲法对评议专家的要求。具体评议专家情况见表3-18。

表3-18　评议专家基本情况

序号	姓名	学科或工作领域	专家类别
1	Z1	职业技术教育学	博士、教授
2	Z2	职业技术教育学	博士
3	Z3	职业技术教育学	博士、教授
4	Z4	职业技术教育学	博士、副教授
5	Z5	职业技术教育管理	博士、教授、教务处副处长
6	Z6	职业技术教育管理	教授、教务处处长
7	Z7	实践教学管理	实训中心负责人
8	Z8	实践教学管理	实训中心负责人
9	Z9	职业技术教育管理	省技能大师、院长
10	Z10	职业技术教育管理	市技能大师、副院长
11	Z11	机械设计与自动化	高级工程师
12	Z12	建筑工程	高级工程师

注：为保护专家个人隐私，凡涉及真实姓名的均以代码呈现，对其他相关信息则进行真实还原。

3.研究步骤

基于高职院校工科专业教师实践教学胜任力结构模型，编制专家咨询问卷，评议专家之间独立打分，互不交流；收集专家意见并进行汇总分析，共进行两轮专家咨询。

（三）结果与讨论

1.第一轮评议专家咨询问卷调查结果分析

根据问卷发放便利性原则，采用邮件发放、快递邮寄和纸质发放三种方式。纸质问卷发放主要针对校内评议专家，校外评议专家则主要采用邮件发放和快递邮寄相结合的方式。第一轮发放问卷12份，回收率和有效率均为100%。对回收的问卷进行统计分析，并用均值（大于3.75为基准）分析专家意见的集中程度，用变异系数[①]考察评议专家意见的离散程度。同时，综合考

---

① 变异系数的评判标准是：低于0.15则数据分布均衡，高于0.5则数据分布明显不均衡。

评评议专家填写的反馈意见，具体统计结果如表 3-19 所示。

表 3-19　第一轮专家咨询问卷调查结果分析

维度		第一轮			
		重要性平均值	合适度		
			平均值	标准差	变异系数
态度与价值观	尊重学生	4.25	4.08	0.669	0.16
	注重学生职业素养养成	4.17	4.25	0.622	0.15
态度与价值观	敬业精神	3.75	3.33	0.492	0.15
	身份认同	4.67	4.42	0.515	0.12
	责任感	4.25	3.75	0.754	0.20
	奉献精神	3.58	3.42	0.515	0.15
特质与动机	团队协作	4.17	4.33	0.651	0.15
	成就导向	4.08	4.75	0.452	0.10
	专业发展	4.42	4.75	0.452	0.10
实践教学知识	专业知识	4.08	3.92	0.900	0.23
	职业知识	4.83	4.92	0.289	0.06
	实践性知识	4.67	4.50	0.674	0.15
	教育教学知识	4.42	4.58	0.515	0.11
实践教学能力	情境创设能力	4.17	4.33	0.651	0.15
	教学设计能力	4.50	4.83	0.389	0.08
	教学实施能力	4.50	4.83	0.389	0.08
	教育评价与反馈能力	4.17	4.58	0.515	0.11
	安全事故防范能力	4.25	4.42	0.669	0.15
	教学反思能力	4.50	4.50	0.674	0.15
	语言表达能力	4.58	4.67	0.492	0.11
	示范操作能力	4.67	4.67	0.492	0.11
	教学研究能力	4.42	4.75	0.452	0.10
	创新教育能力	4.50	4.42	0.515	0.12
	社会服务能力	4.08	4.50	0.674	0.15

续表

维度		第一轮			
		重要性平均值	合适度		
			平均值	标准差	变异系数
实践教学能力	校企资源整合能力	3.92	4.08	0.515	0.13
	安全教育能力	4.33	3.25	0.452	0.14
	沟通交流能力	4.00	3.00	1.044	0.35
	现代信息技术能力	4.00	4.17	0.577	0.14
	因材施教能力	4.33	4.50	0.522	0.12
	问题解决能力	4.17	4.33	0.492	0.11

态度与价值观维度。从得分情况来看，在本维度现有的 6 项胜任特征中，关于胜任特征的重要性，有 4 项得分较高，介于 4.17 ～ 4.67，而"敬业精神"和"奉献精神"的得分相对较低，分别为 3.75 和 3.58。对于胜任特征入选胜任力结构模型的合适度，有 4 项得分在 3.75 以上，而"敬业精神"和"奉献精神"两项的平均值分别为 3.33 和 3.42，差异系数均为 0.15，表明评议专家对该项胜任特征的认可度低，且意见较为集中。不少专家反馈，在实践教学中"教师的付出会在年度教学工作量中得到体现"，"会在技术技能竞赛获奖奖励中得到体现"，"尚达不到奉献的高度"。综合考虑专家意见，将"奉献精神"删除。对于"敬业精神"和"责任感"两项胜任特征，评议专家认为意义重叠，教师的"责任感"涵盖了"敬业精神"，因此可将"敬业精神"胜任特征删除，保留"责任感"。根据评议专家填写的反馈意见，不少人认为，"注重学生职业素养养成偏向于教师的实践教学技能，而非态度与价值观，建议放到实践教学技能维度"，因此，将"注重学生职业素养养成"从态度与价值观调整到实践教学技能维度，改胜任特征名为"职业素养教育"。

特质与动机维度。在特质与动机维度中，各胜任特征的重要性得分在 4.08 ～ 4.42。从适合度来看，各胜任特征得分介于 4.33 ～ 4.75，从离散程度来看，各胜任特征变异系数低于或等于 0.15，样本数据分布较为均衡，说明专家们意见相对集中，对该维度胜任特征设置较为认可。在修改意见中，多数评议专家认为，若要进行高效的实践教学，高职院校工科专业教师还应该具备一定的"影响他人的能力"，因此，在此维度上增加了"影响力"这一胜任特征。不少评议专家建议，"成就动机"和"专业发展"均表示追求自身成长，因此可以合并，更名为"专业发展"。

知识维度。评议专家认为，知识维度的各胜任特征均具有一定重要性，各胜任特征得分在 4.08～4.83。各胜任特征的适合度得分均值在 3.92～4.92，差异值中仅"专业知识"得分 0.23，高于 0.15，表明专家对此胜任特征的适合度意见不集中。不少评议专家认为，专业知识的内涵和外延过于丰富，建议修改为"专业理论知识"，相对应地，建议将"职业知识"和"实践性知识"合并命名为"专业实践知识"。

能力维度。在能力维度，各胜任特征的重要度均值得分介于 3.92～4.67，均大于 3.75。在 17 项能力维度胜任特征中，15 项胜任特征的适合度得分平均值较高，介于 4.08～4.83，且差异值均低于 0.15，说明评议专家对各胜任特征的意见相对集中，有两项胜任特征的得分相对较低，其中"安全教育能力"，平均值为 3.25，差异值为 0.14；"沟通交流能力"的平均值为 3.00，差异值达到 0.35，说明专家对此胜任特征的适合度意见不集中。关于"安全教育能力"，多数评议专家认为安全教育能力与前面的安全事故防范能力是同一项技能，可以合并表述为"安全事故防范能力"。"沟通交流能力"主要指教师与同事、学生和社会沟通协调的能力，而结构模型中的其他胜任特征"团队协作能力"主要指教师与同事之间的沟通合作，"教学实施能力"主要指教师指导学生实践，涵盖教师与学生的交流互动，"校企合作能力"指教师与行业、企业的沟通合作。因此，"沟通交流能力"在其他胜任特征中均有体现，专家建议删除"沟通协调能力"，或者合并到"语言表达能力"中，改名为"表达沟通能力"。不少评议专家反映，"社会服务能力"和"校企资源整合能力"也存在概念交叉、混淆，考虑到高职院校实践教学中涉及的企业元素较多，建议直接改名为"校企合作能力"。

经过第一轮评议专家咨询后，胜任特征由原来的 30 项调整为 24 项。

2. 第二轮评议专家咨询问卷调查结果分析

依据调整后的胜任特征重新设计调查问卷，进行第二轮评议专家咨询。问卷依旧采用邮件发放、快递邮寄和纸质发放三种方式。第二轮发放问卷 12 份，回收率和有效率均为 100%。从统计结果来看，各项胜任特征评议的平均值、标准差全面优于第一轮，评议专家对高职院校工科专业教师实践教学胜任特征的意见趋于一致，如表 3-20 所示。

表 3-20　第二轮专家咨询问卷调查结果分析

维度		第二轮			
		重要性平均值	合适度		
			平均值	标准差	变异系数
态度与价值观	尊重学生	4.42	4.42	0.515	0.12
	身份认同	4.83	4.58	0.515	0.11
	责任感	4.17	4.25	0.452	0.11
特质与动机	团队协作	4.08	4.58	0.515	0.11
	专业发展	4.67	4.92	0.289	0.06
	影响力	3.83	4.42	0.515	0.12
实践教学知识	专业理论知识	4.17	4.83	0.389	0.08
	专业实践知识	5.00	5.00	0.000	0.00
	教育教学知识	4.42	4.67	0.492	0.11
实践教学能力	情境创设能力	4.33	4.50	0.522	0.12
	教学设计能力	4.50	5.00	0.000	0.00
	教学实施能力	4.75	4.92	0.289	0.06
	教育评价与反馈能力	4.08	4.75	0.452	0.10
	职业素养教育	4.25	4.50	0.522	0.12
	教学反思能力	4.58	4.67	0.492	0.11
	表达沟通能力	4.25	4.17	0.577	0.14
	示范操作能力	4.42	4.83	0.389	0.08
	教学研究能力	3.92	4.75	0.452	0.10
	创新教育能力	4.67	4.58	0.515	0.11
	校企合作能力	4.08	4.75	0.452	0.10
	安全事故防范能力	4.08	4.67	0.492	0.11
	现代信息技术能力	3.83	4.50	0.522	0.12
	因材施教能力	4.33	4.58	0.515	0.11
	问题解决能力	4.08	4.50	0.522	0.12

通过德尔菲法评议专家咨询后，确定的高职院校工科专业教师实践教学胜任特征，见表3-21。

表3-21 基于德尔菲法修正的高职院校工科专业教师实践教学胜任特征

态度与价值观	特质与动机	知识	能力	
尊重学生 身份认同 * 责任感	团队协作 * 专业发展 * 影响力	专业理论知识 专业实践知识 * 教育教学知识	情境创设能力 教学设计能力 * 教学实施能力 * 教育评价与反馈能力 职业素养教育 * 教学反思能力 * 表达沟通能力 示范操作能力	教学研究能力 * 创新教育能力 * 校企合作能力 * 安全事故防范能力 现代信息技术能力 因材施教能力 * 问题解决能力

注：* 为高职院校工科专业教师实践教学鉴别性胜任特征。

四、高职院校工科专业教师实践教学胜任力结构模型及内涵阐释

（一）高职院校工科专业教师实践教学胜任力结构模型

本研究综合运用问卷调查法、行为事件访谈法、德尔菲法等，构建高职院校工科专业教师实践教学胜任力结构模型。通过高职院校工科专业教师实践教学工作分析和高职院校工科专业教师实践教学胜任特征调查分析，提取高职院校工科专业教师实践教学胜任特征。然后采用行为事件访谈法，对20位高职院校工科专业教师（其中12位为绩优教师，8位为普通教师）进行访谈，把获省级及以上荣誉（如技术能手、技能大师、劳模、首席技师、教学名师等）和作为主带队教师带领学生在技术技能竞赛中获省级及以上奖项的教师归为绩优组，反之为普通组，对访谈数据进行编码，比较绩优组和普通组的胜任力差异，区分出基准性胜任力和鉴别性胜任力。采用德尔菲法，对基于行为事件访谈法构建的实践教学胜任力结构模型进行验证，以及修正。需要特别说明的是，在针对修正后的高职院校工科专业教师实践教学胜任力结构模型向评议专家征求意见的过程中，有评议专家建议，高职院校工科专业教师实践教学胜任

力结构模型可以构建成"双模块四维度"模型，在纵向上，可分为表现为普通特征的"基准性胜任力"和绩优特征的"鉴别性胜任力"；在横向上，可按态度与价值观、特质与动机、知识、实践教学能力四个维度进行架构。高职院校工科专业教师实践教学胜任力结构模型的最终模型（见图3-2），吸收和借鉴了此项建议。那么，高职院校工科专业教师实践教学基准性胜任力和鉴别性胜任力之间是怎样的关系呢？从前面实践教学胜任力概念辨析和结构推演不难推断，一方面，两者之间是递进的关系，基准性胜任力是基础，是对高职院校工科专业教师实践教学胜任力的基本要求，鉴别性胜任力是基准性胜任力的提升，是绩优高职院校工科专业教师实践教学所具备的特征。另一方面，基准性胜任力和鉴别性胜任力两者并不能分割，相依相存，互为一体，共同构成了高职院校工科专业教师实践教学胜任力"双模块四维度"结构模型。

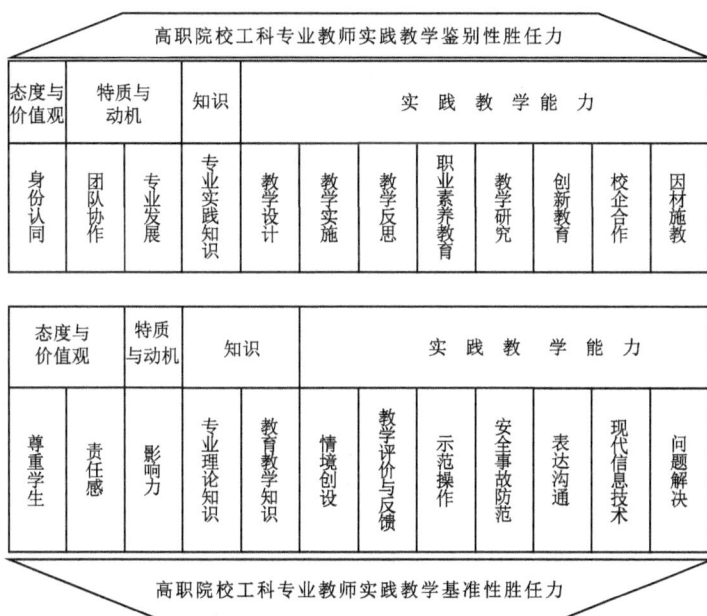

高职院校工科专业教师实践教学鉴别性胜任力

态度与价值观		特质与动机	知识	实践教学能力							
身份认同	团队协作	专业发展	专业实践知识	教学设计	教学实施	教学反思	职业素养教育	教学研究	创新教育	校企合作	因材施教

态度与价值观		特质与动机	知识		实践教学能力						
尊重学生	责任感	影响力	专业理论知识	教育教学知识	情境创设	教学评价与反馈	示范操作	安全事故防范	表达沟通	现代信息技术	问题解决

高职院校工科专业教师实践教学基准性胜任力

图3-2　高职院校工科专业教师实践教学胜任力"双模块四维度"结构模型

（二）高职院校工科专业教师实践教学胜任特征内涵阐释

高职院校工科专业教师实践教学胜任特征的定义和行为表现如表3-22所示。

表 3-22　高职院校工科专业教师实践教学胜任特征的定义和行为表现

胜任特征	胜任特征的定义和行为表现
身份认同	定义：教师对从事实践教学工作的认可度和接纳性，以及由此产生的态度和信念。 常见行为：认同自身的实践教学教师身份；热爱实践教学工作；对实践教学工作具有很强的责任感。
团队协作	定义：团队协作是指通过团队完成某项特定的事件时所显现出来的自愿合作和协同努力的精神。 常见行为：向他人分享或提供有价值的信息；表达出对他人的正面期待；公开表扬他人的成绩；协助同事完成任务；理解合作的重要，以达成较大的组织目标。
专业发展	定义：教师作为专业人员，在专业思想、专业知识、专业能力等方面不断发展和完善的过程。 常见行为：参加教学研究和教学改革；积极参加专业领域的培训和会议；积极参加企业实践；积极主动了解专业相关的新知识、新技艺和新工艺；主动考取并及时更新专业技能证书和职业资格证书。
专业实践知识	定义：对本专业或课程的实践或应用的知识。 常见行为：具备行业或企业实践的经验知识；了解所在区域经济发展情况、相关行业现状趋势与人才需求等基本情况；掌握所教专业涉及的职业资格及其标准；了解学校毕业生对口单位的用人标准、岗位职责等情况。
教学设计能力	定义：教师以对实践教学内容和学生的理解为基础来设计总体的实践教学进程、实践教学方法和实践教学组织形式的能力。 常见行为：根据培养目标设计教学目标和教学计划；基于职业岗位工作过程设计教学过程；参与实践教学校本课程开发。
教学实施能力	定义：在实践教学过程中，为实现实践教学目标，教师运用一定的手段和策略，对实践教学过程进行管理、调节和控制的能力。 常见行为：能够运用讲练结合、工学结合等多种理论与实践相结合的方式方法，有效实施教学；能够指导学生主动学习和技术技能训练，有效调控教学过程；能够从整体上把握实践教学节奏，保证实训实习效果。
教学反思能力	定义：教师以教学活动为思考对象，对自己的决策、行为、方法以及由此产生的结果进行审视、分析、调整的能力。 常见行为：结合实践教学情况，不断反思和改进教育教学工作；经常对教育教学中的问题进行思考、归纳和改进。
职业素养教育能力	定义：教师向学生传授职业人在从事某种行业职业活动时所必须遵守的行为规范的能力。 常见行为：能够注重学生的职业道德教育；能够在实践教学过程中将企业优秀文化传递给学生；能够在教学过程中渗透职业素养教育。
教学研究能力	定义：教师运用一定的理论和方法，研究、解决实践教学中存在问题的能力。 常见行为：参加实践教学研究和教学改革；针对实践教学工作中的现实需要与问题，进行探索与研究；将研究成果创造性地运用于实践教学过程。

胜任特征	胜任特征的定义和行为表现
创新教育能力	定义：教师根据创新原理，以培养学生创新意识、创新思维和创新能力为基本价值取向的能力。 常见行为：善于引导学生从不同的角度、用不同于常规的方法思考解决问题；能够引导学生进行新信息的加工利用；能够引导学生进行创新成果展示。
校企合作能力	定义：教师建立、保持与企业多元合作的能力。 常见行为：积极建立、保持与企业的联系网络；与企业合作进行项目开发、技术研发、课题研究等工作；为企业提供人员培训服务；为企业提供人才培养信息、行业发展信息、技术发展信息咨询。
因材施教能力	定义：教师针对不同学生的个性特点，采取不同的教育教学方式的能力。 常见行为：针对不同学生的个性特点，采取不同的教育教学方式；针对不同学习进度的学生给予针对性指导；针对不同学生的实践兴趣爱好分配实习实训任务。
尊重学生	定义：尊重学生主体地位、尊重学生个性发展，促进学生发展。 常见行为：了解学生，平等地与学生进行沟通交流，建立良好的师生关系。
责任感	定义：责任感是一种自觉地把分内的事情做好并愿意承担相应责任的情感。 常见行为：对待实践教学工作认真负责、一丝不苟；即使遇到困难，也坚守实践教学工作一线；对待学生高度负责；调整自己的活动与重要事项，以符合组织的需要。
影响力	定义：教师说服或影响他人接受某一观点、某一思想或某一行动的能力，能够将知识和技能有效地传授给学生，以促进学生发展。 常见行为：影响学生人格的养成；影响学生技术技能的习得；影响学生职业精神的形成；影响学生创新创业意识的形成。
专业理论知识	定义：了解与掌握某一专业领域的学科性知识。 常见行为：拥有所教专业扎实的专业理论知识；了解所教专业知识国内外发展的最新动态；具有一定的相关学科专业知识。
教育教学知识	定义：教师影响实践教学活动所需要掌握的知识。 常见行为：掌握学生专业学习认知特点和技术技能形成的过程及特点；了解学生不同教育阶段以及从学校到工作岗位过渡阶段的心理特点和学校特点，并掌握相关教育方法；了解学生集体活动特点和组织管理方式；掌握所教实践课程的教学方法与策略。
情境创设能力	定义：在实践教学过程中，教师根据教学内容，为落实教学目标，运用具体实践活动场景或提供相关学习资料以激起学习者主动学习的兴趣、提高学习效率的一种教学能力。 常见行为：为学生营造安全的学习环境；创造具有特定行业／企业文化特征的学习环境；在企业创建校外实训基地；做好校内外实训基地的建设、管理和维护。

续表

胜任特征	胜任特征的定义和行为表现
教学评价与反馈能力	定义：教师采用科学的实践教学评价标准和方法，对实践教学过程及结果进行价值判断并为教学决策服务的能力，并能够利用多样化途径及时向学生反馈实践教学学习情况。 常见行为：能够对教学过程中学生、教师、教学环境、教学方法、教学内容、教学管理诸因素进行评价；能够利用多样化途径及时反馈学生实践教学学习情况。
示范操作能力	定义：教师在实践教学过程中，通过示范性实验和示范操作演示，使学生通过观察获得对学习对象的印象，帮助学生形成正确的概念，掌握操作技能的能力。 常见行为：在教学中演示操作，使学生获得事物的清晰表象；把复杂的操作技能进行拆解分析；把分解的技能动作进行有机整合。
安全事故防范能力	定义：在实践教学过程中，教师对安全事故的认识、教育和防御的能力。 常见行为：对实践教学过程中可能存在的安全事故风险等具有非常高的敏感性；能够全面预见各类因素可能产生的风险和后果；能够提出有效预防事故发生的措施和应对方案，并能够非常有效地规避各类事故发生。
表达沟通能力	定义：教师表达思想、传授知识、交流思想的能力。 常见行为：能够准确讲解教学要点；能够清晰准确地表达思想，说话有条理、逻辑性强；能够根据学生的理解、认知水平，进行教学和交流。
现代信息技术能力	定义：教师掌握以多媒体为核心的教学技能。 常见行为：运用多媒体为学生提供和创设学习所必需的情境进行教学；引导学生利用网络，开展自主学习，并接受辅导；利用网络，进行教学或学习效果的检测与反馈。
问题解决能力	定义：教师通过自身掌握的专业知识和技能，解决实践教学过程中存在问题的能力。 常见行为：能够预测实践教学过程中存在的各种问题，并将其消灭在萌芽状态；能归纳各种问题发生的规律，并具备指导他人发现问题和解决问题的能力。

本章通过对高职院校工科专业教师实践教学工作和高职院校工科专业教师实践教学胜任特征调查结果进行分析，提取实践教学胜任特征；对高职院校工科专业实践教学教师进行行为事件访谈，其中 12 名为绩优教师、8 名为普通教师，通过胜任力编码，比较两组教师胜任特征差异，辨别出基准性胜任力和鉴别性胜任力，构建高职院校工科专业教师实践教学胜任力结构模型；两次采用德尔菲法对胜任力结构模型进行修正，最终构建了高职院校工科专业教师实践教学胜任力"双模块四维度"结构模型。

第四章

高职院校工科专业教师实践教学
胜任力结构模型验证

胜任力模型验证的方式有三种。[①] 目前，学者们较多使用的是"编制量表检验法"（李明斐、卢小君，2004），即以胜任力模型为依据，编制相应测量量表，并进行大规模样本测试，对量表进行因素分析，考察因素所包含的胜任特征是否与原有模型所包含的胜任特征吻合，并考核量表对绩效优异者和绩效普通者的区分辨识度。这也被称为"三角验证法"或"相关检验法"。本研究采取"编制量表检验法"，依据高职院校工科专业教师实践教学胜任力"双模块四维度"结构模型，编制调查问卷，提取共性因素，检验问卷信效度，验证胜任力结构模型质量。

一、方案设计

（一）调查工具

依据高职院校工科专业教师实践教学胜任力"双模块四维度"结构模型，采用自编的高职院校工科专业教师实践教学胜任力调查问卷（预测卷）和高职

[①] 三种胜任力模型验证方法包括：①重新选取绩优组和普通组，把两组样本作为第二准则样本进行行为事件访谈，分析模型中所包含的胜任特征能否区分绩优组和普通组；②编制量表检验，选取较大规模的样本进行测试，对量表进行因素分析，考察量表的结构是否与原有模型吻合；③评价中心法，对作为第二准则样本的绩优组和普通组进行评价，考察两组是否在这些胜任特征上有明显差别。

院校工科专业教师实践教学胜任力调查问卷（正式卷）作为调查工具。

（二）施测与样本

要求被试填写高职院校工科专业教师实践教学胜任力调查问卷（预测卷）。样本取自浙江省6所高职院校。① 主要采用网络问卷发放和纸质问卷发放相结合的方式发放调查问卷。调查人员包括课题组的研究人员，所调查院校的科研人员、教育管理人员和一线教师等。调查时间为2019年5月，共回收问卷337份，其中有效问卷286份，有效率84.87%。将有效问卷随机分成两份，其中样本一（$N=74$）用于项目分析；样本二（$N=212$）用于探索性因素分析、验证性因素分析和信效度检验。

（三）调查步骤

编制高职院校工科专业教师实践教学胜任力调查问卷（预测卷），确定测验的胜任特征和测验项目。

1. 设置问卷维度

依据构建的高职院校工科专业教师实践教学胜任力结构模型，将基准性胜任特征和鉴别性胜任特征作为测验项目的主要内容，这些特征主要包括：身份认同、团队协作、专业发展、专业实践知识、教学设计、教学实施、教学反思、职业素养教育、教学研究、创新教育、校企合作、因材施教、尊重学生、责任感、影响力、专业理论知识、教育教学知识、情境创设、实践教学评价与反馈、示范操作、安全事故防范、表达沟通、现代信息技术、问题解决等。

2. 编制高职院校工科专业教师实践教学胜任力调查问卷（预测卷）的初始题目

胜任特征只有转化成行为描述才能被测量，本研究针对每项胜任特征分别给出3～5道题目进行具体行为表现描述，这些题目主要来源于：一是高职院校工科专业教师实践教学胜任力编码字典和访谈研究的原始文本；二是工作分析相关资料；三是相关研究中的相近题项，本研究进行适应性转化后进行采用。

---

① 样本来源院校：金华职业技术学院、浙江机电职业技术学院、浙江工贸职业技术学院、浙江工业职业技术学院、绍兴职业技术学院、浙江邮电职业技术学院等浙江省6所高职院校。

3. 确定正式题目，形成高职院校工科专业教师实践教学胜任力调查问卷（预测卷）（见附录五）

首先，初始题目编成后，将相同或相近的问题进行合并作为正式题目；对于不同的题目，在反复研究的基础上，选择代表性强、区分度高的题目作为正式题目，形成问卷初稿。其次，将问卷初稿发给2位心理学领域研究人员、1位职业教育研究专家、1位高职院校高教所研究人员和3位高职院校工科专业实践教学教师，主要在两个方面征求他们的意见：一是初始题目的表述是否准确、清晰、简练；二是初始题目能否充分反映待测胜任特征。最后，根据征求到的意见，删除表述不清、表面区分度较低的题目，使问卷更加完善和准确。形成的问卷包括两部分：第一部分主要调查被试的基本信息，包括性别、年龄、教龄、专业技术职务、学历、教师类型、企业工作经历、所获最高荣誉（如教学名师、技能大师、所指导的学生在技能竞赛中的名次等）、工作学校类型等；第二部分为调查的主要内容，针对每项胜任特征分别有3～5个题目进行行为表现调查，共计75个题目，将调查题目随机编排组成高职院校工科专业教师实践教学胜任力调查问卷（预测卷），尽量减少思维惯性和社会赞许对被调查者的影响。题目采用Likert5级评分，1～5分别表示"完全不符合、基本不符合、不确定、基本符合和完全符合"。

最后形成的高职院校工科专业教师实践教学胜任力调查问卷（预测卷）主要内容包括4个一级指标、24个二级指标、75个题目（见表4-1）。

表4-1　高职院校工科专业教师实践教学胜任力调查问卷（预测卷）条目

一级指标	二级指标	题号	操作性题目	题目来源
态度与价值观	尊重学生	22	能够平等地与学生进行沟通交流	行为事件访谈
		15	能够站在学生的立场考虑问题	相关研究
		64	无论学生实践能力强弱，均能平等对待	相关研究
		65	认同职业院校学生的独特性	相关研究
	身份认同	21	认为开展实践教学非常有必要	行为事件访谈
		36	认为具有较强实践教学能力的高职教师能够得到社会的认可和尊重	行为事件访谈
		47	作为一名高职院校教师很满意，在工作中，非常积极地开展实践教学	行为事件访谈

续表

一级指标	二级指标	题号	操作性题目	题目来源
态度与价值观	责任感	43	对学生始终抱着认真负责的态度	行为事件访谈
		61	即使存在职业倦怠感，但对实践教学工作也不曾懈怠	相关研究
	责任感	46	即使遇到困难和挫折，也会坚守实践教学工作一线	行为事件访谈
特质与动机	团队协作	13	能够与团队成员交流商讨实践教学	行为事件访谈
		42	能够与团队成员合作完成课题／项目	行为事件访谈
		69	能够与团队成员共同开发实践教学资源	行为事件访谈
	专业发展	20	积极参加专业领域的培训和会议	相关研究
		41	积极参加企业实践	行为事件访谈
		63	积极主动了解专业相关的新知识、新技术和新工艺	行为事件访谈
		19	主动考取并及时更新专业技能证书和职业资格证书	行为事件访谈
	影响力	40	对学生技术技能的习得，具有影响和示范作用	行为事件访谈
		71	对学生职业精神的形成，具有示范和引领作用	工作分析
		52	对学生创新创业意识的形成，具有影响和示范作用	工作分析
实践教学知识	专业理论知识	18	拥有所教专业扎实的专业理论知识	相关研究
		68	了解所教专业知识国内外发展的最新动态	行为事件访谈
		70	具有一定的相关学科专业知识	相关研究
	专业实践知识	17	了解所在区域经济发展情况、相关行业现状趋势与人才需求等基本情况	行为事件访谈
		44	掌握所教专业涉及的职业资格及其标准	行为事件访谈
		66	具有行业或企业实践的经验知识	行为事件访谈
	教育教学知识	16	了解技术技能人才成长规律以及从学校到工作岗位过渡阶段的心理特点和学习特点，并掌握相关教育方法	行为事件访谈
		38	掌握学生专业学习认知特点和技术技能形成的过程及特点	行为事件访谈
		67	掌握所教实践课程的教学方法与策略	行为事件访谈
	情境创设能力	1	能够创建有利于学生技术技能习得的实践教学环境	行为事件访谈
		5	能够正确选择并备好所需的教学设备、器材和工具等	行为事件访谈
		2	能够创建具有特定行业／企业文化特征的学习环境	相关研究

续表

一级指标	二级指标	题号	操作性题目	题目来源
实践教学知识	教学设计能力	3	能够参与实践教学校本课程开发	行为事件访谈
		6	能够基于职业岗位工作过程设计教学过程	相关研究
		4	能够根据培养目标设计教学目标和教学计划	相关研究
实践教学能力	教学实施能力	50	能够运用讲练结合、工学结合等多种理论与实践相结合的方式方法，有效实施教学	行为事件访谈
		12	能够指导学生主动学习和技术技能训练，有效调控教学过程	工作分析
		74	能够从整体上把握实践教学节奏，保证实训实习效果	行为事件访谈
	教学评价与反馈能力	45	能够运用多元评价方法，评价学生的实践教学成效	行为事件访谈
		23	能够客观地进行自我教学评估	行为事件访谈
		24	能够利用多样化途径及时反馈学生实践教学学习情况	行为事件访谈
	教学反思能力	9	能够结合实践教学情况，不断反思和改进教育教学工作	行为事件访谈
		48	能够针对实践教学中存在的问题，积极寻求解决途径与方法	相关研究
		8	能够就同行提出的实践教学中存在的问题，进行积极主动的反思、改进	行为事件访谈
	教学研究能力	10	能够针对实践教学工作中的现实需要与问题，进行探索和研究	行为事件访谈
		11	能够参加实践教学研究和教学改革创新	行为事件访谈
		7	能够将研究成果创造性地运用于实践教学过程	行为事件访谈
	创新教育能力	39	善于引导学生从不同的角度、用不同于常规的方法思考解决问题	工作分析
		37	能够引导学生进行新信息的加工利用	工作分析
		72	能够引导学生进行创新成果展示	工作分析
	职业素养教育能力	73	能够注重学生的职业道德教育	工作分析
		49	能够在实践教学过程中将企业优秀文化传递给学生	相关研究
		51	能够在实践教学过程中渗透职业素养养成教育	工作分析

续表

一级指标	二级指标	题号	操作性题目	题目来源
实践教学能力	校企合作能力	14	能够建立、保持与企业的联系网络	相关研究
		25	能够挖掘企业实践教学资源，并运用到实践教学过程中	行为事件访谈
		62	能够有效整合校企实践教学，保证学生学习连贯统一	行为事件访谈
		75	能够与企业合作进行项目开发、技术支持、课题研究等工作	工作分析
	因材施教	53	能够针对学生不同的个性特点，采取不同的教育教学方式	行为事件访谈
		55	能够针对不同学习进度的学生给予针对性指导	行为事件访谈
		26	能够针对不同学生的实践兴趣爱好分配学习任务	行为事件访谈
	示范操作能力	27	能够运用多种方式，规范、正确、清晰地示范操作技能动作	行为事件访谈
		54	能够把复杂的操作技能动作进行拆解分析	相关研究
		28	能够很好地把各类操作技能动作进行有机整合	相关研究
	安全事故防范能力	32	能够在实践教学前，做好安全教育工作	工作分析
		29	能够妥善应对教学过程中的安全突发事件	行为事件访谈
		33	能够为学生营造安全的实践学习环境	行为事件访谈
	表达沟通能力	60	能够准确讲解教学要点	行为事件访谈
		34	能够清晰准确地表达思想，说话有条理、逻辑性强	行为事件访谈
		56	能够根据学生的理解、认知水平，进行教学和交流	行为事件访谈
	现代教育信息技术能力	31	具有适应教育现代化的信息技术运用能力	行为事件访谈
		35	能够指导学生利用网络平台学习职业技能等	行为事件访谈
		57	能够进行网络教学资源建设	相关研究
	问题解决能力	58	能够准确快速地发现教学中出现的问题	行为事件访谈
		30	能够精准地排查实践教学设施设备故障	行为事件访谈
		59	能够帮助学生妥善解决实践学习中遇到的问题	行为事件访谈

　　进行高职院校工科专业教师实践教学胜任力调查问卷（预测卷）调查，对调查所获数据进行项目分析。在项目分析的基础上，进行探索性因素分析，验证高职院校工科专业教师实践教学胜任力结构模型。

　　依照项目分析和探索性因子分析的结果，剔除不符合条件的题目，形成高职院校工科专业教师实践教学胜任力调查问卷（正式卷）。

考察高职院校工科专业教师实践教学胜任力调查问卷（正式卷）的信度和效度等测量学属性，检验测量工具的信效度，进一步验证高职院校工科专业教师实践教学胜任力结构模型。

（四）数据处理

使用 SPSS 21.0 统计分析软件和 AMOS 22.0 统计分析软件进行分析，主要使用的统计方法为描述性统计法、相关分析法、项目分析法、探索性因素分析法、验证性因素分析法和聚类分析法。

二、问卷的项目分析与因素提取

（一）项目分析

项目分析在问卷设计问题辨识中，扮演着极其重要的角色（Lois，Charles，Graham，1991），其目的在于修改或筛选个别题项，使问卷更具有可靠性。同质性检验和临界比值法，是项目分析的两种主要方法。

项目分析的样本数建议在 25 ~ 75。本研究 74 份样本问卷的具体人口统计学指标如表 4-2 所示，采用 SPSS 21.0 作为分析工具。

表 4-2　项目分析样本教师人口统计学变量（N=74）

人口统计变量	类别	人数	百分比 /%
性别	男	51	68.9
	女	23	31.1
年龄	20 ~ 30 岁	3	4.1
	31 ~ 40 岁	44	59.4
	41 ~ 50 岁	21	28.4
	50 岁以上	6	8.1
教龄	5 年及以下	5	6.7
	6 ~ 10 年	25	33.8
	11 ~ 15 年	27	36.5
	16 年及以上	17	23.0

续表

人口统计变量	类别	人数	百分比/%
专业技术职务	助教	3	4.1
	讲师	32	43.2
	副教授	30	40.5
	教授	9	12.2
学历	专科	3	4.1
	本科	29	39.2
	硕士	36	48.6
	博士	6	8.1
教师类型	专任	56	75.7
	兼职	18	24.3
企业工作经历	有	38	51.4
	无	36	48.6
所获最高荣誉	省级及以上	33	44.5
	市级	9	12.2
	校级	23	31.1
	无	9	12.2
工作学校类型	省优质校	46	62.2
	普通校	28	37.8

1. 同质性检验

同质性检验是筛选题项的重要指标，采用题总相关法进行检验。[①] 本研究以相关系数大于 0.40 为标准筛选题项，且题项与总分的相关需要达到 0.05 的显著性水平。从表 4-3 可以看出，高职院校工科专业教师实践教学胜任力量表中所有题项均达到了 0.05 的显著性水平，但 Q1，Q21，Q22，Q64 的皮尔逊相关系数小于 0.40，予以删除。

---

① 美国测验专家伊贝尔（Ebel）认为：相关系数大于 0.40 时，项目评价很好；相关系数在 0.30～0.40 时，项目评价良好，修改后会更佳；相关系数在 0.20～0.29 时，项目尚可，但需修改；相关系数小于 0.20 时，项目评价差，必须淘汰。

表 4-3　高职院校工科专业教师实践教学
胜任力量表项目同质性检验结果（N=74）

项目	相关系数	p 值	项目	相关系数	p 值
Q1	0.342**	0.003	Q39	0.652**	0.000
Q2	0.412**	0.000	Q40	0.639**	0.000
Q3	0.413**	0.000	Q41	0.467**	0.000
Q4	0.449**	0.000	Q42	0.570**	0.000
Q5	0.412**	0.000	Q43	0.524**	0.000
Q6	0.558**	0.000	Q44	0.401**	0.000
Q7	0.582**	0.000	Q45	0.431**	0.000
Q8	0.646**	0.000	Q46	0.603**	0.000
Q9	0.543**	0.000	Q47	0.537**	0.000
Q10	0.639**	0.000	Q48	0.685**	0.000
Q11	0.547**	0.000	Q49	0.546**	0.000
Q12	0.644**	0.000	Q50	0.738**	0.000
Q13	0.535**	0.000	Q51	0.635**	0.000
Q14	0.465**	0.000	Q52	0.606**	0.000
Q15	0.519**	0.000	Q53	0.631**	0.000
Q16	0.427**	0.000	Q54	0.654**	0.000
Q17	0.610**	0.000	Q55	0.682**	0.000
Q18	0.540**	0.000	Q56	0.662**	0.000
Q19	0.472**	0.000	Q57	0.468**	0.000
Q20	0.422**	0.000	Q58	0.648**	0.000
Q21	0.319**	0.000	Q59	0.731**	0.000
Q22	0.314**	0.000	Q60	0.661**	0.000
Q23	0.532**	0.000	Q61	0.512**	0.000
Q24	0.645**	0.000	Q62	0.752**	0.000
Q25	0.597**	0.000	Q63	0.571**	0.000
Q26	0.587**	0.000	Q64	0.255*	0.028
Q27	0.742**	0.000	Q65	0.403**	0.000
Q28	0.605**	0.000	Q66	0.497**	0.000
Q29	0.718**	0.000	Q67	0.424**	0.000
Q30	0.608**	0.000	Q68	0.657**	0.000
Q31	0.631**	0.000	Q69	0.596**	0.000
Q32	0.527**	0.000	Q70	0.546**	0.000
Q33	0.531**	0.000	Q71	0.501**	0.000
Q34	0.574**	0.000	Q72	0.628**	0.000

续表

项目	相关系数	p 值	项目	相关系数	p 值
Q35	0.569**	0.000	Q73	0.672**	0.000
Q36	0.656**	0.000	Q74	0.615**	0.000
Q37	0.414**	0.000	Q75	0.660**	0.000
Q38	0.713**	0.000			

注：** 在 0.01 水平（双侧）上显著相关；* 在 0.05 水平（双侧）上显著相关。

2. 临界比值法

临界比值法又称极端值法，主要对项目的鉴别度进行检验。[1] 具体做法是先求出所有题目总分，再按总分进行排序，将前 27% 的作为高分组（high），后 27% 的作为低分组（low），检验高低分组在所有题目上的差异，删除显著性大于 0.05、不存在差异的题项。高职院校工科专业教师实践教学胜任力量表项目高低分组估计结果如表 4-4 所示。

表 4-4　高职院校工科专业教师实践教学胜任力量表
项目高低分组估计结果（$N=74$）

项目	均值方程的 t 检验				组别	N	平均值	标准差
	t	自由度	显著性	平均差				
Q2	2.974	38	0.005	0.65	高分组	20	4.45	0.510
					低分组	20	3.80	0.834
Q3	6.378	38	0.000	0.85	高分组	20	4.90	0.308
					低分组	20	4.05	0.510
Q4	4.660	38	0.000	0.60	高分组	20	4.85	0.366
					低分组	20	4.25	0.444
Q5	3.179	38	0.003	0.50	高分组	20	4.80	0.410
					低分组	20	4.30	0.571
Q6	5.694	38	0.000	0.80	高分组	20	4.85	0.366
					低分组	20	4.05	0.510
Q7	5.362	38	0.000	0.85	高分组	20	4.75	0.550
					低分组	20	3.90	0.447
Q8	4.309	38	0.000	0.80	高分组	20	4.65	0.489
					低分组	20	3.85	0.671

---

① 临界值显著性水平小于 0.05，说明该项目达到 0.05 显著水平，具有较好的鉴别度，能够鉴别出不同被试的反应程度；反之，若临界值显著性水平大于 0.05，表示项目鉴别度低，建议删除。

项目	均值方程的 t 检验				组别	N	平均值	标准差
	t	自由度	显著性	平均差				
Q9	4.058	38	0.000	0.65	高分组	20	4.8	0.410
					低分组	20	4.15	0.587
Q10	6.726	38	0.000	10.00	高分组	20	4.80	0.410
					低分组	20	3.80	0.523
Q11	4.158	38	0.000	0.90	高分组	20	4.90	0.308
					低分组	20	4.00	0.918
Q12	5.514	38	0.000	0.80	高分组	20	4.70	0.470
					低分组	20	3.90	0.447
Q13	3.310	38	0.002	0.70	高分组	20	4.80	0.410
					低分组	20	4.10	0.852
Q14	3.183	38	0.003	0.60	高分组	20	4.45	0.510
					低分组	20	3.85	0.671
Q15	5.386	38	0.000	1.00	高分组	20	4.65	0.489
					低分组	20	3.65	0.671
Q16	2.663	38	0.011	0.50	高分组	20	4.30	0.571
					低分组	20	3.80	0.616
Q17	5.170	38	0.000	0.80	高分组	20	4.65	0.489
					低分组	20	3.85	0.489
Q18	6.102	38	0.000	0.70	高分组	20	4.90	0.308
					低分组	20	4.20	0.410
Q19	4.544	38	0.000	10.00	高分组	20	4.80	0.410
					低分组	20	3.80	0.894
Q20	2.508	38	0.017	0.50	高分组	20	4.65	0.587
					低分组	20	4.15	0.671
Q23	4.067	38	0.000	0.55	高分组	20	4.80	0.410
					低分组	20	4.25	0.444
Q24	6.406	38	0.000	0.90	高分组	20	4.85	0.366
					低分组	20	3.95	0.510
Q25	4.666	38	0.000	0.95	高分组	20	4.80	0.410
					低分组	20	3.85	0.813
Q26	4.344	38	0.000	0.85	高分组	20	4.60	0.503
					低分组	20	3.75	0.716
Q27	9.143	38	0.000	1.10	高分组	20	4.95	0.224
					低分组	20	3.85	0.489

续表

项目	均值方程的 t 检验				组别	N	平均值	标准差
	t	自由度	显著性	平均差				
Q28	6.045	38	0.000	1.00	高分组	20	4.80	0.410
					低分组	20	3.80	0.616
Q29	6.842	38	0.000	1.05	高分组	20	5.00	0.000
					低分组	20	3.95	0.686
Q30	7.177	38	0.000	0.75	高分组	20	4.95	0.224
					低分组	20	4.20	0.410
Q31	5.895	38	0.000	0.75	高分组	20	4.80	0.410
					低分组	20	4.05	0.394
Q32	3.559	38	0.001	0.40	高分组	20	5.00	0.000
					低分组	20	4.60	0.503
Q33	4.333	38	0.000	0.65	高分组	20	5.00	0.000
					低分组	20	4.35	0.671
Q34	5.583	38	0.000	0.65	高分组	20	4.95	0.224
					低分组	20	4.30	0.470
Q35	5.848	38	0.000	0.90	高分组	20	4.80	0.410
					低分组	20	3.90	0.553
Q36	5.201	38	0.000	1.10	高分组	20	4.70	0.571
					低分组	20	3.60	0.754
Q37	2.517	38	0.016	0.50	高分组	20	4.50	0.513
					低分组	20	4.00	0.725
Q38	7.352	38	0.000	0.05	高分组	20	4.85	0.366
					低分组	20	3.80	0.523
Q39	6.378	38	0.000	0.85	高分组	20	4.90	0.308
					低分组	20	4.05	0.510
Q40	6.474	38	0.000	0.85	高分组	20	4.85	0.366
					低分组	20	4.00	0.459
Q41	2.994	38	0.005	0.50	高分组	20	4.60	0.503
					低分组	20	4.10	0.553
Q42	5.272	38	0.000	0.70	高分组	20	4.95	0.224
					低分组	20	4.25	0.550
Q43	3.943	38	0.000	0.45	高分组	20	5.00	0.000
					低分组	20	4.55	0.510
Q44	2.042	38	0.048	0.30	高分组	20	4.80	0.410
					低分组	20	4.50	0.513

项目	均值方程的 t 检验				组别	N	平均值	标准差
	t	自由度	显著性	平均差				
Q45	3.859	38	0.000	0.75	高分组	20	4.85	0.366
					低分组	20	4.10	0.788
Q46	3.859	38	0.000	0.75	高分组	20	4.90	0.308
					低分组	20	4.15	0.813
Q47	4.549	38	0.000	0.70	高分组	20	4.80	0.410
					低分组	20	4.10	0.553
Q48	6.590	38	0.000	0.80	高分组	20	4.90	0.308
					低分组	20	4.10	0.447
Q49	5.812	38	0.000	0.80	高分组	20	4.80	0.410
					低分组	20	4.00	0.459
Q50	7.958	38	0.000	1.00	高分组	20	5.00	0.000
					低分组	20	4.00	0.562
Q51	6.650	38	0.000	0.80	高分组	20	4.95	0.224
					低分组	20	4.15	0.489
Q52	5.851	38	0.000	1.00	高分组	20	4.85	0.366
					低分组	20	3.85	0.671
Q53	5.307	38	0.000	0.85	高分组	20	4.65	0.489
					低分组	20	3.80	0.523
Q54	7.481	38	0.000	0.90	高分组	20	4.85	0.366
					低分组	20	3.95	0.394
Q55	5.054	38	0.000	0.85	高分组	20	4.70	0.470
					低分组	20	3.85	0.587
Q56	6.261	38	0.000	0.95	高分组	20	4.90	0.308
					低分组	20	3.95	0.605
Q57	4.544	38	0.000	0.75	高分组	20	4.65	0.587
					低分组	20	3.90	0.447
Q58	6.090	38	0.000	0.90	高分组	20	4.75	0.444
					低分组	20	3.85	0.489
Q59	9.871	38	0.000	1.00	高分组	20	4.95	0.224
					低分组	20	3.95	0.394
Q60	14.142	38	0.000	1.00	高分组	20	4.95	0.224
					低分组	20	3.95	0.224
Q61	4.376	38	0.000	0.80	高分组	20	4.55	0.510
					低分组	20	3.75	0.639

续表

项目	均值方程的 t 检验				组别	N	平均值	标准差
	t	自由度	显著性	平均差				
Q62	7.397	38	0.000	1.20	高分组	20	4.80	0.410
					低分组	20	3.60	0.598
Q63	5.802	38	0.000	0.75	高分组	20	4.90	0.308
					低分组	20	4.15	0.489
Q65	2.299	38	0.027	0.40	高分组	20	4.85	0.366
					低分组	20	4.45	0.686
Q66	3.270	38	0.002	0.55	高分组	20	4.85	0.366
					低分组	20	4.30	0.657
Q67	2.757	38	0.009	0.40	高分组	20	4.80	0.410
					低分组	20	4.40	0.503
Q68	8.324	38	0.000	0.95	高分组	20	4.95	0.224
					低分组	20	4.00	0.459
Q69	5.054	38	0.000	0.85	高分组	20	4.90	0.447
					低分组	20	4.05	0.605
Q70	4.987	38	0.000	0.60	高分组	20	4.95	0.224
					低分组	20	4.35	0.489
Q71	5.802	38	0.000	0.75	高分组	20	4.85	0.366
					低分组	20	4.10	0.447
Q72	7.223	38	0.000	0.90	高分组	20	4.95	0.224
					低分组	20	4.05	0.510
Q73	7.603	38	0.000	0.85	高分组	20	4.95	0.224
					低分组	20	4.10	0.447
Q74	6.658	38	0.000	0.70	高分组	20	5.00	0.000
					低分组	20	4.30	0.470
Q75	4.204	38	0.000	1.00	高分组	20	4.75	0.444
					低分组	20	3.75	0.967

从表 4-4 高低分组检验项目的分析结果来看，所有测试题项均达到 0.05 的显著性水平，可见高分组和低分组得分差异显著，保留所有题项。

（二）探索性因素分析

探索性因素分析的目的在于找出量表潜在结构或维度，减少题项数目（吴明隆，2011）。探索性因素分析一定要大样本，不然它的结果会不稳定，样本至少需要 200 个以上。本研究探索性因素分析的样本来自浙江省 6 所高职院校[①] 的 212 名教师，具体的人口统计学指标如表 4-5 所示，采用 SPSS 21.0 作为分析工具。

表 4-5　因素分析样本教师人口统计学变量（*N*=212）

人口统计变量	类别	人数 / 人	占比 /%
性别	男	140	66.0
	女	72	34.0
年龄	20～30 岁	16	7.5
	31～40 岁	125	59.0
	41～50 岁	51	24.1
	50 岁以上	20	9.4
教龄	5 年及以下	31	14.6
	6～10 年	58	27.3
	11～15 年	72	34
	16 年及以上	51	24.1
专业技术职务	助教	13	6.1
	讲师	86	40.6
	副教授	94	44.3
	教授	19	9.0
学历	专科	4	1.9
	本科	72	34.0
	硕士	114	53.8
	博士	22	10.4
教师类型	专任	194	91.5
	兼职	18	8.5
企业工作经历	有	104	49.1
	无	108	50.9
所获最高荣誉	省级及以上	85	40.09
	市级	28	13.21
	校级	70	33.02
	无	29	13.68
工作学校类型	省优质校	122	57.55
	普通校	90	42.45

---

① 样本来源院校：金华职业技术学院、浙江机电职业技术学院、浙江工贸职业技术学院、浙江工业职业技术学院、绍兴职业技术学院、浙江邮电职业技术学院等浙江省 6 所高职院校。

用项目分析筛选出来的 71 个项目的数据结果作为探索性因素分析的数据。探索性因素分析采用极大似然法抽取因子，并用方差极大斜交旋转做主成分分析。结果显示，KMO 值为 0.926>0.8，Bartlett 球形检验的近似 χ^2 为 13007.180（p=0.000<0.001），根据凯撒（Kaiser）的观点[①]，该数据适合做探索性因素分析，如表 4-6 所示。

表 4-6　第一次探索性因素分析 KMO 和 Bartlett 的检验

取样足够度的 Kaiser-Meyer-Olkin 度量		0.926
Bartlett 球形检验	χ^2	13007.180
	df	2485
	p	0.000

确定样本数据适合探索性因素分析后，就要确定因子抽取数目，此时综合考虑 Kaiser 准则[②] 和碎石图。对问卷的 71 个项目进行第一次探索性因素分析，共提取了特征根值大于 1 的因子 13 个，累积解释总变异量 71.904%，结果如表 4-7 所示。

表 4-7　第一次主成分分析因子方差解释

成分	初始特征值			提取平方和载入			旋转平方和载入		
	合计	方差百分比 /%	累计百分比 /%	合计	方差百分比 /%	累计百分比 /%	合计	方差百分比 /%	累计百分比 /%
1	29.837	42.023	42.023	29.837	42.023	42.023	8.630	12.155	12.155
2	3.672	5.172	47.196	3.672	5.172	47.196	6.696	9.432	21.587
3	3.336	4.698	51.894	3.336	4.698	51.894	6.122	8.622	30.209
4	2.064	2.907	54.801	2.064	2.907	54.801	4.628	6.518	36.727
5	1.818	2.560	57.361	1.818	2.560	57.361	4.421	6.227	42.955
6	1.624	2.287	59.647	1.624	2.287	59.647	3.737	5.264	48.219
7	1.531	2.156	61.803	1.531	2.156	61.803	3.067	4.319	52.538
8	1.465	2.063	63.866	1.465	2.063	63.866	2.960	4.170	56.707

① 依据 Kaiser 的观点，KMO 值越大时，表示变量间的共同因素越多，越适合做探索性因素分析，KMO 值大于 0.9 是最好的，大于 0.8 是比较好的，大于 0.7 是中等水平，大于 0.6 较差，大于 0.5 是最低水平，如果 KMO 值小于 0.5，则较不宜做探索性因素分析。

② Kaiser 准则是：选择特征值大于 1 的因素。Kaiser 准则判断应用时，因子分析的题项数最好不要超过 30，题项平均共同性最好在 0.7 以上，如果受试样本数大于 250 位，则平均共同性应在 0.6 以上，如果题项数在 50 以上，有可能抽取过多的共同因素（此时使用者可限定因素抽取数目）。

成分	初始特征值			提取平方和载入			旋转平方和载入		
	合计	方差百分比 /%	累计百分比 /%	合计	方差百分比 /%	累计百分比 /%	合计	方差百分比 /%	累计百分比 /%
9	1.310	1.845	65.711	1.310	1.845	65.711	2.731	3.847	60.554
10	1.218	1.715	67.426	1.218	1.715	67.426	2.344	3.301	63.855
11	1.115	1.570	68.996	1.115	1.570	68.996	2.123	2.991	66.846
12	1.037	1.461	70.457	1.037	1.461	70.457	2.077	2.925	69.771
13	1.027	1.447	71.904	1.027	1.447	71.904	1.515	2.134	71.904
14	0.939	1.322	73.226						
15	0.927	1.305	74.532						
16	0.878	1.236	75.768						
17	0.849	1.196	76.964						
18	0.784	1.104	78.068						
19	0.772	1.087	79.155						
20	0.705	0.992	80.148						
21	0.669	0.943	81.090						
22	0.656	0.924	82.014						
23	0.650	0.916	82.930						
24	0.614	0.864	83.794						
25	0.587	0.826	84.621						
26	0.559	0.788	85.408						
27	0.528	0.744	86.152						
28	0.511	0.719	86.872						
29	0.457	0.644	87.516						
30	0.454	0.640	88.155						
31	0.406	0.572	88.727						
32	0.401	0.564	89.291						
33	0.391	0.551	89.842						
34	0.374	0.526	90.369						
35	0.362	0.510	90.878						
36	0.358	0.504	91.382						
37	0.341	0.481	91.863						
38	0.337	0.474	92.337						
39	0.317	0.446	92.784						
40	0.307	0.432	93.216						
41	0.295	0.415	93.631						

续表

成分	初始特征值			提取平方和载入			旋转平方和载入		
	合计	方差百分比 /%	累计百分比 /%	合计	方差百分比 /%	累计百分比 /%	合计	方差百分比 /%	累计百分比 /%
42	0.280	0.394	94.025						
43	0.273	0.385	94.409						
44	0.250	0.353	94.762						
45	0.239	0.337	95.099						
46	0.234	0.330	95.429						
47	0.225	0.317	95.746						
48	0.214	0.301	96.047						
49	0.212	0.298	96.345						
50	0.200	0.282	96.627						
51	0.185	0.260	96.887						
52	0.176	0.248	97.135						
53	0.172	0.242	97.376						
54	0.168	0.236	97.613						
55	0.155	0.219	97.831						
56	0.151	0.213	98.045						
57	0.142	0.200	98.244						
58	0.134	0.188	98.433						
59	0.126	0.178	98.611						
60	0.123	0.173	98.784						
61	0.114	0.160	98.944						
62	0.109	0.154	99.098						
63	0.100	0.140	99.238						
64	0.089	0.125	99.363						
65	0.084	0.119	99.482						
66	0.082	0.116	99.597						
67	0.072	0.102	99.699						
68	0.062	0.087	99.787						
69	0.059	0.083	99.869						
70	0.051	0.072	99.942						
71	0.041	0.058	100.000						

旋转后因子负荷表如 4-8 所示。根据主成分因子分析意义，需要根据三个

基本原则①对不合适的题目进行删减。从表4-8可以看出，所有项目的共同度都大于0.4，说明项目与问卷的同质性较高，能够测到高职院校工科专业教师实践教学胜任力的程度也较高。

从表4-8可以看出，Q72在两个公因子（因子1和因子13）上的因子载荷接近（0.470，0.457）；Q34在两个公因子（因子4和因子8）上的因子载荷接近（0.464，0.455）；Q29在两个公因子（因子1和因子4）上的因子载荷接近（0.412，0.454）；Q70在两个公因子（因子5和因子13）上的因子载荷接近（0.499，0.482）；Q43在两个公因子（因子4和因子6）上的因子载荷接近（0.405，0.476）；Q39在两个公因子（因子1和因子11）上的因子载荷接近（0.433，0.489）；Q18在两个公因子（因子4和因子12）上的因子载荷接近（0.438，0.490），所以删除Q72、Q34、Q29、Q70、Q43、Q39、Q18等7个题目。由于因素13下只有一个题目Q73，因素12下只有一个题目Q19，因此删除Q73和Q19。对保留的题目重新做主成分因子分析。

---

① 三个基本原则：第一，删除在两个或两个以上的公共因子上具有接近因子载荷的题目，即某个题目在两个或两个以上的公因子上的载荷差不多（我们这里采用的删除标准是因子载荷的数值为小数点后第一位数字相同）。第二，某个公因子下只有1个题目，这样的题目要删除。③删除在公共因子上的最大载荷小于0.4，共同度小于0.4的题目。来源于：张奇.SPSS for Windows 在心理学与教育学中的应用 [M]. 北京大学出版社，2015年5月：301

表4-8 第一次探索性因子分析的因子载荷矩阵及变量共同度

| 题项 | 抽取的因素 | | | | | | | | | | | | | 共同度 |
	因素1	因素2	因素3	因素4	因素5	因素6	因素7	因素8	因素9	因素10	因素11	因素12	因素13	
Q55	0.765													0.788
Q56	0.746													0.763
Q58	0.679													0.738
Q59	0.656													0.795
Q28	0.651													0.757
Q60	0.611													0.714
Q27	0.583													0.740
Q53	0.577													0.727
Q54	0.540													0.680
Q74	0.478													0.794
Q71	0.477													0.682
Q72	0.470												0.457	0.760
Q52	0.453													0.664
Q4		0.832												0.764
Q6		0.823												0.775
Q7		0.781												0.757
Q5		0.711												0.734
Q2		0.662												0.673
Q8		0.662												0.705
Q9		0.656												0.692

续表

题项	因素 1	因素 2	因素 3	因素 4	因素 5	因素 6	因素 7	因素 8	因素 9	因素 10	因素 11	因素 12	因素 13	共同度
Q3		0.644												0.640
Q11		0.493												0.725
Q12		0.465												0.694
Q10		0.463												0.799
Q41			0.703											0.706
Q63			0.675											0.746
Q25			0.653											0.669
Q75			0.641											0.682
Q20			0.590									0.433		0.755
Q14			0.569											0.615
Q61			0.553				0.453							0.755
Q62			0.523				0.496							0.761
Q17			0.497											0.667
Q42			0.427											0.668
Q26														0.608
Q33				0.779										0.761
Q32				0.769										0.773
Q30				0.684										0.731
Q34				0.464				0.455						0.753
Q29	0.412			0.454										0.715
Q67					0.758									0.801

抽取的因素

续表

题项	抽取的因素													共同度
	因素 1	因素 2	因素 3	因素 4	因素 5	因素 6	因素 7	因素 8	因素 9	因素 10	因素 11	因素 12	因素 13	
Q68					0.609									0.781
Q66					0.524									0.741
Q70					0.499								0.482	0.788
Q49					0.470									0.712
Q44					0.469									0.652
Q69					0.433									0.683
Q65						0.645								0.699
Q50						0.595								0.762
Q51	0.417					0.530								0.790
Q48						0.517								0.734
Q43				0.405		0.476								0.730
Q47							0.791							0.800
Q36							0.552							0.624
Q46					0.445		0.542							0.751
Q13								0.543						0.596
Q45								0.530						0.638
Q24								0.475						0.667
Q23								0.459						0.672
Q31														0.697
Q16									0.682					0.690
Q15									0.518					0.686

续表

题项	抽取的因素													共同度
	因素 1	因素 2	因素 3	因素 4	因素 5	因素 6	因素 7	因素 8	因素 9	因素 10	因素 11	因素 12	因素 13	
Q57										0.612				0.683
Q35										0.607				0.689
Q37											0.677			0.726
Q39	0.433										0.489			0.794
Q38											0.486			0.701
Q40											0.445			0.702
Q19												0.745		0.718
Q18												0.490		0.681
Q73				0.438									0.417	0.741

接下来探索性因素分析的操作过程与前面的相同，不再赘述。这里只列出最终主成分因素分析的主要结果。结果显示，KMO 值为 0.932>0.8，Bartlett 球形检验的 χ^2 为 6609.954（$p=0.000<0.001$），根据 Kaiser 的观点，该数据适合做因子分析，如表 4-9 所示。

表4-9　最终探索性因素分析 KMO 和 Bartlett 的检验

取样足够度的 Kaiser–Meyer–Olkin 度量		0.932
Bartlett 的球形度检验	χ^2	6609.954
	df	861
	p	0.000

根据特征根值大于 1，因素载荷大于 0.4，最终结果提取了因素 7 个，因素累计变异解释力达 67.688%，题目 42 个，旋转后各个因素的特征值及其贡献率见表 4-10。

表4-10 最终探索性因子分析因子载荷矩阵、变量共同度、因子特征值和解释变异量

题项	解释变异量	累计解释变异量	抽取的因素							共同度
			因素1	因素2	因素3	因素4	因素5	因素6	因素7	
Q55 能够针对不同学习进度的学生给予针对性指导	19.532	19.532	0.797							0.752
Q56 能够根据学生的理解、认知水平,进行教学和交流			0.783							0.748
Q59 能够帮助学生妥善解决实践学习中遇到的问题			0.740							0.790
Q28 能够很好地把各类实践操作动作进行有机整合			0.720							0.734
Q60 能够准确讲解教学要点			0.708							0.686
Q58 能够准确快速地发现教学中出现的问题			0.708							0.671
Q53 能够针对不同学生的个性特点,采取不同的教育教学方式			0.672							0.691

续表

题项	解释变异量	累计解释变异量	抽取的因素							共同度
			因素 1	因素 2	因素 3	因素 4	因素 5	因素 6	因素 7	
Q27 能够运用多种方式、规范、正确、清晰地示范技能动作			0.633							0.687
Q54 能够把复杂的操作技能动作进行拆解分析			0.612							0.620
Q52 对学生创新创业意识的形成，具有影响和示范作用			0.607							0.575
Q71 对学生职业精神的形成，具有示范和引领作用	19.532	19.532	0.560							0.599
Q74 能够从整体上把握实践教学节奏，保证实训实习效果			0.531							0.723
Q40 对学生技术技能的习得，具有影响和示范作用			0.531							0.559
Q50 能够运用讲练结合、工学结合等多种理论与实践相结合的方式方法，有效实施教学			0.519							0.592

续表

题项	解释变异量	累计解释变异量	抽取的因素							共同度
			因素 1	因素 2	因素 3	因素 4	因素 5	因素 6	因素 7	
Q4 能够根据培养目标设计教学目标和教学计划				0.844						0.768
Q6 能够基于职业岗位工作过程设计教学过程				0.820						0.749
Q7 能够将研究成果创造性地运用于实践教学过程				0.767						0.735
Q5 能够正确选择并备好所需的教学设备、器材和工具等	13.117	32.648		0.717						0.649
Q2 能够创建具有特定企业文化特征的学习环境				0.698						0.661
Q3 能够参与实践教学校本课程开发				0.671						0.589
Q8 能够就同行提出的实践教学中存在的问题，进行积极主动的反思、改进				0.661						0.686

续表

题项	解释变异量	累计解释变异量	抽取的因素							共同度
			因素1	因素2	因素3	因素4	因素5	因素6	因素7	
Q9 能够结合实践教学情况，不断反思和改进教育教学工作	13.117	32.648		0.632						0.698
Q11 能够参加实践教学研究和教学改革创新				0.454						0.574
Q41 积极参加企业实践					0.731					0.622
Q20 积极参加专业领域的培训和会议					0.719					0.641
Q63 积极主动了解专业相关的新知识、新技术和新工艺	9.314	41.962			0.690					0.614
Q25 能够挖掘企业实践教学资源，并运用到实践教学过程中					0.664					0.642
Q75 能够与企业合作进行项目开发、技术支持、课题研究等工作					0.628					0.651

续表

题项	解释变异量	累计解释变异量	抽取的因素							共同度
			因素 1	因素 2	因素 3	因素 4	因素 5	因素 6	因素 7	
Q67 掌握所教实践课程的教学方法和策略						0.723				0.743
Q68 了解所教专业国内外发展的最新动态	7.798	49.760	0.413			0.619				0.731
Q66 具有企业实践的经验知识						0.605				0.710
Q44 掌握所教专业涉及的职业资格及其标准						0.592				0.666
Q32 能够在实践教学前，做好安全教育工作							0.786			0.773
Q33 能够为学生营造安全的实践学习环境	7.195	56.955					0.772			0.739
Q30 能够精准地排查实践教学设施设备故障							0.672			0.668

续表

题项	解释变异量	累计解释变异量	抽取的因素							共同度
			因素 1	因素 2	因素 3	因素 4	因素 5	因素 6	因素 7	
Q47 作为一名高职院校教师很满意,在工作中,非常积极地开展实践教学	5.436	62.391						0.749		0.761
Q36 认为具有较强实践教学能力的高职教师,能够得到社会的认可和尊重								0.575		0.611
Q46 即使遇到困难和挫折,也会坚守实践教学工作一线								0.572		0.779
Q13 能够与团队成员交流商讨实践教学	5.297	67.688							0.623	0.620
Q24 能够利用多样化途径及时反馈学生实践教学学习情况									0.508	0.652
Q23 能够客观地进行自我教学评估									0.474	0.630
Q45 能够运用多元评价方法,评价学生的实践教学成效									0.473	0.641
特征值			17.862	3.220	1.835	1.625	1.387	1.297	1.203	

根据问卷项目的具体内容，对各因素进行命名，见表4-11。

表4-11 因素称名及包括的项目编号

因素	因素称名	包括的项目编号
1	教学组织与实施	Q55，Q56，Q59，Q28，Q60，Q58，Q53，Q27，Q54，Q52，Q71，Q74，Q40，Q50
2	教学设计与研究	Q4，Q6，Q7，Q5，Q2，Q3，Q8，Q9，Q11
3	校企合作	Q41，Q20，Q63，Q25，Q75
4	教学知识	Q67，Q68，Q66，Q44
5	安全教学	Q32，Q33，Q30
6	身份认同	Q47，Q36，Q46
7	教学评价与反馈	Q13，Q24，Q23，Q45

因素1中涉及的胜任特征包括：因材施教、表达沟通、问题解决、示范操作、影响力和教学实施等，因此将其命名为"教学组织与实施"。

因素2中涉及的胜任特征包括：教学设计能力、情境创设能力、教学反思能力和教学研究能力，因此将其命名为"教学设计与研究"。

因素3中涉及的胜任特征包括：专业发展、校企合作，因此将其命名为"校企合作"。

因素4中涉及的胜任特征包括：教育教学知识、专业理论知识、专业实践知识，因此将其命名为"教学知识"。

因素5中涉及的胜任特征包括：安全防范、问题解决，因此将其命名为"安全教学"。

因素6中涉及的胜任特征包括：身份认同、责任感，因此将其命名为"身份认同"。

因素7中涉及的胜任特征包括：团队协作、教学评价与反馈能力，因此将其命名为"教学评价与反馈"。

探索性因素分析得出的7个因素：教学组织与实施、教学设计与研究、校企合作、教学知识、安全教学、身份认同、教学评价与反馈，其内含的胜任特征与前面构建的高职院校工科专业教师实践教学胜任力结构模型中包含的胜任特征基本吻合。不同的是，高职院校工科专业教师实践教学胜任力结构模型构建采用的是问卷调查法、行为事件访谈法和德尔菲法，主要是通过行为事件访谈和专家咨询获得资料。而探索性因素分析中资料则是通过编制问卷在大范围的高职院校工科专业教师群体中测试获得的。这种交叉验证，说明模型是有效的。

三、问卷的信效度检验

（一）问卷的信度检验

为进一步了解问卷的可靠性和有效性，要进行信度检验。信度评定的方法有重测信度、等同信度、分半信度和内部一致信度等。内部一致信度 [①] 是目前比较流行而且效果较好的信度评定方法。

因素 1 可靠度分析报表结果显示（见表 4-12），Q55、Q56、Q59、Q28、Q60、Q58、Q53、Q27、Q54、Q52、Q71、Q74、Q40、Q50 等 14 个题目之间的相关性均大于 0.3，校正后的项目与总分相关性均大于 0.5，Cronbach's α 系数和分半信度系数均高于 0.9，表明"教学组织与实施"的测得值和真值的符合程度较高，是 7 个因素中对高职院校工科专业教师实践教学胜任力影响最大的。

① 不同的研究者对信度系数的界限值有不同的看法，有学者认为，在基础研究中 Cronbach's α 系数至少应达到 0.800，在探索研究中 Cronbach's α 系数至少应达到 0.700，而在实务研究中，Cronbach's α 系数只需达到 0.600 即可。题目与题目之间的相关性一般要大于 0.300，修正的项目总相关性要大于 0.500。

表4-12　因素1可靠度分析

| | 项间相关性 | | | | | | | | | | | | | | 信度分析 | | |
	Q55	Q56	Q59	Q28	Q60	Q58	Q53	Q27	Q54	Q52	Q71	Q74	Q40	Q50	校正后的项目与总分相关性	Cronbach's α系数	分半信度
Q55	1														0.811	0.953	0.936
Q56	0.836	1													0.793		
Q59	0.689	0.684	1												0.840		
Q28	0.632	0.672	0.619	1											0.766		
Q60	0.614	0.589	0.760	0.613	1										0.753		
Q58	0.677	0.637	0.733	0.615	0.640	1									0.789		
Q53	0.684	0.630	0.717	0.563	0.609	0.613	1								0.736		
Q27	0.618	0.604	0.680	0.706	0.593	0.634	0.575	1							0.750		
Q54	0.602	0.566	0.606	0.581	0.524	0.579	0.544	0.615	1						0.707		
Q52	0.605	0.621	0.565	0.610	0.541	0.597	0.508	0.510	0.484	1					0.697		
Q71	0.565	0.592	0.587	0.536	0.540	0.624	0.528	0.505	0.483	0.508	1				0.699		
Q74	0.634	0.63	0.641	0.561	0.611	0.586	0.459	0.603	0.640	0.479	0.665	1			0.744		
Q40	0.501	0.484	0.614	0.610	0.512	0.559	0.553	0.534	0.512	0.507	0.571	0.482	1		0.681		
Q50	0.590	0.535	0.648	0.527	0.582	0.574	0.563	0.523	0.543	0.620	0.510	0.637	0.590	1	0.722		

　　因素 2 可靠度分析报表结果显示（见表 4-13），Q4、Q6、Q7、Q5、Q2、Q3、Q8、Q9、Q11 等 9 个题目之间的相关性均大于 0.300，校正后的项目与总分相关性均大于 0.500，Cronbach's α 系数和分半信度系数均高于 0.800，表明"教学设计与研究"的测得值和真值的符合程度较高。

表 4-13　因素 2 可靠度分析

	项间相关性									信度分析		
	Q4	Q6	Q7	Q5	Q2	Q3	Q8	Q9	Q11	校正后的项目与总分相关性	Cronbach's α 系数	分半信度
Q4	1									0.766	0.910	0.875
Q6	0.660	1								0.774		
Q7	0.625	0.777	1							0.768		
Q5	0.630	0.606	0.577	1						0.669		
Q2	0.556	0.516	0.501	0.429	1					0.599		
Q3	0.631	0.479	0.451	0.541	0.521	1				0.641		
Q8	0.572	0.601	0.636	0.468	0.477	0.467	1			0.729		
Q9	0.504	0.642	0.619	0.453	0.440	0.415	0.738	1		0.711		
Q11	0.474	0.448	0.518	0.425	0.310	0.466	0.532	0.578	1	0.591		

　　因素 3 可靠度分析报表结果显示（见表 4-14），Q41、Q20、Q63、Q25、Q75 等 5 个题目之间的相关性均大于 0.300，校正后的项目与总分相关性均大于 0.500，Cronbach's α 系数和分半信度系数均高于 0.800，表明"校企合作"的测得值和真值的符合程度较高。

表 4-14　因素 3 可靠度分析

	项间相关性					信度		
	Q41	Q20	Q63	Q25	Q75	校正后的项目与总分相关性	Cronbach's α 系数	分半信度
Q41	1					0.655	0.836	0.868
Q20	0.467	1				0.602		
Q63	0.525	0.440	1			0.638		
Q25	0.518	0.516	0.530	1		0.644		
Q75	0.570	0.511	0.539	0.488	1	0.667		

因素4可靠度分析报表结果显示（见表4-15），Q67、Q68、Q66、Q44等4个题目之间的相关性均大于0.300，校正后的项目与总分相关性均大于0.500，Cronbach's α 系数和分半信度系数均高于0.800，表明"教学知识"的实际值和真值的符合程度较高。

表4-15　因素4可靠度分析

	项间相关性				信度		
	Q67	Q68	Q66	Q44	校正后的项目与总分相关性	Cronbach's α 系数	分半信度
Q67	1				0.691	0.859	0.864
Q68	0.643	1			0.763		
Q66	0.590	0.722	1		0.735		
Q44	0.549	0.553	0.555	1	0.630		

因素5可靠度分析报表结果显示（见表4-16），Q32、Q33、Q30等3个题目之间的相关性均大于0.300，校正后的项目与总分相关性均大于0.500，Cronbach's α 系数和分半信度系数均高于0.700，表明"安全教学"的测得值和真值的符合程度可以接受。

表4-16　因素5可靠度分析

	项间相关性			信度		
	Q32	Q33	Q30	校正后的项目与总分相关性	Cronbach's α 系数	分半信度
Q32	1			0.759	0.841	0.793
Q33	0.729	1		0.728		
Q30	0.610	0.570	1	0.634		

因素6可靠度分析报表结果显示（见表4-17），Q47、Q36、Q46等3个题目之间的相关性均大于0.300，校正后的项目与总分相关性均大于0.500，Cronbach's α 系数和分半信度系数均高于0.700，表明"身份认同"的测得值和真值的符合程度可以接受。

表4-17　因素6可靠度分析

	项间相关性			信度		
	Q47	Q36	Q46	校正后的项目与总分相关性	Cronbach's α 系数	分半信度
Q47	1			0.695	0.770	0.786
Q36	0.507	1		0.506		
Q46	0.668	0.410	1	0.625		

因素7可靠度分析报表结果显示（见表4-18），Q13、Q24、Q23、Q45等4个题目之间的相关性均大于0.300，校正后的项目与总分相关性大于0.500，虽然Q45校正后的项目与总分相关性为0.490，但仍在可接受的范围内。因素7的Cronbach's α 系数和分半信度系数均高于0.700，表明"教学评价与反馈"的测得值和真值的符合程度可以接受。

表4-18　因素7可靠度分析

	项间相关性				信度		
	Q13	Q24	Q23	Q45	校正后的项目与总分相关性	Cronbach's α 系数	分半信度
Q13	1				0.531	0.775	0.764
Q24	0.478	1			0.629		
Q23	0.458	0.638	1		0.671		
Q45	0.365	0.383	0.472	1	0.490		

从因素1、因素2、因素3、因素4、因素5、因素6、因素7的可靠度分析可见，该测验是一份较好的测验。

（二）问卷的效度检验

效度是指测量的有效性，即一个测验对它所要测量的特质进行准确测量的程度，在具体的计算中被定义为有效变异与实测值变异之比。效度的种类很多，根据弗兰士（French）和米希尔（Michel）的研究成果，本研究采用构念效度和效标效度。

1. 构念效度

构念效度是指被测理论结构和特征的实际测量程度。具体来说，通过计算各分量表之间的相关系数以及各分量表与测验总分之间的相关系数来考察测验的结构效度。各分量表之间的相关性[①]提供了测试结构的有效性指标。

根据各分量表与总量表的相关系数（见表4-19），高职院校工科专业教师实践教学胜任力调查问卷（正式卷）各分量表与总量表的相关系数均在0.700以上（$p<0.01$），属于中高度相关。各分量表之间的相关系数在0.350～0.750（$p<0.01$），主要集中于0.400～0.600，分量表具有中等程度相关，表明7个维度之间的鉴别度较为合理，分量表的选择恰当。由此可见，这份问卷的结构符合测量要求，具有较好的结构效度。

表4-19　各分量表与总量表的相关系数

	F1	F2	F3	F4	F5	F6	F7	总量表
F1	1							0.895**
F2	0.592**	1						0.700**
F3	0.650**	0.434**	1					0.741**
F4	0.714**	0.439**	0.525**	1				0.816**
F5	0.591**	0.425**	0.393**	0.596**	1			0.727**
F6	0.639**	0.367**	0.484**	0.628**	0.481**	1		0.773**
F7	0.733**	0.551**	0.555**	0.606**	0.537**	0.594**	1	0.829**

注：** 在 0.01 水平（双侧）上显著相关。

进一步运用验证性因素分析来考察问卷的构念效度。验证性因素分析通过AMOS对潜在变量与对应题项绘制测量模型，然后通过数据拟合，查看模型的拟合质量。如果模型拟合质量好，说明测量模型绘制的潜在变量与题项的关系通过数据验证。本研究采用 AMOS 22.0 对调查问卷的 7 因素结构进行验证性因素分析，样本为上文所述的 212 份有效问卷。

为检验模型的拟合优度，验证性因素分析时常采用以下指标，如 χ^2、$\chi^2/$

---

① 测量学属性研究表明，各分量表与测验总分的相关系数均显著高于各分量表的相关系数时，说明测验的结构效度良好。各分量表之间的相关系数较低，且在一定范围内时，说明各分量表不仅对整个测验有贡献，而且具有一定的相对独立性。如果各分量表之间的相关性太低，说明各分量表测验的是一些完全不同的特征，而不是研究中涉及的特征。如果各分量表之间的相关性太高，说明各分量表测验的因素相互重叠，可能不需要某些分量表。

df、CFI、RMSEA[①] 来衡量模型与数据的拟合程度。本研究采用 AMOS 22.0 对高职院校工科专业教师实践教学胜任力调查问卷（正式卷）的 7 个因素结构模型进行验证性因素分析，具体结果（见表 4-20、图 4-1）：$\chi^2/df=2.278$，说明模型拟合质量良好可以接受；CFI=0.837，说明模型拟合质量良好可以接受；RMSEA=0.078，说明模型拟合合理。从图 4-1 也可以看出，高职院校工科专业教师实践教学胜任力调查问卷由 7 个因素构成，且每个因素里题项的负荷量均大于 0.600。此结构与探索性因素分析所得结果相吻合，说明可以采用 7 因素、42 题项的问卷。

表 4-20　验证性因素分析指标

χ^2	df	χ^2/df	P	CFI	RMSEA
1818.186	798	2.278	0.000	0.837	0.078

---

① χ^2：是由拟合函数所转换而来的统计量，反映了结构方程模型的假设模型的导出矩阵与观察矩阵的差异程度。所以 χ^2 越小，说明模型的拟合程度越好。

χ^2/df：比值越小，表示模型拟合度越高，反之则表示模型拟合度越差。一般而言，比值在 2~3，说明模型拟合质量是良好可以接受的。

CFI：CFI 指标反映了假设模型与无任何相关性的独立模型差异程度的量数，也考虑到被检验模型与中央卡方分配的离散性。当 CFI 在 0.800 ~ 0.890，模型拟合质量是良好可以接受的；当 CFI>0.900 时，说明模型拟合度较好。

RMSEA：用来比较理论模型与饱和模型的差距，不受样本数和模型复杂度的影响。当 RMSEA<0.050 时，表示模型接近拟合；当 0.050 ≤ RMSEA ≤ 0.080，表示模型拟合合理；当 0.080<RMSEA<0.100，表示模型拟合一般；RMSEA>0.100，表示模型拟合较差。

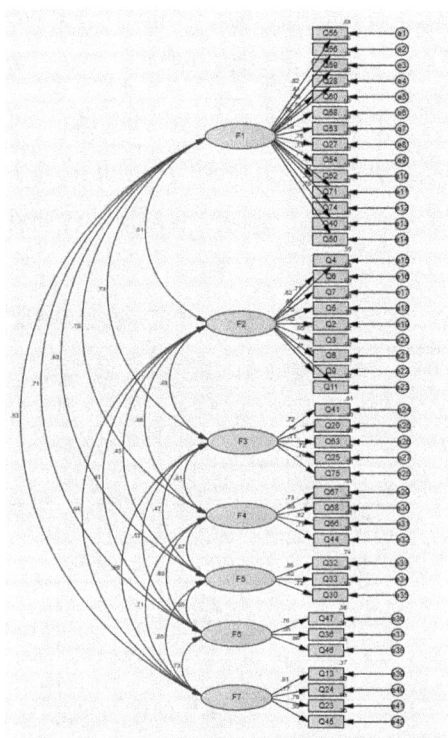

图4-1　高职院校工科专业教师实践教学胜任力7因素结构模型及路径系数

2.效标效度

效标效度是指一种测量工具在描述当前某一特定现象时的有效性，以考察测验是否能够证实行为预测。本研究采用两种方法考察效标效度：一是考察实践教学中绩优组教师与普通组教师的平均差异；二是对被试的类别（绩优组和普通组）进行聚类分析，并将结果与被试的实际类别进行比较，以考察两者的一致性。

（1）不同组别胜任特征的差异情况。把对"所获最高荣誉（如教学名师、技能大师、所指导的学生在技能竞赛中的名次等）"这一问题的回答作为效标取样的依据，最高荣誉分为"省级及以上""市级""校级""无"等四个选项。与访谈调查时的标准一样，把获省级及以上荣誉的教师归为绩优组，其他教师归为普通组。两组不同绩效教师在实践教学胜任特征上的平均值、标准差及 t 检验结果见表4-21。统计结果表明，绩优组教师85名，普通组教师127名，各自的样本容量足够。绩优组教师在教学组织与实施、教学设计与研究、校企合作、教学知识、安全教学、身份认同、教学评价与反馈等分量表上的得分均高于普通组教师，且均具有显著性差异，存在统计学意义，表明以上7个因素能够区分绩优组教师和普通组教师。结合各分量表的分数，可以认为初步编制的高职院校工科专业教师实践教学胜任力调查问卷（正式卷）工具是有效的，高职院校工科专业教师实践教学胜任力结构模型包括的各项胜任特征有着较强的区分能力。

表4-21 不同组别教师各胜任特征分数的差异比较

维度	组别	N	平均值	标准差	t	p
教学组织与实施	绩优组	85	4.493	0.414	4.673**	0.000
	普通组	127	4.184	0.508		
教学设计与研究	绩优组	85	4.375	0.505	2.376*	0.018
	普通组	127	4.192	0.580		
校企合作	绩优组	85	4.306	0.546	2.419*	0.016
	普通组	127	4.123	0.536		
教学知识	绩优组	85	4.559	0.456	2.703**	0.007
	普通组	127	4.382	0.474		
安全教学	绩优组	85	4.651	0.395	3.177**	0.002
	普通组	127	4.446	0.543		
身份认同	绩优组	85	4.369	0.617	2.501*	0.013
	普通组	127	4.165	0.554		
教学评价与反馈	绩优组	85	4.621	0.373	6.420**	0.000
	普通组	127	4.244	0.478		

注：** 在 0.01 水平（双侧）上显著相关；* 在 0.05 水平（双侧）上显著相关。

（2）聚类分析。本研究按被试（绩优组与普通组）的实际类别和聚类类别对其进行分析，类别情况比较见表4-22。

表4-22 被试聚类分析结果与其实际类别情况比较

被试序号	实际类别	聚类类别	被试序号	实际类别	聚类类别	被试序号	实际类别	聚类类别
1	2	1	4	1	1	7	2	1
2	1	1	5	1	1	8	1	2
3	2	2	6	2	2	9	2	1
10	2	2	45	2	1	80	2	2
11	1	1	46	2	1	81	1	2

续表

被试序号	实际类别	聚类类别	被试序号	实际类别	聚类类别	被试序号	实际类别	聚类类别
12	1	1	47	1	2	82	1	1
13	2	2	48	1	1	83	1	1
14	2	2	49	2	2	84	2	2
15	2	1	50	2	2	85	2	2
16	2	1	51	1	1	86	2	2
17	1	1	52	2	2	87	1	2
18	2	2	53	2	1	88	2	2
19	2	2	54	1	1	89	2	2
20	2	1	55	1	1	90	1	1
21	2	2	56	2	2	91	2	1
22	2	2	57	2	1	92	1	2
23	2	2	58	1	1	93	1	1
24	2	2	59	2	1	94	2	1
25	2	2	60	1	1	95	2	1
26	2	1	61	1	1	96	2	1
27	2	2	62	1	2	97	2	2
28	2	2	63	2	1	98	2	1
29	2	2	64	1	1	99	1	1
30	1	1	65	1	1	100	2	2
31	1	1	66	2	1	101	2	2
32	2	2	67	1	1	102	2	2
33	2	1	68	2	1	103	1	1
34	2	1	69	2	2	104	2	2
35	2	2	70	1	1	105	2	2
36	2	2	71	2	1	106	1	1
37	1	1	72	2	1	107	2	2
38	1	1	73	2	1	108	2	2
39	1	1	74	1	1	109	2	2
40	2	1	75	2	1	110	2	2
41	1	1	76	2	1	111	2	1
42	2	1	77	1	1	112	1	1
43	2	2	78	2	1	113	1	1
44	2	2	79	1	1	114	2	2
115	2	2	148	1	1	181	1	1
116	2	1	149	2	2	182	1	2

续表

被试序号	实际类别	聚类类别	被试序号	实际类别	聚类类别	被试序号	实际类别	聚类类别
117	2	1	150	2	1	183	2	1
118	2	2	151	2	1	184	1	1
119	1	1	152	1	1	185	1	1
120	2	1	153	2	1	186	1	2
121	2	1	154	1	1	187	1	1
122	1	1	155	2	2	188	2	2
123	1	2	156	2	2	189	2	1
124	1	2	157	2	1	190	2	1
125	1	1	158	1	1	191	1	1
126	2	1	159	2	2	192	2	2
127	1	1	160	1	2	193	2	2
128	1	2	161	2	2	194	2	1
129	1	1	162	1	2	195	2	1
130	2	2	163	1	2	196	2	1
131	1	2	164	2	1	197	1	1
132	2	2	165	2	2	198	2	2
133	1	2	166	2	1	199	2	1
134	1	2	167	2	2	200	2	1
135	2	2	168	2	2	201	1	1
136	2	2	169	2	2	202	1	1
137	1	1	170	2	2	203	1	2
138	2	2	171	1	1	204	2	2
139	2	2	172	1	1	205	2	2
140	1	1	173	2	1	206	1	1
141	1	2	174	2	1	207	2	1
142	2	1	175	2	2	208	2	1
143	1	1	176	1	2	209	1	1
144	2	1	177	2	1	210	1	1
145	1	2	178	1	1	211	2	1
146	1	1	179	2	1	212	2	1
147	1	1	180	1	1			

注：类别1表示绩优组，类别2表示普通组。

根据统计结果，计算被试归类平均概率，结果见表4-23。

表 4-23　被试正确分类的平均概率

	聚类类别 1	聚类类别 2
实际类别 1	64（75.29%）	21（24.71%）
实际类别 2	60（47.24%）	67（52.76%）

注：类别 1 表示绩优组，类别 2 表示普通组。

统计结果表明，75.29% 的绩优组教师被正确分类，24.71% 的绩优组被试被错误分类；52.76% 的普通组教师被正确分类，47.24% 的普通组教师被错误分类。尽管普通组教师的正确区分度不太高（究其原因，可能是问卷填写的社会赞许性影响导致），总体而言，以胜任力结构模型为依据设计的调查问卷还是能够区分不同类别被试的，尤其是对绩优组，其区分正确率较高，和前面不同组别教师在各胜任特征分数的差异比较结果是比较一致的。由此可见，高职院校工科专业教师实践教学胜任力结构模型能够比较准确地区分绩优组与普通组，具有一定的区分功能。

四、模型验证结果与讨论

本研究采取编制量表检验法验证高职院校工科专业教师实践教学胜任力结构模型。依据结构模型编制问卷，选取较大规模样本进行测试。通过探索性因素分析得出 7 个共性因素：教学组织与实施、教学设计与研究、校企合作、教学知识、安全教学、身份认同、教学评价与反馈，其内含的胜任特征与通过行为事件访谈法和德尔菲法构建的高职院校工科专业教师实践教学胜任力结构模型中包含的胜任特征基本吻合，说明构建的模型质量良好。

在检验问卷的构念效度上，通过验证性因素分析，模型拟合指数 CFI=0.837，说明模型拟合质量良好可以接受，同探索性因素分析的结论相一致。

在检验问卷的效标效度上，对不同绩效组别进行差异情况分析，发现绩优组教师在教学组织与实施、教学设计与研究、校企合作、教学知识、安全教学、身份认同、教学评价与反馈等分量表上的得分均高于普通组教师，且均具有显著性差异，存在统计学意义，表明以上 7 个因素能够区分绩优组教师和普通组教师，模型有着较强的区分能力，具有有效性。通过聚类分析，绩优组教师分类正确率达到 75.29%，尽管普通组教师的正确率只有 52.76%，但是总体而言，问卷还是能够区分不同类别被试的，和不同绩效组别教师在各胜任特征分数的差异比较结果是比较一致的，表明模型能够比较准确地区分绩优组与普通组，具有区分功能，质量良好。

综上，对问卷的探索性因素分析，以及对问卷的构念效度、效标效度检验说明，高职院校工科专业教师实践教学胜任力结构模型有效。

本章采取编制量表检验法对模型进行了验证。在高职院校工科专业教师实践教学胜任力结构模型的基础上，编制了高职院校工科专业教师实践教学胜任力调查问卷（预测卷）。通过对高职院校工科专业教师施测，根据主成分分析提取了 7 个共性因素：教学组织与实施、教学设计与研究、校企合作、教学知识、安全教学、身份认同、教学评价与反馈，其所包含的胜任特征与前面构建的高职院校工科专业教师胜任力结构模型所包含的胜任特征基本吻合。不同之处在于，高职院校工科专业教师实践教学胜任力结构模型的构建主要采用行为事件访谈法和德尔菲法，主要通过高职院校工科专业教师的行为事件访谈和专家咨询获取资料，而探索性因素分析资料通过编制问卷和施测分析获得，这种交叉验证结果表明，高职院校工科专业教师实践教学胜任力结构模型质量较好。构念效度和效标效度的检验结果也验证了这一结论。

在项目分析和探索性因素分析基础上，形成高职院校工科专业教师实践教学胜任力调查问卷（正式卷），检验问卷的测量学属性，其信度、效度都非常理想，表明调查可靠且有效，可以在高职院校工科专业教师实践教学胜任力调查中广泛使用。

第五章

高职院校工科专业教师实践教学
胜任力现状的调查结果与分析

基于前面构建的高职院校工科专业教师实践教学胜任力模型，将高职院校工科专业教师实践教学所应具备的胜任力分为7个维度：教学组织与实施、教学设计与研究、校企合作、教学知识、安全教学、身份认同、教学评价与反馈。基于这一模型框架形成高职院校工科专业教师实践教学胜任力调查问卷（正式卷），并经过信效度检验，表明其可靠且有效，因此，将采用此调查问卷对浙江省高职院校工科专业教师实践教学胜任力现状进行深入调查研究。深入了解当前高职院校工科专业教师实践教学胜任力现状是进一步分析高职院校工科专业教师实践教学胜任力存在的问题并针对性地提出对策建议的前提和基础。正是基于上述意义，本研究采取问卷调查的形式选取浙江省部分高职院校工科专业教师为样本，试图对当前浙江省高职院校工科专业教师的实践教学胜任力的客观现状进行深入的调查分析。

一、高职院校工科专业教师实践教学现状的调查

（一）调查设计

1. 调查工具

调查工具为自编的、经过信效度检验的高职院校工科专业教师实践教学胜

任力调查问卷（正式卷）。调查问卷包括两大部分：第一部分为被调查者的性别、年龄、教龄、专业技术职务、学历、教师类型、企业工作经历、绩效水平等个人基本信息。第二部分为主体部分，共42个题目，分属于7个维度：教学组织与实施（14个题目）、教学设计与研究（9个题目）、校企合作（5个题目）、教学知识（4个题目）、安全教学（3个题目）、身份认同（3个题目）、教学评价与反馈（4个题目）。

2. 调查对象

本研究选取浙江省为调研省份，采取分层随机抽样的方式。为保证样本的科学性，从浙江省选取不同层次、不同类型高职院校进行抽样，样本涵盖了国家优质高职院校、浙江省优质高职院校和普通高职院校，涉及公办和民办高职院校。测试时间为2019年8月—9月。各调查点具体情况，如表5-1所示。

表5-1　调查点具体情况

调查点	学校层次	测试人数	有效样本数	有效率 /%
金华职业技术学院	国家优质高职院校	56	131	92.91
浙江机电职业技术学院		45		
温州职业技术学院		40		
浙江工业职业技术学院	浙江省优质高职院校	55	184	86.79
浙江工贸职业技术学院		43		
浙江纺织服装职业技术学院		37		
丽水职业技术学院		36		
浙江工商职业技术学院		41		
绍兴职业技术学院	浙江省普通高职院校	49	255	88.24
浙江农业商贸职业技术学院		38		
浙江邮电职业技术学院		36		
杭州科技职业技术学院		46		
浙江广厦建设职业技术学院		36		
嘉兴职业技术学院		39		
湖州职业技术学院		45		
合　计		642	570	88.79

本研究共涉及调查点15个，其中国家优质高职院校3所、浙江省优质高职院校5所、浙江省普通高职院校7所；13所为公办高职院校、2所为民办高

职院校。共回收问卷642份，删除被调查者为"非工科专业教师"和答案呈现一定规律性的无效问卷，剩余有效问卷570份，有效率为88.79%。有效问卷的样本基本信息如表5-2所示。

表5-2　样本教师人口统计学变量（N=570）

人口统计变量	类别	人数/人	占比/%
性别	男	326	57.2
	女	244	42.8
年龄	20～30岁	68	11.9
	31～40岁	299	52.5
	41～50岁	149	26.1
	50岁以上	54	9.5
教龄	5年及以下	117	20.5
	6～10年	152	26.7
	11～15年	161	28.2
	16年及以上	140	24.6
专业技术职务	助教	196	34.4
	讲师	263	46.1
	副教授	71	12.5
	教授	40	7.0
学历	专科	8	1.4
	本科	151	26.5
	硕士	322	56.5
	博士	89	15.6
教师类型	专任	486	85.3
	兼职	84	14.7
企业工作经历	有	306	53.7
	无	264	46.3
所获最高荣誉	省级及以上	199	34.9
	市级	57	10.0
	校级	167	29.3
	无	147	25.8
工作学校层次	国家优质校	131	23.0
	省优质校	184	32.3
	普通校	255	44.7

续表

人口统计变量	类别	人数/人	占比/%
	土木建筑大类	82	14.4
	装备制造大类	190	33.3
所教专业类别	轻工纺织大类	116	20.4
	交通运输大类	32	5.6
	电子信息大类	150	26.3

3. 数据处理

各调查点调查数据收集完成后，由专人录入数据，最后由笔者进行统一汇总，采用 SPSS 21.0 进行统计处理。由于被调查者的性别、年龄、教龄、专业技术职务、学历、教师类型、企业工作经历和绩效水平等个人信息的不同，因此数据主要采用描述性统计、独立样本 t 检验和单因素方差分析进行统计处理。

（二）调查结果

1. 高职院校工科专业教师实践教学胜任力的整体表现水平分析

对高职院校工科专业教师实践教学胜任力现状及各维度胜任力现状进行描述性统计分析，结果如表 5-3 所示。

表 5-3　高职院校工科专业教师实践教学胜任力现状的描述性统计结果

各维度胜任力	N	最小值	最大值	平均值	标准差
教学组织与实践	570	1.00	5.00	3.911	0.467
教学设计与研究	570	1.00	5.00	3.830	0.557
校企合作	570	1.00	5.00	3.783	0.479
教学知识	570	1.00	5.00	3.890	0.463
安全教学	570	1.00	5.00	4.040	0.456
身份认同	570	1.00	5.00	3.910	0.533
教学评价与反馈	570	1.00	5.00	3.693	0.433
平均分	570	1.00	5.00	3.865	0.484

各维度满分为 5 分，最低分为 1 分，高职院校工科专业教师实践教学胜任力水平越高则得分越高。从表 5-3 可以看出，目前浙江省高职院校工科专业教师实践教学胜任力平均分为 3.865，处于"不确定"和"基本符合"之间，说明

高职院校工科专业教师实践教学整体胜任力处于中等水平，不能完全满足实践教学要求。各维度中只有安全教学平均值达到 4 分以上，处于较好水平；其余维度的平均值处在 3.693 ～ 3.911，均处于中等水平，说明高职院校工科专业教师实践教学胜任力有待进一步提升。

2. 不同性别高职院校工科专业教师实践教学胜任力差异分析

在本次调查回收的 570 份有效问卷中，男性教师 326 名，占比 57.2%，女性教师 244 名，占比 42.8%。本研究在教学组织与实施、教学设计与研究等 7 个维度对男性教师和女性教师进行了独立样本 t 检验，统计结果如表 5-4、图 5-1 所示。

表 5-4　不同性别教师在各维度的差异情况

维度	性别	N	平均值	标准差	t	p
教学组织与实施	男	326	3.928	0.481	1.046	0.296
	女	244	3.887	0.448		
教学设计与研究	男	326	3.884	0.577	2.731**	0.007
	女	244	3.756	0.520		
校企合作	男	326	3.829	0.484	2.708**	0.007
	女	244	3.719	0.467		
教学知识	男	326	3.928	0.475	2.327*	0.020
	女	244	3.837	0.445		
安全教学	男	326	4.054	0.486	0.924	0.356
	女	244	4.019	0.413		
身份认同	男	326	3.944	0.530	1.795	0.073
	女	244	3.863	0.534		
教学评价与反馈	男	326	3.692	0.451	−0.140	0.889
	女	244	3.697	0.410		

注：** 在 0.01 水平（双侧）上显著相关；* 在 0.05 水平（双侧）上显著相关。

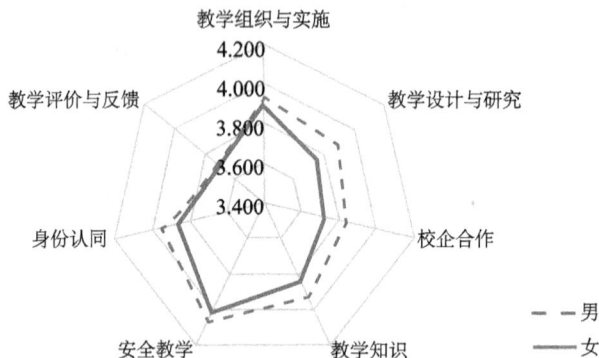

图 5-1　不同性别高职院校工科专业教师实践教学胜任力在各维度上的表现水平

通过描述性统计分析，并结合图 5-1 我们可以较为直观地看出男性教师在教学组织与实施、教学设计与研究、校企合作、教学知识、安全教学、身份认同等六个维度上的得分均高于女性教师；而在教学评价与反馈维度上，女性教师的得分略高于男性教师。进一步通过差异检验发现，男女教师在教学设计与研究（$p=0.007<0.01$）、校企合作（$p=0.007<0.01$）、教学知识（$p=0.020<0.05$）等三个维度均存在显著差异，结合描述性统计的平均值分析，可以看出男性教师在这三个维度上的平均值明显高于女性教师；而两者在教学组织与实施、安全教学、身份认同、教学评价与反馈等四个维度上的差异则不显著。

从图 5-1 可以更为直观地看出，不同性别高职院校工科专业教师在各维度上的表现情况，男性教师在各个维度的表现情况为：安全教学＞身份认同＞教学组织与实施＝教学知识＞教学设计与研究＞校企合作＞教学评价与反馈；女性教师在各个维度上的表现情况为：安全教学＞教学组织与实施＞身份认同＞教学知识＞教学设计与研究＞校企合作＞教学评价与反馈。总体而言，高职院校工科专业男性教师实践教学胜任力水平高于女性教师实践教学胜任力水平。

3. 不同年龄高职院校工科专业教师实践教学胜任力差异分析

本次调查回收的 570 份有效问卷中，年龄 20 ～ 30 岁教师 68 人，占比 11.9%；31 ～ 40 岁教师 299 人，占比 52.5%；41 ～ 50 岁教师 149 人，占比

26.1%；50 岁以上教师 54 人，占比 9.5%。不同年龄教师在教学组织与实施、教学设计与研究等 7 个维度的差异情况，如表 5-5、图 5-2 所示。

表 5-5　不同年龄教师在各维度的差异情况

维度	年龄	N	平均值	标准差	F	p	事后比较 Scheffe 法
教学组织与实施	20～30 岁	68	3.698	0.523	6.526**	0.000	A<B A<C
	31～40 岁	299	3.970	0.453			
	41～50 岁	149	3.901	0.440			
	50 岁以上	54	3.887	0.473			
教学设计与研究	20～30 岁	68	3.433	0.472	15.374**	0.000	A<B A<C A<D
	31～40 岁	299	3.900	0.514			
	41～50 岁	149	3.901	0.572			
	50 岁以上	54	3.749	0.635			
校企合作	20～30 岁	68	3.574	0.504	6.247**	0.001	A<B A<C
	31～40 岁	299	3.841	0.472			
	41～50 岁	149	3.784	0.427			
	50 岁以上	54	3.720	0.552			
教学知识	20～30 岁	68	3.668	0.508	6.983**	0.000	A<B A<C
	31～40 岁	299	3.933	0.449			
	41～50 岁	149	3.927	0.448			
	50 岁以上	54	3.821	0.453			
安全教学	20～30 岁	68	3.861	0.471	4.422**	0.004	A<B A<D
	31～40 岁	299	4.073	0.452			
	41～50 岁	149	4.033	0.439			
	50 岁以上	54	4.101	0.459			
身份认同	20～30 岁	68	3.866	0.549	1.06	0.366	n.s.
	31～40 岁	299	3.943	0.515			
	41～50 岁	149	3.896	0.563			
	50 岁以上	54	3.823	0.521			
教学评价与反馈	20～30 岁	68	3.672	0.463	0.072	0.975	n.s.
	31～40 岁	299	3.696	0.427			
	41～50 岁	149	3.694	0.432			
	50 岁以上	54	3.706	0.447			

注：1.A：20～30 岁；B：31～40 岁；C：41～50 岁；D：50 岁以上。

　　2.** 在 0.01 水平（双侧）上显著相关；* 在 0.05 水平（双侧）上显著相关。

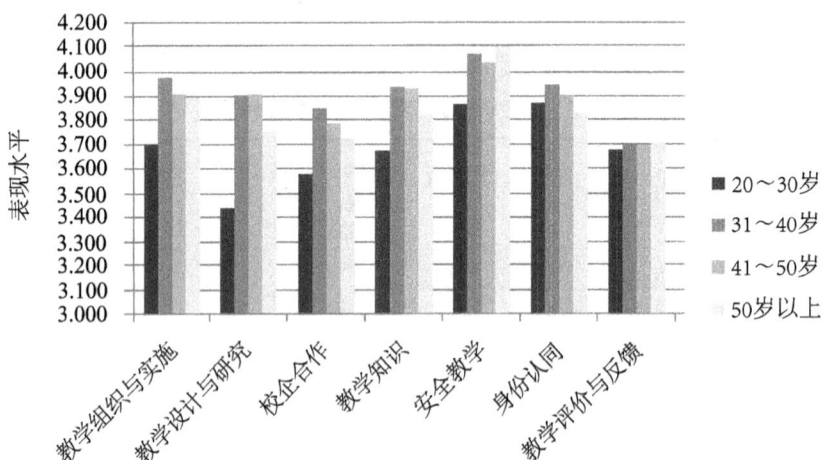

图 5-2　不同年龄高职院校工科专业教师实践教学胜任力在各维度上的表现水平

表 5-5 的统计分析表明，不同年龄段教师在教学组织与实施（$p=0.000<0.01$）、教学设计与研究（$p=0.000<0.01$）、校企合作（$p=0.001<0.01$）、教学知识（$p=0.001<0.01$）、安全教学（$p=0.006<0.01$）等五个维度存在极其显著性差异，在身份认同、教学评价与反馈等两个维度差异不明显。为了进一步了解究竟哪两个年龄段的教师在教学组织与实施、教学设计与研究、校企合作、教学知识、安全教学等五个维度之间的差异最大，我们进行了事后检验。事后比较 Scheffe 法结果显示，31～40 岁教师、41～50 岁教师在教学组织与实施、教学设计与研究、校企合作、教学知识等四个维度的胜任力均显著高于20～30 岁教师，31～40 岁教师在安全教学维度显著高于 20～30 岁教师；50岁以上教师在教学设计与研究、安全教学两个维度显著高于 20～30 岁教师。

通过描述性统计分析，并结合图 5-2，我们可以较为直观地看出：20～30岁教师在各个维度的表现情况为：身份认同 > 安全教学 > 教学组织与实施 > 教学评价与反馈 > 教学知识 > 校企合作 > 教学设计与研究；31～40 岁教师在各个维度的表现情况为：安全教学 > 教学组织与实施 > 身份认同 > 教学知识 > 教学设计与研究 > 校企合作 > 教学评价与反馈；41～50 岁教师在各个维度的表现情况为：安全教学 > 教学知识 > 教学设计与研究 = 教学组织与实施 > 身份认同 > 校企合作 > 教学评价与反馈；50 岁以上教师在各个维度的表现情况为：

安全教学＞教学组织与实施＞身份认同＞教学知识＞教学设计与研究＞校企合作＞教学评价与反馈。

从图5-2可以更直观地看出，在教学组织与实施维度，不同年龄教师的表现水平为：31～40岁＞41～50岁＞50岁以上＞20～30岁；在教学设计与研究维度，不同年龄教师的表现水平为：41～50岁＞31～40岁＞50岁以上＞20～30岁；在校企合作维度，不同年龄教师的表现水平为：31～40岁＞41～50岁＞50岁以上＞20～30岁；在教学知识维度，不同年龄教师的表现水平为：31～40岁＞41～50岁＞50岁以上＞20～30岁；在安全教学维度，不同年龄教师的表现水平为：50岁以上＞31～40岁＞41～50岁＞20～30岁；在身份认同维度，不同年龄教师的表现水平为：31～40岁＞41～50岁＞20～30岁＞50岁以上；在教学评价与反馈维度，不同年龄教师的表现水平为：50岁以上＞31～40岁＞41～50岁＞20～30岁。总体而言，31～40岁教师的实践教学胜任力最高，而20～30岁教师的实践教学胜任力较弱。

4. 不同教龄高职院校工科专业教师实践教学胜任力差异分析

本次调查回收的570份有效问卷中，教龄5年及以下教师117人，占比20.5%；6～10年教师152人，占比26.7%；11～15年教师161人，占比28.2%；16年及以上教师140人，占比24.6%。不同教龄教师在教学组织与实施、教学设计与研究等七个维度的差异情况，如表5-6、图5-3所示。

表5-6 不同教龄教师在各维度的差异情况

维度	教龄	N	平均值	标准差	F	p	事后比较 Scheffe 法
教学组织与实施	5年及以下	117	3.795	0.502	5.087**	0.002	A<C
	6～10年	152	3.877	0.480			
	11～15年	161	4.003	0.445			
	16年及以上	140	3.941	0.425			
教学设计与研究	5年及以下	117	3.551	0.538	15.248**	0.000	A<B A<C A<D
	6～10年	152	3.825	0.541			
	11～15年	161	3.974	0.492			
	16年及以上	140	3.903	0.580			

续表

维度	教龄	N	平均值	标准差	F	p	事后比较 Scheffe 法
校企合作	5 年及以下	117	3.672	0.488	3.188*	0.023	A<C
	6～10 年	152	3.791	0.469			
	11～15 年	161	3.850	0.474			
	16 年及以上	140	3.789	0.478			
教学知识	5 年及以下	117	3.770	0.481	3.918**	0.009	A<C
	6～10 年	152	3.898	0.454			
	11～15 年	161	3.959	0.453			
	16 年及以上	140	3.900	0.456			
安全教学	5 年及以下	117	3.935	0.470	4.461**	0.004	A<C A<D
	6～10 年	152	3.997	0.494			
	11～15 年	161	4.101	0.409			
	16 年及以上	140	4.102	0.434			
身份认同	5 年及以下	117	3.892	0.526	0.227	0.877	n.s.
	6～10 年	152	3.929	0.502			
	11～15 年	161	3.925	0.580			
	16 年及以上	140	3.888	0.517			
教学评价与反馈	5 年及以下	117	3.669	0.431	0.608	0.610	n.s.
	6～10 年	152	3.673	0.429			
	11～15 年	161	3.697	0.419			
	16 年及以上	140	3.732	0.457			

注：1.A：5 年及以下；B：6～10 年；C：11～15 年；D：16 年及以上。

2.** 在 0.01 水平（双侧）上显著相关；* 在 0.05 水平（双侧）上显著相关。

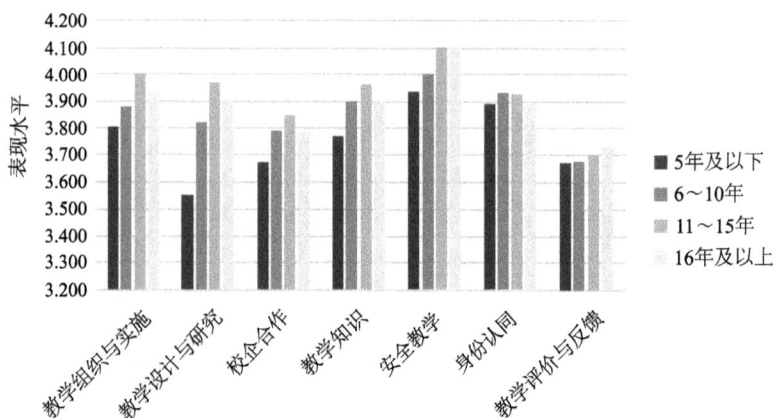

图 5-3 不同教龄高职院校工科专业教师实践教学胜任力在各维度上的表现水平

表 5-6 的统计分析表明，不同教龄教师在教学组织与实施（ $p=0.002<0.01$ ）、教学设计与研究（ $p=0.000<0.01$ ）、教学知识（ $p=0.009<0.01$ ）、安全教学（ $p=0.004<0.01$ ）等四个维度存在极其显著性差异，在校企合作（ $p=0.023<0.05$ ）维度存在显著差异，在身份认同、教学评价与反馈等两个维度差异不明显。为了进一步了解究竟哪两个教龄段的教师在教学组织与实施、教学设计与研究、校企合作、教学知识、安全教学等五个维度之间的差异最大，我们进行了事后检验。事后比较 Scheffe 法结果显示，11～15 年教龄教师在教学组织与实施、教学设计与研究、校企合作、教学知识、安全教学等五个维度的胜任力均显著高于 5 年及以下教龄教师；16 年及以上教龄教师在教学设计与研究、安全教学等两个维度的胜任力均显著高于 5 年及以下教龄教师；6～10 年教龄教师在教学设计与研究维度的胜任力显著高于 5 年及以下教龄教师。

通过描述性统计分析，并结合图 5-3，我们可以较为直观地看出 5 年及以下教龄教师在各个维度上的表现情况为：安全教学 > 身份认同 > 教学组织与实施 > 教学知识 > 校企合作 > 教学评价与反馈 > 教学设计与研究；6～10 年教龄教师在各个维度上的表现情况为：安全教学 > 身份认同 > 教学知识 > 教学组织与实施 > 教学设计与研究 > 校企合作 > 教学评价与反馈；11～15 年教龄教师在各个维度上的表现情况为：安全教学 > 教学组织与实施 > 教学设计与研究 > 教学知识 > 身份认同 > 校企合作 > 教学评价与反馈；16 年及以上教龄教师在各个维度上的表现情况为：安全教学 > 教学组织与实施 > 教学设计与研究 > 教学知识 > 身份认同 > 校企合作 > 教学评价与反馈。综上，各教龄段教师在安全教学、身份认同、教学组织与实施等三个维度上的平均值较高，而在校企合作、教学评价与反馈等两个维度上的平均值较低，表明校企合作、教学评价与反馈能力有待进一步提升。

从图 5-3 可以更直观地看出，在教学组织与实施维度，不同教龄教师的表现水平为：11～15 年 >16 年及以上 >6～10 年 >5 年及以下；在教学设计与研究维度，不同教龄教师表现水平为：11～15 年 >16 年及以上 >6～10 年 >5 年及以下；在校企合作维度，不同教龄教师表现水平为：11～15 年 >6～10 年 >16 年及以上 >5 年及以下；在教学知识维度，不同教龄教师表现水平为：11～15 年 >16 年及以上 >6～10 年 >5 年及以下；在安全教学维度，不同教龄教师表现水平为：16 年及以上 >11～15 年 >6～10 年 >5 年及以下；在身份认同维度，不同教龄教师表现水平为：6～10 年 >11～15 年 >5 年及以下 >16 年及以上；在教学评价与反馈维度，不同教龄教师表现水平为：16 年及以上 >11～15 年 >6～10 年 >5 年及以下。总体而言，11～15 年教龄教师的实践教学胜任力最高，而 5 年及以下教师的实践教学胜任力较弱。

5. 不同专业技术职务高职院校工科专业教师实践教学胜任力差异分析

本次调查回收的 570 份有效问卷中，助教 196 人，占比 34.4%；讲师 263 人，占比 46.1%；副教授 71 人，占比 12.5%；教授 40 人，占比 7%。不同专业技术职务教师在教学组织与实施、教学设计与研究等七个维度的差异情况，如表 5-7、图 5-4 所示。

表 5-7 不同专业技术职务教师在各维度的差异情况

维度	专业技术职务	N	平均值	标准差	F	p	事后比较 Scheffe 法
教学组织与实施	助教	196	3.768	0.497	9.985**	0.000	A<B A<C
	讲师	263	3.992	0.442			
	副教授	71	3.991	0.338			
	教授	40	3.946	0.518			
教学设计与研究	助教	196	3.609	0.536	17.105**	0.000	A<B A<C A<D
	讲师	263	3.942	0.539			
	副教授	71	3.957	0.489			
	教授	40	3.958	0.577			
校企合作	助教	196	3.598	0.443	16.245**	0.000	A<B A<C A<D
	讲师	263	3.868	0.465			
	副教授	71	3.923	0.495			
	教授	40	3.880	0.456			
教学知识	助教	196	3.730	0.470	12.827**	0.000	A<B A<C
	讲师	263	3.988	0.461			
	副教授	71	3.939	0.379			
	教授	40	3.931	0.381			
安全教学	助教	196	3.956	0.485	3.539*	0.015	A<B
	讲师	263	4.094	0.414			
	副教授	71	4.063	0.456			
	教授	40	4.050	0.524			

续表

维度	专业技术职务	N	平均值	标准差	F	p	事后比较 Scheffe 法
身份认同	助教	196	3.781	0.568	6.437**	0.000	A<B
	讲师	263	3.990	0.498			
	副教授	71	3.983	0.491			
	教授	40	3.892	0.539			
教学评价与反馈	助教	196	3.655	0.411	1.068	0.362	n.s.
	讲师	263	3.702	0.442			
	副教授	71	3.724	0.442			
	教授	40	3.769	0.470			

注：1.A：助教；B：讲师；C：副教授；D：教授。

2.** 在 0.01 水平（双侧）上显著相关；* 在 0.05 水平（双侧）上显著相关。

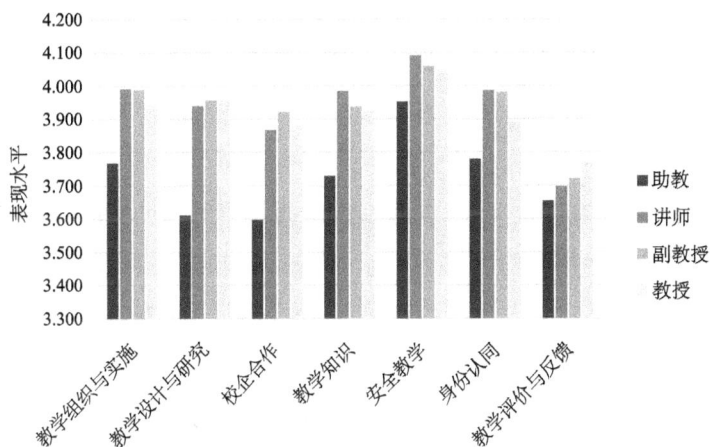

图 5-4　不同专业技术职务高职院校工科专业教师实践教学胜任力在各维度上的表现水平

表 5-7 统计分析表明，不同专业技术职务教师在教学组织与实施（$p=0.000<0.01$）、教学设计与研究（$p=0.000<0.01$）、校企合作（$p=0.000<0.01$）、教学知识（$p=0.000<0.01$）、身份认同（$p=0.000<0.01$）等五个维度存在极其显著性差异，在安全教学（$p=0.015<0.05$）维度存在显著性差异，在教学评价与反馈维度差异不明显。为了进一步了解究竟哪两种专业技术职务的教师在教学组织与实施、教学设计与研究、校企合作、教学知识、安全教学、身份认同等六个维度之间的差异最大，我们进行了事后检验。事后比较 Scheffe 法结果显

示，讲师在教学组织与实施、教学设计与研究、校企合作、教学知识、安全教学、身份认同等六个维度的胜任力均显著高于助教；副教授在教学组织与实施、教学设计与研究、校企合作等三个维度的胜任力均显著高于助教；教授在教学设计与研究、校企合作等两个维度的胜任力均显著高于助教。

通过描述性统计分析，并结合图5-4，我们可以较为直观地看出：助教在各个维度的表现情况为：安全教学＞身份认同＞教学组织与实施＞教学知识＞教学评价与反馈＞教学设计与研究＞校企合作；讲师在各个维度的表现情况为：安全教学＞教学组织与实施＞身份认同＞教学知识＞教学设计与研究＞校企合作＞教学评价与反馈；副教授在各个维度的表现情况为：安全教学＞教学组织与实施＞身份认同＞教学设计与研究＞教学知识＞校企合作＞教学评价与反馈；教授在各个维度的表现情况为：安全教学＞教学设计与研究＞教学组织与实施＞教学知识＞身份认同＞校企合作＞教学评价与反馈。

从图5-4可以更直观地看出，在教学组织与实施维度，不同专业技术职务教师的表现水平为：讲师＞副教授＞教授＞助教；在教学设计与研究维度，不同专业技术职务教师的表现水平为：教授＞副教授＞讲师＞助教；在校企合作维度，不同专业技术职务教师的表现水平为：副教授＞教授＞讲师＞助教；在教学知识维度，不同专业技术职务教师的表现水平为：讲师＞副教授＞教授＞助教；在安全教学维度，不同专业技术职务教师的表现水平为：讲师＞副教授＞教授＞助教；在身份认同维度，不同专业技术职务教师的表现水平为：讲师＞副教授＞教授＞助教；在教学评价与反馈维度，不同专业技术职务教师的表现水平为：教授＞副教授＞讲师＞助教。可见，讲师和副教授的实践教学胜任力较高，而助教的实践教学胜任力较弱。

6. 不同学历高职院校工科专业教师实践教学胜任力差异分析

本次调查回收的570份有效问卷中，专科学历教师8人，占比1.4%；本科学历教师151人，占比26.5%；硕士学历教师322人，占比56.5%；博士学历教师89人，占比15.6%。不同学历教师在教学组织与实施、教学设计与研究等七个维度的差异情况，如表5-8、图5-5所示。

表 5-8　不同学历教师在各维度的差异情况

维度	学历	N	平均值	标准差	F	p	事后比较 Scheffe 法
教学组织与实施	专科	8	4.096	0.370	0.448	0.718	n.s.
	本科	151	3.906	0.452			
	硕士	322	3.913	0.483			
	博士	89	3.898	0.444			
教学设计与研究	专科	8	3.636	0.649	5.666**	0.001	B<C B<D
	本科	151	3.701	0.658			
	硕士	322	3.853	0.522			
	博士	89	3.986	0.428			
校企合作	专科	8	3.550	0.338	7.147**	0.000	B<D C<D
	本科	151	3.695	0.460			
	硕士	322	3.777	0.493			
	博士	89	3.971	0.420			
教学知识	专科	8	3.900	0.267	1.617	0.184	n.s.
	本科	151	3.821	0.430			
	硕士	322	3.921	0.489			
	博士	89	3.892	0.430			
安全教学	专科	8	4.150	0.563	1.156	0.326	n.s.
	本科	151	4.036	0.465			
	硕士	322	4.059	0.458			
	博士	89	3.965	0.419			
身份认同	专科	8	3.942	0.628	0.219	0.883	n.s.
	本科	151	3.897	0.475			
	硕士	322	3.924	0.550			
	博士	89	3.879	0.559			
教学评价与反馈	专科	8	3.775	0.267	1.185	0.315	n.s.
	本科	151	3.739	0.446			
	硕士	322	3.665	0.438			
	博士	89	3.742	0.405			

注：1.A：专科学历；B：本科学历；C：硕士学历；D：博士学历。

　　2.** 在 0.01 水平（双侧）上显著相关。

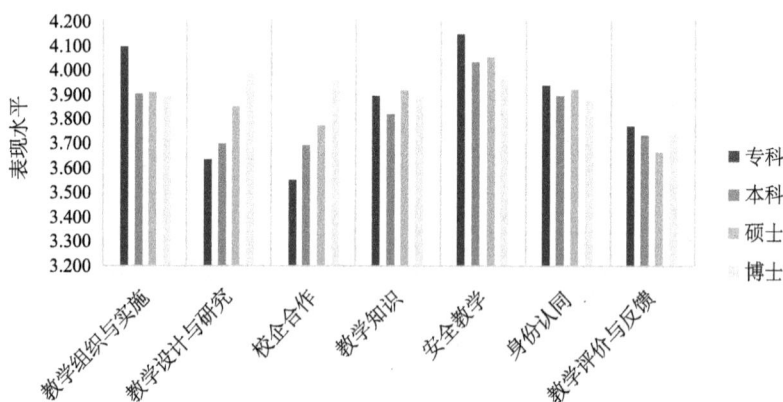

图 5-5 不同学历高职院校工科专业教师实践教学胜任力在各维度上的表现水平

表 5-8 的统计分析表明，不同学历教师在教学设计与研究（$p=0.001<0.01$）、校企合作（$p=0.000<0.01$）等两个维度存在极其显著性差异，在教学组织与实施、教学知识、安全教学、身份认同、教学评价与反馈等五个维度差异不明显。为了进一步了解究竟哪两种学历的教师在教学设计与研究、校企合作等两个维度之间的差异最大，我们进行了事后检验。事后比较 Scheffe 法结果显示，硕士学历教师在教学设计与研究维度的胜任力显著高于本科学历教师；博士学历教师在教学设计与研究、校企合作等两个维度的胜任力显著高于本科学历教师；博士学历教师在校企合作维度的胜任力显著高于硕士学历教师。

通过描述性统计分析，并结合图 5-5，我们可以较为直观地看出：专科学历教师在各个维度的表现情况为：安全教学＞教学组织与实施＞身份认同＞教学知识＞教学评价与反馈＞教学设计与研究＞校企合作；本科学历教师在各个维度的表现情况为：安全教学＞教学组织与实施＞身份认同＞教学知识＞教学评价与反馈＞教学设计与研究＞校企合作；硕士学历教师在各个维度的表现情况为：安全教学＞身份认同＞教学知识＞教学组织与实施＞教学设计与研究＞校企合作＞教学评价与反馈；博士学历教师在各个维度的表现情况为：教学设计与研究＞校企合作＞安全教学＞教学组织与实施＞教学知识＞身份认同＞教学评价与反馈。

从图 5-5 可以更直观地看出，在教学组织与实施维度，不同学历教师的表现水平为：专科 > 硕士 > 本科 > 博士；在教学设计与研究维度，不同学历教师的表现水平为：博士 > 硕士 > 本科 > 专科；在校企合作维度，不同学历教师的表现水平为：博士 > 硕士 > 本科 > 专科；在教学知识维度，不同学历教师的表现水平为：硕士 > 专科 > 博士 > 本科；在安全教学维度，不同学历教师的表现水平为：专科 > 硕士 > 本科 > 博士；在身份认同维度，不同学历教师的表现水平为：专科 > 硕士 > 本科 > 博士；在教学评价与反馈维度，不同学历教师的表现水平为：专科 > 博士 > 本科 > 硕士。总体而言，各学历教师在各个维度上表现出来的胜任力各有千秋，博士学历教师在教学设计与研究、校企合作等维度的胜任力表现较好，而专科学历教师在教学组织与实施、安全教学、身份认同和教学评价与反馈等维度的胜任力表现较好。

7. 不同教师类型高职院校工科专业教师实践教学胜任力差异分析

本次调查回收的 570 份有效问卷中，专任教师 486 人，占比 85.3%；兼职教师 84 人，占比 14.7%。不同教师类型教师在教学组织与实施、教学设计与研究等七个维度的差异情况，如表 5-9、图 5-6 所示。

表 5-9　不同教师类型教师在各维度的差异情况

维度	教师类型	N	平均值	标准差	t	p
教学组织与实施	专任	486	3.921	0.465	1.236	0.217
	兼职	84	3.853	0.479		
教学设计与研究	专任	486	3.834	0.558	0.428	0.669
	兼职	84	3.806	0.556		
校企合作	专任	486	3.790	0.485	0.873	0.383
	兼职	84	3.741	0.447		
教学知识	专任	486	3.891	0.463	0.157	0.875
	兼职	84	3.882	0.467		
安全教学	专任	486	4.049	0.456	1.136	0.256
	兼职	84	3.987	0.456		
身份认同	专任	486	3.992	0.475	9.510**	0.000
	兼职	84	3.436	0.598		
教学评价与反馈	专任	486	3.677	0.432	−2.148*	0.032
	兼职	84	3.787	0.435		

注：** 在 0.01 水平（双侧）上显著相关；* 在 0.05 水平（双侧）上显著相关。

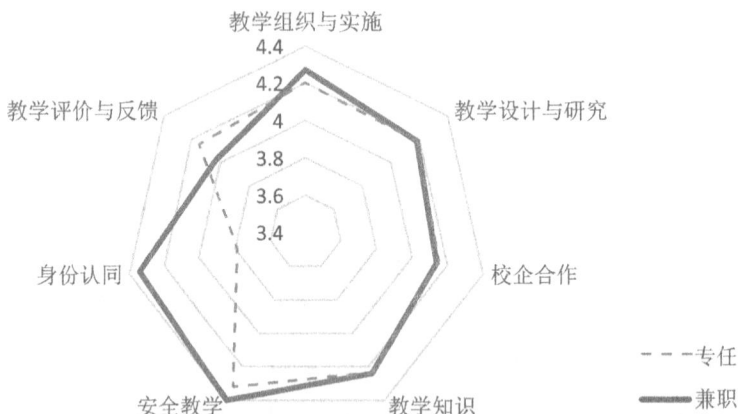

图 5-6　不同教师类型高职院校工科专业教师实践教学胜任力在各维度上的表现水平

通过描述性统计分析，并结合图 5-6，我们可以较为直观地看出专任教师在教学组织与实施、教学设计与研究、校企合作、教学知识、安全教学、身份认同等六个维度上的得分均高于兼职教师，只有在教学评价与反馈上的得分较低。进一步的差异显著性检验显示，两者在身份认同、教学评价与反馈等两个维度上存在显著性差异，而在教学组织与实施、教学设计与研究、校企合作、教学知识、安全教学等五个维度不存在差异。

从图 5-6 可以更为直观地看出不同教师类型高职院校工科专业教师胜任力水平在各维度上的表现情况，专任教师在各个维度的表现情况为：安全教学＞身份认同＞教学组织与实施＞教学知识＞教学设计与研究＞校企合作＞教学评价与反馈；兼职教师在各个维度的表现情况为：安全教学＞教学知识＞教学组织与实施＞教学设计与研究＞教学评价与反馈＞校企合作＞身份认同。总体而言，专任教师实践教学胜任力高于兼职教师，兼职教师的身份认同明显不够。

8. 不同企业工作经历高职院校工科专业教师实践教学胜任力差异分析

本次调查回收的 570 份有效问卷中，有企业工作经历的教师 306 人，占比 53.7%，无企业工作经历的教师 264 人，占比 46.3%。不同企业工作经历教师在教学组织与实施、教学设计与研究等七个维度的差异情况，如表 5-10、图 5-7 所示。

表 5-10　不同企业工作经历教师在各维度的差异情况

维度	企业工作经历	N	平均值	标准差	t	p
教学组织与实施	有	306	3.950	0.483	2.114*	0.035
	无	264	3.867	0.444		
教学设计与研究	有	306	3.903	0.547	3.415**	0.001
	无	264	3.745	0.558		
校企合作	有	306	3.828	0.447	2.432*	0.015
	无	264	3.730	0.510		
教学知识	有	306	3.929	0.489	2.245*	0.025
	无	264	3.843	0.428		
安全教学	有	306	4.053	0.473	0.770	0.442
	无	264	4.024	0.435		
身份认同	有	306	3.927	0.533	0.794	0.428
	无	264	3.891	0.533		
教学评价与反馈	有	306	3.950	0.483	2.114*	0.035
	无	264	3.867	0.444		

注：** 在 0.01 水平（双侧）上显著相关；* 在 0.05 水平（双侧）上显著相关。

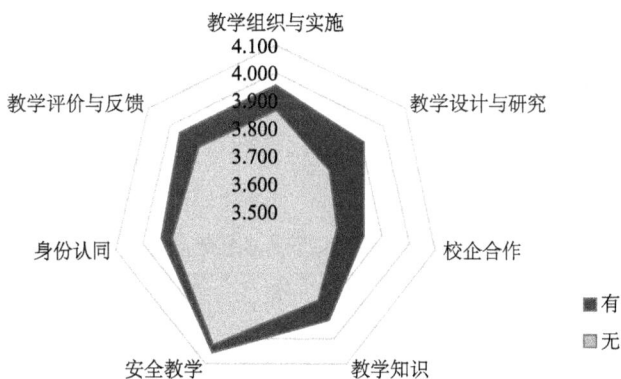

图 5-7　不同企业工作经历高职院校工科专业教师实践教学胜任力在各维度上的表现水平

通过描述性统计分析，并结合图 5-7，我们可以较为直观地看出有企业工作经历教师在教学组织与实施、教学设计与研究、校企合作、教学知识、安全教学、身份认同、教学评价与反馈等七个维度上的得分均高于无企业工作经历教师。进一步差异显著性检验显示，有企业工作经历教师在教学组织与实施、教学设计与研究、校企合作、教学知识、教学评价与反馈等五个维度均显著高于无企业工作经历教师，而在安全教学、身份认同等两个维度两者不存在差异。

从图5-7可以更为直观地看出不同企业工作经历高职院校教师胜任力水平在各维度上的表现情况，有企业工作经历教师在各个维度的表现情况为：安全教学＞教学组织与实施＝教学评价与反馈＞教学知识＞身份认同＞教学设计与研究＞校企合作；无企业工作经历教师在各个维度的表现情况为：安全教学＞身份认同＞教学组织与实施＝教学评价与反馈＞教学知识＞教学设计与研究＞校企合作。总体而言，有企业工作经历教师的实践教学胜任力高于无企业工作经历教师的实践教学胜任力。

9. 不同绩效高职院校工科专业教师实践教学胜任力差异分析

把对"所获最高荣誉（如教学名师、技能大师、所指导的学生在技能竞赛中的名次等）"这一问题的回答作为效标取样的依据，最高荣誉分为"省级及以上""市级""校级""无"等四个选项。与访谈调查时的标准一样，把所获最高荣誉为"省级及以上"的高职院校工科专业教师归为绩优组，把所获最高荣誉为"市级""校级"高职院校工科专业教师和未获得任何荣誉的归为普通组。

本次调查回收的570份有效问卷中，绩优组教师199名，占比34.9%，普通组教师371名，占比65.1%。绩优组教师和普通组教师在教学组织与实施、教学设计与研究等七个维度的差异情况，如表5-11、图5-8所示。

表5-11　绩优组和普通组教师在各维度的差异情况

维度	组别	N	平均值	标准差	t	p
教学组织与实施	绩优组	199	4.130	0.449	4.504**	0.000
	普通组	371	3.794	0.465		
教学设计与研究	绩优组	199	4.127	0.502	6.409**	0.000
	普通组	371	3.669	0.557		
校企合作	绩优组	199	4.003	0.441	4.474**	0.000
	普通组	371	3.597	0.487		
教学知识	绩优组	199	4.054	0.453	2.446*	0.015
	普通组	371	3.761	0.466		
安全教学	绩优组	199	4.192	0.437	2.029*	0.043
	普通组	371	3.992	0.464		

续表

维度	组别	N	平均值	标准差	t	p
身份认同	绩优组	199	4.082	0.513	2.353*	0.019
	普通组	371	3.792	0.540		
教学评价与反馈	绩优组	199	3.854	0.443	2.435*	0.015
	普通组	371	3.459	0.425		

注：** 在 0.01 水平（双侧）上显著相关；* 在 0.05 水平（双侧）上显著相关。

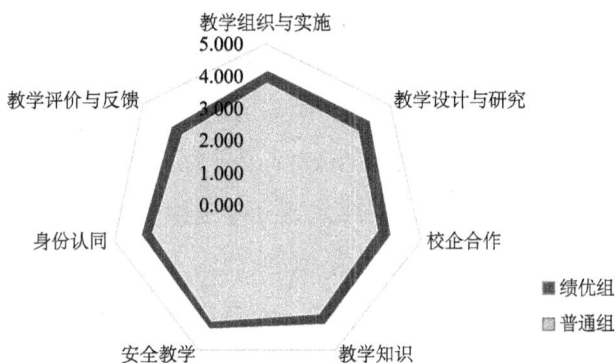

图 5-8　不同绩效高职院校工科专业教师实践教学胜任力在各维度上的表现水平

通过描述性统计分析，并结合图 5-8，我们可以较为直观地看出绩优组教师在教学组织与实施、教学设计与研究、校企合作、教学知识、安全教学、身份认同、教学评价与反馈等 7 个维度上的得分均高于普通组教师。进一步的差异显著性检验显示，绩优组教师与普通组教师在各维度上均具有显著性差异，且在教学组织与实施（$p=0.000<0.01$）、教学设计与研究（$p=0.000<0.01$）、校企合作（$p=0.000<0.01$）等维度上具有极其显著差异。结合描述性统计的结果，可以看到，绩优组教师实践教学胜任力明显好于普通组教师实践教学胜任力。这一结果再次验证了本研究构建的高职院校工科专业教师实践教学胜任力结构模型以及编制的高职院校工科专业教师实践教学胜任力调查问卷（正式卷）的有效性。

从图 5-8 可以更为直观地看出不同绩效高职院校工科专业教师实践教学胜任力水平在各维度上的表现情况，绩优组教师在各个维度上的表现情况为：安全教学＞教学组织与实施＞教学设计与研究＞身份认同＞教学知识＞校企合作

> 教学评价与反馈；普通组教师在各个维度上的表现情况为：安全教学 > 教学组织与实施 > 身份认同 > 教学知识 > 教学设计与研究 > 校企合作 > 教学评价与反馈。

（三）高职院校工科专业教师实践教学胜任力存在的问题

结合实证调查结果及大量的座谈和访谈资料，发现高职院校工科专业教师实践教学胜任力主要存在以下问题。

1. 高职院校工科专业教师学历层次高但实践教学胜任力较弱

调查可见，高职院校工科专业教师学历层次高，本科学历占比 26.5%，硕士学历占比 56.5%，博士学历占比 15.6%，硕士以上学历教师数还在逐年增加。这与目前高职院校教师招聘以应届优秀硕士毕业生为主要对象直接相关，甚至高职院校中一些专业的教师招聘以博士研究生为入门条件。可以说，高职院校教师与其他行业的从业人员相比，整体文化层次和学历水平都是比较高的。但是，对照高职教育对工科专业教师"双师"素质的任职要求，当前高职院校工科专业教师的专业发展现状与客观要求存在差距。如调查问卷结果显示，高职院校工科专业教师实践教学胜任力整体水平平均值为 3.865，达不到"基本符合"要求；且从不同绩效教师差异分析中可见，普通组教师的实践教学胜任力各维度平均值在 3.459 ~ 3.992，都不到"基本符合"要求。这说明高职院校工科专业教师实践教学胜任力有待进一步提升，也印证了访谈中高职院校工科专业教师普遍表示自身实践教学胜任力较弱的事实。

2. 高职院校工科专业教师实践教学评价与反馈能力不足

调查可见，高职院校工科专业教师实践教学胜任力的"教学评价与反馈"维度平均值为 3.693，是所有维度中得分最低的，表明教师的教学评价与反馈能力最为不足。此结论与吴秋凤和宋晓昱（2019）的研究结论一致，他们认为高职院校工科专业教师在教学评价时存在评价内容重教轻学、忽视教师的评价自主性、评价指标单一、评价结果应用不到位等问题。访谈中，部分教师也表达出对现状的担忧，如 G 职业技术学院机械设计与制造专业的 H 老师所言："我对新工科很感兴趣，教学评价方式改革是新工科改革的重要内容，我很想创新教学评价方式，比如根据学生的实训作品评分或者采取现场实操方式，但是程序实在是太复杂了，当前学校的政策也不允许，没办法。"H 教师对当前学校的实践教学评价与反馈方式表达了不满和无奈，这也从侧面说明了为什么高职院校工科专业教师实践教学胜任力在"教学评价与反馈"维度平均值偏低。同时，由于考核评价方式的单一化和"一师多生"的实际教学困境，教师很难利用多样化途径及时反馈学生实践教学学习结果。

3. 高职院校工科专业教师校企合作能力不强

调查可见，高职院校工科专业教师实践教学胜任力在"校企合作"维度平均值为 3.783，在各维度中得分倒数第二，表明教师校企合作能力不强。产教融合、校企合作是职业教育作为类型教育的关键。高职院校工科专业教师需要拥有走进企业、走进产业、走进行业，进行产业技术技能革新、技术技能人员培养、工艺流程改进等方面的工程实践能力，只有拥有较强的产教融合、校企合作能力，高职院校工科专业教师才能更好地胜任实践教学和实现自身专业发展。教师校企合作能力不强，主要有两方面原因，一方面，高职院校规模快速扩张，但专任教师数量不足，生师比长期过高，因此难以有效保障教师企业实践，一定程度上阻碍了教师的专业发展；另一方面，校企产教融合不够，企业参与校企合作的积极性不足，正如 Z 职业技术学院 Y 老师坦言："企业并不欢迎教师进行企业实践，觉得没有带来好处，反而给生产工作添麻烦。教师企业实践往往被边缘化。"这导致教师企业实践只是形式参与而非实质参与（冯旭芳，2018），严重影响了教师校企合作能力的发展。

4. 高职院校工科专业青年教师实践教学胜任力较差

调查可见，教龄 5 年及以下、年龄在 20 ~ 30 岁、专业技术职务为助教的青年教师实践教学胜任力水平最低。一方面，这部分青年教师处于教师职业起始阶段，处于实践教学"探索期"和"生存期"，此外，绝大多数是直接从"学校"到"学校"，缺乏必要的企业工程实践经验和较强的动手操作能力，缺乏与企业的合作交流，在教学上无法更加深入结合行业企业实际情况开展教学。另一方面，这部分青年教师处于岗位"适应期"，缺乏丰富的教学经验，仍在如何上好一堂课、如何教授相关知识和技能等问题徘徊，他们最迫切的要求是胜任岗位教学工作，在实践教学中因为没有成手教师那样丰富的实践教学和管理经验、对教学知识和内容也不够熟悉、对学生亦不够了解，从而显得教学过程

"循规蹈矩"，给学生的印象是刻板和缺少变通。调研中访谈的 G 职业技术学院教龄 2 年的模具设计与制造专业的 L 老师就坦言："我现在的教学主要是模仿和借鉴师傅的教学模式。在这个阶段，我首先需要学懂弄通我们这个专业的学生必知的专业知识，至于创新实践教学方式方法，应该是下一阶段的目标吧。"

5. 高职院校工科专业兼职教师实践教学胜任力不足

调查可见，高职院校工科专业专任教师实践教学胜任力水平明显高于兼职教师实践教学胜任力水平。此结论与贾文胜和梁宁森（2015）的调查结果一致，有 21% 的兼职教师认为自己不能完全胜任教师岗位。周慧娜（2015），金薇（2016），王诺斯、彭绪梅和徐晗（2019）的实证调查研究结果从不同侧面印证了"兼职教师教学效果欠佳"的现状。需要特别引起注意的是，兼职教师在"身份认同"维度的平均值为 3.436，说明兼职教师作为高职院校教师的自我身份认同感低。大量的访谈也证实，兼职教师普遍存在自我身份认同感低的问题。正如 G 职业技术学院兼职教师 Z 坦言："我感觉自己游离于学校之外，我的任务就是每星期来学校给学生上一个晚上的实训课。"另外，J 职业技术学院兼职教师 L 坦言："到高职院校做老师，一方面是因为自己喜欢教学，另一方面是为了增加收入。不过遇到工作冲突，肯定是把本职工作放第一的。""兼职"意味着他们主要履行其全职工作单位的岗位职责（王振洪，2010），教师身份只是"兼任"（张伟萍，2014）。因此，当全职工作和兼职工作发生矛盾时，他们会更多关注本职工作，而舍弃兼职工作。兼职教师身份的多重性、校内身份的边缘化导致他们的身份认同感较低，进取心和主动性差，进而影响到工作绩效。

再者，兼职教师资源开发渠道不畅。产教融合、校企合作是兼职教师的重要来源渠道，而当前产教融合深度不足，企业认为员工外出兼职影响生产管理。因此，企业能工巧匠和高水平管理人才来高职院校任教面临种种障碍。此外，相较于高职院校专任教师学历结构，兼职教师的学历相对偏低（王诺斯、彭绪梅、徐晗，2019），且多数没有从事教育教学的经验，缺乏必要的教育教学理论知识和心理学知识，加上高职院校疏于管理兼职教师，未在兼职教师上岗前给予系统的教学理论和执教能力培训，这种"先天不足，后天不补"的尴尬境地，导致兼职教师实践教学方式单一、实践教学能力不强、实践教学效果欠佳。

6. 高职院校工科专业教师实践教学胜任力水平参差不齐

调查可见，高职院校工科专业教师实践教学胜任力水平差异显著，主要体现在性别、年龄、教龄、专业技术职务、学历、企业工作经历等方面。在性别上，高职院校工科专业男性教师实践教学胜任力水平高于女性教师实践教学胜任力水平；在年龄上，31～40岁教师的实践教学胜任力水平最高，41～50岁教师的实践教学胜任力水平次之，而20～30岁教师的实践教学胜任力水平较低；在教龄上，11～15年教龄教师的实践教学胜任力水平最高，而5年及以下教龄教师的实践教学胜任力水平较低；在专业技术职务上，副教授的实践教学胜任力水平较高，而助教的实践教学胜任力水平较低；在学历上，博士学历教师在教学设计与研究、校企合作等维度的胜任力表现较好，而专科学历教师在教学组织与实施、安全教学、身份认同和教学评价与反馈等维度的胜任力表现较好；在企业工作经历上，有企业工作经历教师的实践教学胜任力水平高于无企业工作经历教师。

二、高职院校工科专业教师实践教学胜任力存在问题的原因分析

（一）政府部门：尚未制定高职院校工科专业教师实践教学胜任力标准

高职院校工科专业教师实践教学胜任力标准主要有两个用途：一是建立科学评估体系评价教师实践教学表现；二是为教师实践教学胜任力发展提供依据。当前高职院校工科专业教师实践教学胜任力标准尚为空缺，长期处于自发状态。从现状看，当前高职院校工科专业教师主要来源于两个途径：一是工科专业大学毕业生，由于他们很多是按照传统工程师模式进行培养的，任职前没有接受过规范的高职教师职前教育，也没有接受过规范的师范教育，在专业素养和职业素养上与高职院校对工科专业教师的要求存在较大差距；二是企业的高级管理人员、技术骨干、能工巧匠等，他们虽然具有较丰富的职业经验和较强的实践能力，但缺乏教育尤其是职业教育方面的专业知识和技能，且因为身份多重化、边缘化，自我身份认同感低，专业发展意识弱，后期培训机会少，导致实践教学胜任力欠佳。鉴于高职院校工科专业教师来源渠道的多元化和结

构的复杂性，为有效保障高职院校实践教学质量，需要建立高职院校工科专业教师实践教学胜任力标准。当前高职院校工科专业教师实践教学胜任力标准缺失，一方面，导致进入高职院校承担实践教学任务的工科专业教师整体素质参差不齐，由"校门"到"校门"的高校毕业生普遍缺少职业知识和实践能力，而由"企业"到"教室"的兼职教师普遍缺失教育教学知识和技能，甚至部分不具备相应条件的人员也加入了高职院校工科专业教师队伍，担任实践教学指导教师。另一方面，也导致高职院校在引进企业技术骨干、能工巧匠、高级管理人才等优秀师资担任实践教学教师的过程中遇到人事制度等方面的障碍。

"双师型"教师是高职院校工科专业教师专业发展的导向。《深化新时代职业教育"双师型"教师队伍建设改革实施方案》指出，要推进以双师素质为导向的新教师准入制度改革。目前，高职院校"双师型"教师的认证主要依据《高职高专院校人才培养工作水平评估方案（试行）》，"具有讲师（或以上）教师职称"，"近五年主持（或主要参与）两项应用技术研究"等，即可视为"双师型"教师。这个标准所体现的是"双师型"教师外在的"双证"资格，但无法体现"双师型"教师的素质内涵，也无法彰显高职院校师资的职业特征和专业特色，导致高职院校在"双师型"师资队伍建设的实际操作中存在诸多误区。如视"双证"为"双师"，即把具有"教师资格证书"和"行业职业技能证书"的教师视作"双师型"教师；视"双职称"为"双师"，即将拥有教师系列职称（讲师或以上）和专业工程师系列职称的教师视作"双师型"教师。视"双证"为"双师"、视"双职称"为"双师"的做法，只是从形式和外延方面凸显了高职院校注重教师的实践教学能力，却无法真正体现"双师型"教师所必需的内在的"双能"素质（冯旭芳、张桂春，2017）。而且，现有的"双师型"教师证标准太过宏观，可操作性不强，也缺少对鉴定层级的划分，对教师的评价考核激励不足。因此，需要进一步明确认证标准的具体内容和实施路径。

（二）高职院校：不够重视工科专业教师实践教学胜任力发展

高职院校的管理制度及其运行机制是工科专业教师成长的原动力和有效保障。当前高职院校在管理上不够重视工科专业教师实践教学胜任力发展，主要表现在以下几个方面：一是工科专业教师招聘重"学历职称"轻"实践能力"。尽管高职院校对工科专业教师"双师素质"建设的重要性存在普遍共识，但是在工科专业教师招聘过程中，仍过分重视应聘人员的学历和职称，大量招聘无任何企业工作经验的优秀应届毕业生，而因人事招聘制度障碍，拥有较强工程实践能力和丰富企业经验的高素质技术技能人才、企业能工巧匠却无法被正式聘用为高职院校的实践教学教师。二是工科专业教师企业实践重"形式"轻"实质"。虽然高职院校均要求工科专业教师进行企业实践，且将教师企业实践的累计时长作为职称评审的重要条件之一，但却缺乏有效的支持、管理和考核。一方面，推行教师企业实践制度需要高职院校拥有足够数量的专业课教师，既确保教师能按时参加企业实践，又要确保学校正常的教学秩序。而当前由于高职教育快速发展，办学规模快速扩张，且教师招聘又受限于现行的人事编制管理政策，教师尤其是专业课教师数量不足，生师比过高，教师教学任务重，难以安排专业课教师进行全脱产企业实践。另一方面，工科专业教师企业实践需要有对口的企业、岗位和指导人员。而当前校企合作方面，"学校一头热，企业一头冷"，合作紧密度不够，企业积极性不足，"大部分企业和雇主既没有把教师当作学徒培训，更不可能把教师当作员工看待"（涂三广、石伟平，2016），工科专业教师企业实践只是形式参与而非实质参与，教师面临身份认同困境，导致部分教师中途退出。三是教师职称评审重"论文"轻"教学"。现有的主要关注"论文""项目"和"荣誉"的职称评审导向，使得高职院校工科专业教师将大部分精力投入到学历提升、项目申请、论文撰写和荣誉获取等方面，鲜有时间和精力参加企业实践，也较少关注自身教育教学能力的提升，特别是实践教学能力提升。

（三）教师个体：缺乏专业自主发展意识与发展能力

1. 教师实践教学胜任力发展的自觉自主性不够

自主性是教师发展的内在动因，也是教师发展的内在动力。从调查分析可以看出，高职院校工科专业教师专业发展中的"中年危机"突出，对于年龄在41～50岁、教龄在16年及以上的教师，其实践教学胜任力水平有所下降，容易出现"中年危机"现象。从高职院校师资发展的现实情况来看，1999年高职教育扩招，快速发展，但主要是在传统的中专学校和技工学校的基础上升格发展而来，师资以本专科学历教师为主。经过 20 多年发展，这部分本专科学历教师正处于 41 ～ 50 岁年龄段，虽然长期的教学实践使他们拥有了丰富的教学经历，积累了一定的教学经验，但因从未接受过系统的学术训练，他们在科学研究、校企合作和以科研为导向的职称评审中面临诸多的发展困境。另外，由于长期从事同一工作，对工作缺少必要的新鲜感，加上在职称、职务晋升上遇到瓶颈，许多教师会在这一阶段停滞下来，很难前进。正如 J 职业技术学院机械设计与制造专业具有 21 年教龄的教师 J 所说："我这个年纪还追求啥呢，安安心心把书教好，安安心心把家照顾好，安安心心把身体锻炼好。"由此可见，此阶段教师专业发展的自觉自主性不够，内在动力不足。

2. 教师实践教学胜任力发展的能力不足

产教融合、校企合作是高职院校工科专业教师实践教学胜任力提升的重要途径之一，教师主要通过技术咨询、联合研发、委托项目等形式参与校企合作，这不仅有利于教师应用性科学能力提升，对教师学科知识的创新创造、行业职业知识的更新迭代、新科技新技术的掌握推进等都有重要意义。工科专业教师只有走出校门、走出课堂，走进行业、走进企业，拥有较强产教融合和工程实践能力，才能将校企合作中的成果转化为课堂教学知识、内容，使实践教学课堂更贴近行业一线实际、更接近科学技术前沿，增强实践教学课堂吸引力，从而更好地激发学生学习的乐趣，促使他们更好地学习新知识、新技能。但当前高职院校工科专业教师存在校企合作能力弱、应用性科研能力不强、专业发展能力不足等问题。究其原因，一是高职院校规模快速扩张，师生比长期过高，工科专业教师教学任务繁重，长期处于高负荷状态，鲜有时间和精力进行企业实践，更没有精力投入高强度、高难度的应用性科学研究和开展校企横向课题，这在一定程度上影响了高职院校工科专业教师校企合作能力提升和自身的专业发展。二是虽然近年来高职院校招收了大量硕士以上学历的教师，但高职院校教师的主体还是在"传统的中专学校和技工学校的基础上升格发展而来"（别敦荣，2018）、以本专科学历为主的中老年教师，他们没有经过系统的学术科研训练，更倾向于踏踏实实的课堂教学，基于产教融合的实践教学能力明显不足。三是对于教师企业实践，教师与企业之间往往缺少稳固的合作关系，一方面因为教师是从"校门"到"校门"，缺少一定的企业资源支撑；另一方面，由于职业院校教师应用性科学能力的薄弱，企业不愿也不放心将项目研发交由高职院校教师推进，由此出现恶性循环。

3.教师实践教学胜任力发展的伙伴协作氛围不浓

当前，高职院校工科专业教师实践教学胜任力的发展合力尚未形成，普遍缺乏伙伴协作、共同成长的浓厚氛围和环境，容易陷入自我或自私的"陷阱"。许多高职院校工科专业教师错误地认为实践教学胜任力发展就是教师个人的责任，很少参与集体的交流、讨论、分享和切磋，很少请优秀教师帮助自身提高教学能力，很少采取产教融合方式提升自身实践教学胜任力。这种孤军奋战、独立发展式的专业发展之路，容易使教师沉溺于自我的世界中，难以共同解决专业成长中遇到的困惑、症结与问题（文剑辉，2017）。这种单兵作战、闭门造车式的实践教学胜任力发展，容易使教师对自身能力产生错误认识，形成对外界职业发展的错误判断，制约自身教学能力发展。

（四）企业：参与职业教育的积极性不够

作为教师企业实践的重要主体，企业的参与与支持是实践取得成效的关键要素。企业参与校企合作的积极性不高，是我国职业教育发展面临的重要问题。多项实证调查研究（冯旭芳，2018；闫志利、李欣旖、邰牧寒，2018；苟维杰、杨大伟，2019；谭宏、李守林，2017）显示，企业不仅没有发挥在教师实践方面的主体作用，而且在支持教师实践、安排合适的指导人员、解决实践必需的办公生活条件、参与实践管理和考核方面表现均不理想。在国家政策如此注重企业参与职业教育教师实践的情况下，企业缘何如此"冷漠"？究其原因，主要有以下几点：一是缺乏合理的利益补偿机制。企业是一种经济组织，以营利为目的，追求最大化经济效益。一方面，教师企业实践会干扰企业的正常生产秩序，降低生产效率；另一方面，要考虑教师企业实践的生产安全因素，企业在教师实践中"短期利益"受损而"利益补偿"缺位，因此参与教师企业实践的积极性不足。二是缺乏紧密的校企合作机制。当前校企紧密合作、产教深度融合的产学研训合作机制尚未建立起来，学校与企业之间信息不对称，供需不平衡。企业为了防止"技术泄密"，往往不愿意教师在技术岗位上进行企业实践，而高职院校工科专业教师在产学研训合作中，也难以为企业提供高价值的技术研发支持，付出难有回报，导致企业不愿让教师到一线实践。三是缺乏有力的制度约束。目前关于教师企业实践的政策，从内容上看，所采用的"鼓励""倡导""应当"等词语不足以对企业和相关主体产生效力（涂三广，2014）。相关政策虽然明确了企业参与高职院校教师企业实践的重要性，且对企业能够获得的相应经济补偿做了规定，但利益补偿措施模糊且欠缺可操作性，对企业的激励依旧不足。

（五）培训基地：难以满足教师实践教学胜任力提升的培训需求

职后培训是教师实践教学胜任力提升的重要手段。当前高职院校工科专业教师职后培训主要存在三个方面的问题：一是顶层设计不够，培训缺乏统筹规划。高职院校工科专业教师培训具有长期性和终身性，随着工业革命的不断深化、科学技术迅猛发展、职业发展日新月异、行业部门加速产生、新工艺新设备大批量使用，高职院校工科专业教师只有拥有持续学习的能力，树立终身学习理念，才能跟上时代快速发展的步伐，更好地把更新的知识、技能融入学生培养过程中。但当前，高职院校工科专业教师培训更多地聚焦教师"学历"的提升，学历达标后，后续培训变得可有可无，对于高职院校工科专业教师教学能力提升，特别是实践教学能力提升缺乏可持续发展的培训规划。二是高职院校师资培训基地难以满足培训需求。高职院校师资培训基地单一，且大多设置在高校内，这有利于盘活高校资源，发挥培训优势，但这样的培训基地更多的是培训教师的理论能力，培训形式多为讲座、论坛、集中学习等，没有与企业深度合作，没有针对高职院校工科专业教师实践教学的特点开设，培训内容缺乏针对性，对高职院校工科专业教师实践教学胜任力的提升效果明显不足。此外，培训内容缺乏个性化和多样性。因培训资源短缺、培训内容单一，教师对培训内容没有自主选择权，更多的是完成指派任务、考核指标和职称晋升要求。

本章运用自编的、经过信效度检验的高职院校工科专业教师实践教学胜任力调查问卷（正式卷），采用分层随机抽样方式，抽取浙江省不同类型、不同层次高职院校 15 所进行调查。调查结果发现：高职院校工科专业教师的实践教学胜任力整体处于中等水平，但不同性别、不同年龄、不同教龄、不同专业技术职务、不同学历、不同教师类型、不同企业工作经历的高职院校工科专业教师实践教学胜任力表现水平有所差异。结合访谈资料分析发现，当前浙江省高职院校工科专业教师实践教学胜任力存在教师学历层次高但实践教学胜任力较弱、实践教学评价与反馈能力不足、校企合作能力不强、青年教师实践教学胜任力较差、兼职教师实践教学胜任力不足、教师实践教学胜任力水平参差不齐等问题。剖析问题存在的原因，主要在于政府部门尚未制定高职院校工科专业教师实践教学胜任力标准、高职院校不够重视工科专业教师实践教学胜任力发展、教师个体缺乏专业自主发展意识与发展能力、企业参与职业教育的积极性不够、培训基地难以满足教师实践教学胜任力提升的需求。

第六章

高职院校工科专业教师实践教学
胜任力提升的对策

提升高职院校工科专业教师实践教学胜任力是保证实践教学质量、培养复合型技术技能人才的关键。随着我国高等职业教育"双高"计划实施,现代学徒制改革试点、1+X证书制度试点的推进,以及高职百万扩招计划的实施,推动教师实践教学胜任力提升已成为各高职院校面临的一项极为重要且紧迫的任务。高职院校工科专业教师实践教学胜任力结构模型的构建,对现有高职院校工科专业教师实践教学胜任力现状的调查,对高职院校工科专业教师实践教学胜任力存在的问题进行剖析和原因分析,为推动高职院校工科专业教师实践教学胜任力的提升提供了理论支撑和奠定了实证基础。本章将针对高职院校工科专业教师实践教学胜任力的现状、存在的问题和原因,提出高职院校工科专业教师实践教学胜任力提升的对策。

一、自我赋能:明确基于实践教学胜任力结构模型的教师自我发展路径

(一)强化实践教学自主发展意识

自主发展是教师真正获得个体专业化发展的有力保障(申继亮、姚计海,2004)。教师的教学发展意识是其教学发展的原动力和积极性源泉(姚利民、

贺光明、段文彧等，2011）。教师拥有较强的教学发展意识，才会积极主动地融入各类教学发展活动，才会基于实践教学发展需要和自身实际情况科学制订实践教学胜任力提升计划，把实现教学发展、提高教学质量作为自身最高的职业追求（肯尼迪，2022）。面对科技发展日新月异，企业技术更新加快，职业教育改革与发展任务繁重，教育教学理念不断更新等各种挑战，高职院校工科专业教师必须要有紧迫感，不断学习行业知识和行业技术标准，掌握新技术动态，提高职业能力和专业素养。教师要积极参加各类工程教育培训、专业协会、学术会议、研讨会、工作坊等，加强对外交流与合作，促进自身专业发展。此外，教师到企业担任与所教专业相关的生产、建设、管理、服务及科研等方面的一线职务，是提升教师实践教学胜任力的重要途径。教师应提升企业实践的积极性和主动性，进入不同企业进行实践，感受不同企业文化，博采众长，反哺教学。教师应提高开展应用性科研的意识和能力，联合企业积极开展横向项目，帮助企业改进技术、流程，开发新产品和新工艺，在技术研发中与企业建立融洽的关系，得到企业的认可。

（二）推动实践教学基准性胜任力提升

基准性胜任力是高职院校工科专业教师实践教学所应具备的基本胜任力。高职院校工科专业教师可根据高职院校工科专业教师实践教学胜任力"双模块四维度"结构模型，提升实践教学基准性胜任力，使自身胜任实践教学工作。根据实证调查和访谈情况，高职院校工科专业教师可着重在以下几个方面提升实践教学基准性胜任力。

一是注重教育教学知识的提升。高职院校工科专业教师绝大多数来源于非职教师资培养院校，缺乏必要的教育教学知识和心理学知识。尤其是从企业引入的兼职教师，虽然具有较强的实践操作能力，但没有受过教育学相关理论的培训，也未必具备有效进行实践教学的能力。国外要求兼职教师必须补学教育学、教育心理学等课程，接受一定的专业教育与师范训练，掌握一定的教育理论知识（谷丽丽，2011）。所以工科专业专兼职实践教学教师要加强职业教育教学理论知识的培训，促进实践教育理论水平的提高以及专业实践教育教学法的掌握，进而有效提升实践教学质量。

二是注重教学评价与反馈能力的提升。调查显示，高职院校工科专业教师实践教学评价与反馈能力最差，这不仅影响教师自身实践教学能力的提升，也影响着学生实践学习的质量。当前，高职院校实践教学中对学生的评价更多是沿袭理论教学评价方式，由单一主体（教师）对学生进行终结性学习成绩赋分。这种终结性的、单一评价方式显然不适合实践教学实际。因此，教师应革新评价理念，创新评价方式，突破常规、静态的评价方式，采取多元化、动态化评价方式，将多元评价、过程性评价贯穿实践教学始终。如，考核形式可以多样化，采用技术技能竞赛式考核、职业资格式考核、技术技能操作式考核和成果展示式考核等方式；考核主体可以多元化，不仅有指导教师的考核，还可以是学生本人、企业，甚至引入第三方对学生实践进行实时监控。教师要对评价结果进行及时反馈，并针对不足提出改进措施，形成"评价—分析—反馈—改进—再评价"的良性循环机制。

三是注重现代信息技术能力的提升。随着信息化时代的到来，网上便捷的交互方式和线上丰富的教学资源，为教师的教和学生的学提供了极大的便利。在传统工科向信息化、智能化和一体化发展的新工科建设背景下，教师迫切需要拥有一定的现代信息技术能力。一方面，高职院校工科专业教师要提高自身的现代信息技术素养，为此需要进行较为系统的现代信息技术素养培训，从而全面熟练掌握培养学生所需的信息技术素养技术、方法和理论；另一方面，高职院校工科专业教师要将现代信息技术素养的培养自觉地贯穿人才培养的全过程，并通过现代信息技术提供有效的实践教学条件和环境，如建设开放的虚拟仿真实训室、开发自主学习型的专业网络课程、建设多方共享的专业教学资源库等。教师可利用现代信息技术建设智慧教室，积极推进在线课程开发与使用，打造课内课外和线上线下全方位互动的实践教学环境，有效扩展学生学习的时空维度，促进学生的自主学习和自我发展。

（三）聚焦实践教学鉴别性胜任力提升

鉴别性胜任力是区分实践教学绩优教师和普通教师的胜任力。高职院校工科专业教师应根据高职院校工科专业教师实践教学胜任力"双模块四维度"结构模型，提升实践教学鉴别性胜任力，使自身产出更高的教学绩效。根据实证调查和访谈情况，高职院校工科专业教师可着重在以下几个方面推动实践教学鉴别性胜任力提升。

一是加强教学设计与研究能力的提升。高职院校工科专业教师的教学设计能力关系教学实施的有效性和教学目的的达成度。教师在开展实践教学设计时，要准确领会实践教学课程标准要求，了解学生特点，合理设计教学方案，如教学目标、教学重难点、教学方法、教学步骤与时间分配等。教师教学研究是发展教学能力的关键（王宪平，2009），是促进高职院校教师专业发展的助推器（张桂春，2014）。教师应重视和加强教学研究，在教学研究中不断促进自身教学知识的吸收和更新，探索教学规律，并将教学研究成果应用到实际教学设计、教学组织与实施、教学评价与反馈中，在提高教学研究能力的同时，促使实践教学胜任力的提升。

二是注重校企合作能力的提升。高职院校工科专业实践教学教师不仅要有指导学生企业实践、顶岗实习的能力，还要有与企业开展应用性科学研究的能力，要积极与企业合作，开展产学研合作项目研究和技术技能咨询，解决企业生产和管理技术难题。通过开展紧密的校企合作，掌握所教专业前沿技术，提升实践教学能力，提升职业素养，反哺教学一线，提升实践教学质量。

三是注重创新教育能力的提升。较强的创新能力是工科人才培养的主要目标之一。为培养学生的创新能力，教师首先需要具备创新教育能力。教师应从思想上引导学生正确认识创新知识和创新能力，激发学生创新的兴趣和信心。教师可创新教育方式方法，在实践教学过程中，多采用合作探究式、行动导向式、任务驱动式等教学方法，激发学生的学习兴趣，引导学生自主发现问题、思考问题、分析问题和解决问题。教师要营造有利于培养学生创新精神的教学氛围，鼓励学生勇于挑战权威、勇于突破常规、勇于接受挑战。教师还可以鼓励支持学生积极参加专业领域技术技能竞赛、创新创业大赛、科技项目研发等，有针对性地培养学生的创新创业能力和团队协作意识。

四是注重实践教学反思能力的提升。Schon（1983）从实践的角度指出，反思能帮助教师从经验中学习、在实践中提高。教学反思是教师教学发展和教师成长的重要途径（张立昌，2001）。教师可通过分析成长档案、写教学日志、观摩教学、合作解决问题等方式进行教学反思，吸取优秀经验，总结错误教训，在发现、解决教学问题中促进自身教学发展，提高教学质量。教师要培养教学反思习惯，可把教学叙事研究作为教学反思的一种重要方式，对已经发生的教学事件进行描述、判断，对正在发生或即将发生的教学事件进行描述和理解，对教育体验进行理性探讨，进而养成教学反思的习惯。教师可以通过课堂或车间的实地观摩教学、教研组专题反思研究、集体备课、校本教研合作等方式，围绕一定的教学主题内容进行交流和讨论，促进合作式反思。教师要对实践教学抱有研究态度，通过与自己的对话来研究实践教学，分析实践教学设计、组织实施、评价和反馈的合理性。要充分利用职业教育的特点，密切与企业的联系，定期到企业实践锻炼，并不断地进行反思性实践，实现或超越教师企业实践的预期目标，进而反哺实践教学。

（四）注重实践教学内隐性胜任力培养

由胜任力冰山模型和洋葱模型可知，知识、技能是表层的，是容易改变的；而态度与价值观、特质与动机则是隐秘的、深层的，不容易触及，却起着根本性作用。高职院校工科专业教师应根据高职院校工科专业教师实践教学胜任力"双模块四维度"结构模型，注重实践教学内隐性胜任力培养，从根本上提升自身实践教学胜任力。高职院校工科专业教师可以着重从以下几个方面加强自身内隐性胜任力培养。

一是提升专业身份的自我认同感。调查结果显示，高职院校工科专业教师，尤其是兼职教师，身份认同感明显不足。职业认同是个体对教师职业的心理认可，是其专业化发展的心理基础（魏军锋，2015）。高职院校工科专业教师只有建立起了对职业教育事业的使命感和荣誉感，对所从事的职业教育事业持有肯定性态度，才会更加注重自身的专业发展，愿意付出更多的努力提升教育教学水平。高职院校工科专业教师要充分认识高职院校实践教学的意义，正确理解"做中学、做中教"以及"教学做合一"的思想；正确认识高职院校学生的独特性，摒弃"分数决定论"的错误观念，树立积极的学生发展观，因材施教、因势利导；树立职业教育现代教学理念，摒弃传统"知识填鸭式"的教学方式；树立"以学生为中心"的教学理念，采用"做中学、做中教"的实践教学方式，如行动导向教学法、任务驱动法、问题教学法、"模块式"教学法、情景模拟法等，客观认识传统教学法与现代教学法的有机融合，寻找两者之间的结合点，达到相辅相成、优化组合、综合运用的目的。

二是提升教学责任感。在教师知识、技能水平显著提高的情况下，教师的教学责任感对教学能力的影响就显得尤为关键（马星、刘贤伟，2015）。教学责任感直接影响具体的教学活动。高职院校工科专业教师在实践教学过程中，要把工作当作事业来做，不断锤炼平等对待学生、爱岗敬业的精神，将工匠精神融入实践教学全过程，对实践教学工作高度负责、对学生高度负责、对学校高度负责、对社会高度负责，称职地、出色地完成实践教学任务，履行好自己身为工科专业实践教学教师的职业义务和责任。

三是增强自身影响力。教育影响力是教师的核心素养（李季，2017）。高职院校工科专业教师实践教学影响力主要包括两个方面：教师自身人格魅力的影响力和教师技术技能的影响力。在实践教学活动中，教师的工作往往具有潜移默化的示范性，教师在教书育人过程中表现出来的道德品质、敬业精神、工作作风会感染熏陶学生，直接或间接地影响学生心灵的成长和发育。教师丰富的学识涵养、精湛的操作技术、规范的操作流程、安全至上的意识对学生技术技能的习得也有正向的熏陶和影响作用。因此，教师在实践教学过程中，不仅要关注自身实践教学知识和技能的提升，也要加强师德师风的培养，对学生产生正面激励和影响作用。

二、伙伴协作：形成高职院校工科专业教师实践教学成长共同体

（一）树立共同发展愿景与目标

高职院校工科专业教师实践教学成长共同体是"以教师自愿参与为基础，基于一致或相同的愿景，在解决教学问题的驱动下而形成的自发性学习组织形式"（张晓冬、嵇波，2019）。没有共同愿景就没有学习共同体（圣吉，1998）。共同的价值观和愿景有助于确定和规范成员的行为。只有形成共同愿景和价值观，且共同体的成员都认同并自觉遵循，共同体才有可能实现其预期的目标。成长共同体以参与者的共同愿景为纽带，其实质是相互交流、互

动和发展，出发点是运用适当的智慧活动，把教师带入和谐的合作情境。高职院校工科专业教师实践教学成长共同体是通过一定的机制，在促进高职院校学生享受高质量实践教学、实现复合型技术技能人才培养目标的价值观引领下建立形成的专业发展小组，它的宗旨是通过合作、对话等形式来促进教师专业成长。在这样的共同体中，一方面，教师之间可以相互学习、相互交流，通过学习他人的教学思想、教学方法及教学情境创设的经验，反思自己的教学思想与实践，促进自身专业成长；另一方面，在合作交流中，教师之间会形成一种相互依赖支持的文化氛围，会从中体验到一种归属感，从而使教师对自己所从事的工作更加认可。

（二）推行名师引领传帮带活动

调查结果显示，高职院校工科专业青年教师实践教学胜任力亟待提升。名师引领传帮带是青年教师提升实践教学胜任力的有效途径。通过"师徒结对、整体合作"，青年教师在经验丰富的教学名师或技能大师的引领下，不断提高自身实践教学胜任力。名师导师可以由两部分人员构成：一是高职院校内部具有多年实践教学经验的优秀老教师，他们不仅具有丰富的实践教学经验，而且也形成了一定的实践教学智慧，实践性知识丰富，能够帮助青年教师在短时间内提升实践教学水平。二是来自生产一线的优秀企业导师。优秀企业导师不仅拥有丰富的工作实践经验，具有较强的动手操作能力和问题解决能力，而且对行业企业的发展趋势也具有一定的洞察能力。优秀企业导师能够在较短的时间内根据自己丰富的工作经验，让青年教师了解行业企业发展新要求、新技术、新工艺，深入浅出地解答青年教师实践教学过程中产生的疑问、遇到的难点，引导他们重新审视自身专业发展，提升理论知识与实际操作相结合的水平。这种产教融合、校企合作的师资培训方式，对高职院校工科专业教师实践教学能力发展尤为有利。

（三）坚持项目驱动助推成长

积极实施项目驱动式高职院校工科专业教师培养工作，把项目推进与工科专业教师教学能力发展、人才培养有机结合，以真实项目或者业务为载体融入教学一线、企业生产管理一线，促进理论与实践融合、教学与科研服务互动，提升教师个人素质和教育教学科研能力，形成具有团队意识、集体认同感和凝聚力的教学创新团队。

一是科研项目驱动，提升应用性科学水平。依据教师专业发展的实际情况，采取产教融合、企业主导、集体研讨等方式，确定科研项目，以基层教学组织为单位组建研究团队，在专家教授领衔指导下，重点攻关，催生科技成果，实现成果转化。

二是教改项目驱动，提升教学研究水平。鼓励支持教师积极参与承担专业建设、课程建设、教材建设、实践教学基地建设等教改项目。此外，教学团队要为这些项目的实施提供有力的智力支持，在提升教师自身教学能力的同时，有效促进实践教学内涵发展和实践教学质量的提高。

三是企业需求项目驱动，提升工程实践能力。积极推进教师企业实践，鼓励教师在企业建立教师工作站，以工作站为依托和平台，坚持企业需求导向，选派科技特派员参加企业应用技术研究、技术服务供给等活动，指导学生进行企业实习，推进校企合作，深化产教融合，提高教师专业技能水平和工程实践能力。

四是学科竞赛项目驱动，提升创新教育能力。积极鼓励教师参加教学技能竞赛项目，指导学生参加技术技能竞赛活动，不断提升自身创新教育能力。

三、多元联动：构建政校行企协同工科专业师资培养培训格局

调查结果显示，有企业工作经历的高职院校工科专业教师实践教学胜任力水平明显高于无企业工作经历的教师。企业工作经历是高职院校工科专业教师专业发展的关键，也是实践教学胜任力提升的关键。教育部等四部门印发的《深化新时代职业教育"双师型"教师队伍建设改革实施方案》指出，要"构建产教融合的师资多元培养培训格局"。构建以政府为主导、以行业为依托、以校企合作为平台，共同促进高职院校工科专业教师实践教学胜任力提升的协同培养培训格局。

（一）政府加强工科专业教师培养政策引导

政府主要通过制定和颁布教师教育政策来推动和促进教师专业发展，政策主导是政府的应然责任（刘福才、刘复兴，2013）。企业实践对高职院校工科专业教师实践教学胜任力发展具有重要影响作用。健全的制度是教师企业实践有效开展的重要保证。在教师企业实践政策制定中，要充分衡量教师、高职院校和企业在实践工作中的责任、权利和义务，明确规定三项内容：一是明确教师企业实践的总体要求、实践目的、实践内容、实践形式和实践成效等问题；二是明确教师企业实践方案中的实践教师遴选要求、实践时长、实践组织管理和实践考核评价等，并明确教师在企业实践期间的工作量计算、工资发放和资金补贴，以及企业实践后教师"双师"评定和职称晋升等问题；三是明确企业在支持教师企业实践中的责任与义务，鼓励企业参与并推动职业教育发展，明确相应的资金支持和税费优惠等问题。此外，地方政府在贯彻落实国家政策的同时，要充分发挥统筹协调作用，根据地方产业优势、行业企业发展状况、高职院校办学实际和高职院校工科专业教师结构，制定"本土化"高职院校工科专业教师企业实践政策，形成中央和地方的政策合力，有力保障高职院校工科专业教师的企业实践。

此外，还要解决好企业能工巧匠、技术骨干到高职院校担任实践指导教师的问题，可以考虑由政府牵头，制定推进校企之间合作关系建立的激励措施。从顶层上制定统筹解决企业兼职教师问题的基本框架，框架内容可以包括兼职教师的来源（人事制度）、权利和义务、管理方式、考核方式等，相关部门应将基本框架细化并监督实施。让企业承担起支持高职教育发展的社会责任，在制度上保障优秀的兼职教师积极投身职业教育人才培养中，不断提高实践教学成效，提高职业教育人才培养质量。

（二）企业提供工科专业教师培养宽广平台

企业工作经验是高职院校师资队伍建设的关键内容，而当前教师企业实践和企业人才到学校任教仍存在种种现实问题。作为高职院校师资队伍建设的重要主体，要充分发挥企业的主体作用，企业履行职业教育责任和义务，促进高职院校教师实践教学胜任力的提升。

一是企业为教师企业实践提供可靠平台。企业作为社会的组成部分，理应承担一定的社会责任，教师企业实践不仅为企业发展带来"潜在价值"，也是企业应承担的一种社会公共责任（王剑，2016）。企业应为教师提供实践所需的场地、设施和指导人员等基本实践条件，同时参与实践教师的过程管理和考核评价，深化校企合作，形成多元化的教师企业实践监督、管理和考核评价机制，有效保障教师企业实践的实效性。企业还可以依据直身技术升级和产业结构变化而引起的员工职业资格的变化和要求，向教师提出新的发展要求，促进教师在提升自身专业发展的同时，更好地服务于企业的转型升级，达到教师自我发展和企业持续发展的"双赢"局面。

二是企业支持内部人才参与职业教育教学。企业拥有大批工程技术骨干和能工巧匠，可以有计划地选派这些人到高职院校担任兼职教师或学生企业指导教师。鼓励企业兼职教师积极参与高职院校人才培养方案的制定、课程设计、实验实训室建设等，并从企业层面保障这部分人参与高职教育的时间、精力和相关待遇，解除兼职教师投身职业教育的后顾之忧。企业应鼓励内部人员积极参与现代学徒制。企业作为现代学徒制重要的育人主体，应建立健全的导师选拔、培养培训、激励保障等制度，保障企业导师的合法地位与权利义务，充分调动企业导师的积极性和主动性。

三是建立企业内教师发展中心。在企业建立教师企业实践流动站、教师工作室、技能大师工作室等。在教师和员工培训、课程开发、实践教学、技术成果转化等方面开展深度合作，推动教师立足企业，开展科学研究，服务企业技术升级、产品研发和带徒传技等。企业中优秀的工程师、技术骨干具有超强的工程实践能力，可以和高职院校工科专业教师尝试建立"一对一帮扶机制"，为教师提供专门的职业培训，使培训更具科学性和针对性，促进教师理论与实践知识的协调发展，进而提高实践教学胜任力。

（三）高职院校健全工科专业教师培养机制

高职院校可通过对内健全培养机制、对外依托企业两个方面来推动工科专业教师实践教学胜任力提升。

一是完善工科专业教师管理机制。高职院校要明确"双师型"教师的认证标准，增强教师提升工程实践能力和实践教学胜任力的意识，指导帮助教师明晰自身的职业生涯规划。高职院校可以在出国培训、职称评定、评奖评优、项目扶持等方面倾斜和支持拥有较强工程实践能力和较高实践教学胜任力的教师。同时，提升工科专业教师的绩效标准，对符合条件的教师在待遇上给予一定的特殊奖励，提升这部分教师的自我满足感，并允许他们通过技术服务、技术转让、技术入股、专利等方式获取合理回报，对在科技创新、成果转化中表现出色、做出突出贡献的教师进行适度的精神和物质奖励，对表现不佳的教师则给予适度的批评。

二是完善工科专业教师激励评价机制。高职院校工科专业教师有其特殊性，要制定适应其发展的评价指标体系，重点突出实践能力、实践业绩和实践教学水平的考核。在职称评定上，要建立完善应用导向的考核评价体系，将评价的重点从以项目申请、论文发表的数量为主，转向以课堂教学、专利申请、技术服务、技术研发、成果转化、产学研合作水平等方面为主，凸显工科专业教师的评价特点。要同等对待横向项目与纵向项目，支持教师承担产学研合作项目和企业工程项目，将教师工程教育教学培训、教学能力提升计划及工科专业教师考核评价要求融入职称评定之中，通过清晰的职业发展路径引导教师职业发展。

三是完善工科专业教师企业实践机制。高职院校在选派教师进行企业实践之前，要对现有师资结构进行客观且全面的分析，进而确定进行企业实践教师的数量和比例，并结合教师个体的综合素质结构，采取学校统筹安排和教师自主联系相结合的方式。开展应用性科研是高职院校工科专业教师企业实践的重要内容，而高职院校工科专业教师"校企合作"能力不足，企业实践的科研能力偏弱，高职院校可以积极创造条件、搭建平台，鼓励中青年教师参与企业技术革新与科研项目攻关，提供技术咨询和服务，开展横向项目，与企业一起共同解决技术难题，不断增强教师的应用性科研能力。同时，教师可以将科研知识融入课堂教学，提升实践教学的趣味性、真实性和效率性。高职院校可以会同企业，各有侧重地加强对教师企业实践的监督管理。从教师企业实践的计划制定、任务书编制、岗位考勤、实践任务完成情况等方面加强过程管理，在监督管理的基础上给予教师指导和帮助。

　　四是完善企业兼职教师管理机制。调查显示，高职院校工科专业兼职教师身份认同感偏低，导致投身职业教育的积极性和主动性不足，实践教学胜任力欠佳。高职院校要努力营造基于成长共同体的教师教学发展氛围，不断提升兼职教师的身份认同感和院校归属感。高职院校应科学规划兼职教师队伍建设，以规划引领，推进人才引进、培养、激励、考核等工作，为兼职教师队伍建设明确发展方向，提供行动指南。高职院校应采取多种措施促进专兼职教师之间的学习交流，形成成长共同体，如组织教学沙龙、召开教学研讨会，让兼职教师更多地参与人才培养方案制定、课程开发、教学资源建设和实训场地布置等，使他们更多地参与学校的教育教学工作中，促进其充分认识自身对职业教育人才培养的价值和贡献；可以将专任教师派驻到兼职教师所在企业进行企业实践、开展项目研发、挖掘教学资源，让专兼职教师在更多的学习、帮助和交往中夯实友谊基础，促进专兼职教师互促互进，实现共同发展。高职院校应给予兼职教师与专任教师相似的工作环境与发展空间（傅琼，2010），帮助兼职教师协调解决好本职与兼职工作的冲突，解决好实际教学过程中存在的困难，允许并鼓励兼职教师使用学校的各类软硬件资源，为其提供必要的教学服务，让他们有机会参与各级各类培训和研讨会，有机会参与课题研究与项目申请，有机会参与专业职务评聘，激发其工作积极性。

　　五是加强工科专业教师分层分类精准帮扶。高职院校工科专业教师从工科毕业生到成长为高胜任力的工科专业教师，要经历不同的阶段，每个阶段都有不同的特点。因此，高职院校应根据教师不同的发展状况、发展需求和发展阶段，因人而异地给予分层分类精准帮扶。根据高职院校工科专业教师实践教学胜任力现状的调查结果，女性教师的实践教学胜任力水平低于男性教师的实践教学胜任力水平，高职院校应尤其注重加强对女性教师自主发展的引导，加强人文关怀，帮助其克服生活、教学中存在的难题，帮助明确职业发展方向和路径步骤，帮助女性教师不断提升实践教学胜任力水平。根据调查结果显示的高职院校工科专业教师实践教学胜任力水平的年龄差异，应采取有效措施分别加强对教龄 5 年及以下、6～10 年、11～15 年和 16 年及以上的教师的指导及培训。其中，对于教龄 5 年及以下教师，学校要加强入职辅导和专业支持，强化其专业知识、提高专业实践能力，要建立骨干教师带教制度，委派有经验的教师负责指导"新手教师"，定期交流，共同商讨备课、教学以及学生管理的方法和技巧，帮助"新手教师"不断成长；对于教龄 6～10 年的教师，高职院校应该为他们提供更多自我提升的发展平台和空间，创造更多的学习和进修机会，鼓励教师参加教育教学研讨活动、积极参加企业实践、开展技术服务和社会服务，帮助教师在各方面的工作上取得成功，增强职业自信，使其从学校、同事、学生、社会的肯定中获得更多的成就感；对于教龄 11～15 年的教师，其进入职业成熟期后，就会形成独特的教育教学风格。学校对这部分教师要压重担，通过让其指导教学竞赛、指导青年教师、开展校企合作、承担科研任务等不断提升教师教学胜任力，进而促使其形成教育智慧，迈入"专家教师"行列；对于教龄 16 年及以上教师，数据显示此部分教师的教学胜任力不升反降，处于停滞阶段或倒退阶段。对这部分教师，高职院校需要给予更多的人文关怀，关注家庭影响在教师专业发展中的重要作用，加强心理辅导、增强专业认同感、调整考核导向、赋予更多责权，引导鼓励这些教师将教学成果转化为教研成果，赋予他们持续发展的外部动力。

（四）培训基地创新工科专业教师在职培训模式

教育部出台的《关于全面提高高等教育质量的若干意见》提出要"以提高教师教学能力为关键，加强教学培训力度，创新教师培训模式"。职教师资培训基地应充分认识高职院校工科专业教师实践教学胜任力提升的重要性和迫切性，改革原有理论教学为主的培训模式，为高职院校工科专业教师实践教学胜任力提升提供充分必要的条件支持。

一是推行工科专业教师实践教学发展项目。高职院校应根据工科专业教师实践教学的实际发展水平，推行多样化、可选择、多阶段的实践教学发展项目，如面向专任教师推行校企合作项目，面向兼职教师推行教育教学知识培训项目，面向"新手教师"加强入职辅导和专业支持，面向"过渡期教师"提供自我提升的发展平台和空间，面向"成手教师"助力其形成实践教学智慧。

二是改进工科专业教师教学培训方式。聚焦 1+X 证书制度开展教师培训，培育一批具备职业技能等级证书的教师。针对性加强教师实践教学培训、搭建培训平台、丰富培训方式，为教师走出校门、走进企业和社区搭建平台，通过参观学习、考察交流、技术研发、横向合作，不断丰富教学知识、增加教学见识、提升教学技能、拓宽教学视野、实现实践教学胜任力的提升。

三是协同高职院校组建工科专业教师实践教学发展中心。根据教育部"高校要普遍建立教师教学发展中心，提升中青年教师专业发展水平和教学能力"的要求，培训基地应主动出击，协同高职院校组建教师实践教学发展中心，建立以专家团队为依托，以校、院或系的整合资源为平台，以学习支持、技术支持和管理支持为支撑的培养体系（熊华军，2016），推动互动、持续、可诊断的工科专业教师实践教学胜任力提升。

四、标准引领：规范高职院校工科专业教师专业发展

高职院校工科专业教师实践教学胜任力的提升并非教师个人、某个学校、行业企业所能解决的。只有上升到国家高度，在国家机制的框架内，从政策上规范和引导，才能建立高职院校工科专业教师实践教学胜任力标准和明确"双师型"教师资格认证标准。

（一）建立高职院校工科专业教师实践教学胜任力标准

高职院校工科专业教师实践教学标准的缺失，已成为教师实践教学胜任力发展的一个重要症结，教师实践教学胜任力发展长期处于自发状态。要促进高职院校工科专业教师实践教学胜任力提升，有必要建立一套衡量教师实践教学胜任力的标准，而高职院校工科专业教师实践教学胜任力"双模块四维度"结构模型就是这样的一个衡量标准，将胜任特征尤其是鉴别性胜任特征中的知识、能力要求作为外显的"硬性标准"，将鉴别性胜任特征中的态度与价值观、特质与动机等作为内隐的"软性标准"。在国家层面建立高职院校工科专业教师实践教学胜任力标准，将是实现高职院校工科专业教师专业发展、实践教学胜任力提升的关键途径之一。

高职院校工科专业教师实践教学胜任力标准应能够充分体现教师要达到实践教学"专业性"水平而应具有的内在素质，并作为高职院校工科专业教师实践教学胜任力发展共同遵循的基本准则。高职院校工科专业教师实践教学胜任

力标准的构建：一是可以参考国内外关于教师实践教学胜任力标准的研究成果，如本研究构建的高职院校工科专业教师实践教学胜任力"双模块四维度"结构模型、"三维一体"的"双师型"教师专业标准（吴炳岳，2014）、高职院校"双师型"教师教学能力结构模型（宋明江，2015）等研究成果。二是可以借鉴发达国家关于这方面标准制定的先进经验。在学习借鉴他人的基础上，充分结合我国高职教育的自身特色，体现标准的"本土性"。三是要体现高职院校工科专业教师实践教学胜任力发展的内涵和过程，使标准既符合教师的学科专业性和教育专业性，又反映一定的阶段性。教师实践教学胜任力发展每个阶段的任务不同，标准也应有所差异。

总之，高职院校工科专业教师实践教学胜任力标准的建立，旨在促进工科专业教师实践教学胜任力的提升和教师自身专业发展。教师实践教学胜任力标准在实践中的应用，主要表现在以下几个方面：对于政府或教育主管部门而言，可以根据教师实践教学胜任力标准来建立高职院校工科专业教师准入、培养、培训、考核、退出等管理制度，保障教师的专业性和合法权益，并形成科学有效的高职院校工科专业师资管理和监督机制；对于职教师资培养基地而言，教师实践教学胜任力标准为开展高职院校工科专业教师培训提供了基本依据，可以提高培训的有效性和针对性，进一步提高培训的质量和成效；对于高职院校来说，为教师的选拔招聘、培训培养、考核评价、绩效管理提供了重要依据，有利于健全教师管理制度，不断提高教学质量；对于教师自身而言，可对标对表，作为制定个人专业发展规划、积极进行自我评价、逐步提升专业发展水平的主要依据。

（二）明确高职院校工科专业"双师型"教师资格认证标准

目前，高职院校在认证"双师型"教师时主要依据《高职高专院校人才培养工作水平评估方案（试行）》，简单地视"双证"为"双师"，视"双职称"为"双师"，实际上这只是从形式上强调了"双师型"教师的外在资格，却没有真正体现"双师型"教师素质上的"双能"要求。因此，需要进一步明确"双师型"教师的具体内容和实施路径。

一是明确工科专业"双师型"教师的内涵。"双师型"教师应兼具"双师"

资格和"双能"素质。所谓"双师"资格是指教师既具有讲师资格，同时又具有工程师资格，这种"双师"资格要求凸显了高职院校工科专业教师的外部特征。所谓"双能"素质是指教师具有胜任专业理论教学和专业实践教学的能力。这种"双能"素质要求凸显了高职院校工科专业教师的内在特征。这种内在规定不仅要求教师具备胜任专业理论教学的能力，也要要求教师具备胜任专业实践教学的能力。同时，为提高实践教学质量，教师还需具有职业教育专业教学论知识和应用能力，以及开展工程实践的能力。

二是建立工科专业"双师型"教师资格认证机构。在高职院校工科专业教师资格认证过程中，不仅需要教育行政部门或者普通高等院校的参与，也应有企业的参与和意志体现。对于高职院校工科专业教师资格认证的组织管理工作，教育行政部门或者高职院校可负责教育教学类知识及技能培训，而对于教师企业知识类培训、企业工作经历鉴定等则可委托企业负责，充分发挥企业在高职院校工科专业教师队伍建设中的资源优势。

本章针对高职院校工科专业教师实践教学胜任力现状、存在的问题和原因，探讨了提升高职院校工科专业教师实践教学胜任力的对策建议，从明确基于实践教学胜任力结构模型的教师自我发展路径、形成高职院校工科专业教师实践教学成长共同体、构建政校行企协同工科专业师资培养培训格局、规范高职院校工科专业教师专业发展等四个方面提出高职院校工科专业教师实践教学胜任力提升的对策，为高职院校工科专业实践教学师资队伍建设和工科专业教师实践教学胜任力的提升提供基本依据。

第七章

研究结论与展望

人才是发展壮大新经济的首要资源。高职教育以培养复合型技术技能人才为目标，是企业技术技能人才的主要来源，也为区域经济社会发展提供人才和智力支撑。工科专业是高职院校的第一大专业门类，在高职院校人才培养中最能凸显学生实践能力培养特点，而工科专业教师实践教学胜任力的高低直接影响着高职院校人才培养质量的高低和人才对区域服务的贡献价值。因此，本书聚焦高职院校工科专业教师实践教学胜任力研究，构建高职院校工科专业教师实践教学胜任力结构模型，并通过大规模调研探讨当前高职院校工科专业教师实践教学胜任力水平、特点，以及存在的问题，并进行深层次原因分析，基于此提出高职院校工科专业教师实践教学胜任力提升的对策，以期为高职院校工科专业教师实践教学胜任力发展提供理论支撑和技术支持。

一、主要研究结论

本研究紧紧围绕"高职院校工科专业教师实践教学胜任力"这个主题，综合运用文献资料法、行为事件访谈法、德尔菲法和问卷调查法等研究方法，定性研究和定量研究相结合，探析高职院校工科专业教师实践教学胜任力结构、现状、存在的问题、原因以及提升对策。本研究取得的主要成果如下。

第一，构建了高职院校工科专业教师实践教学胜任力"双模块四维度"结构模型。通过对高职院校工科专业教师实践教学工作的分析和高职院校工科专业教师实践教学胜任特征的调查分析，提取高职院校工科专业教师实践教学胜任特征；对高职院校工科专业教师进行行为事件访谈，其中 12 名为绩优教师、8 名为普通教师，通过胜任力编码和对两组不同绩效教师的胜任特征进行差异分析，区别出基准性胜任力和鉴别性胜任力，构建高职院校工科专业教师实践教学胜任力结构模型；两次采用德尔菲法，对高职院校工科专业教师实践教学胜任力结构模型进行修正，最终形成了高职院校工科专业教师实践教学胜任力"双模块四维度"结构模型。该模型由双模块四维度组成，即在纵向上，由基准性胜任力模块和鉴别性胜任力模块构成。在横向上，基准性胜任力和鉴别性胜任力均由态度与价值观、特质与动机、知识、能力等四维度组成。其中，基准性胜任力包括身份认同、团队协作、专业发展、专业实践知识、教学设计、教学实施、教学反思、职业素养教育、教学研究、创新教育、校企合作、因材施教等 12 项胜任特征；鉴别性胜任力包括尊重学生、责任感、影响力、专业理论知识、教育教学知识、情境创设、教学评价与反馈、示范操作、安全事故防范、表达沟通、现代信息技术、问题解决等 12 项胜任特征。

第二，验证高职院校工科专业教师实践教学胜任力结构模型。采取编制量表检验法，验证高职院校工科专业教师实践教学胜任力结构模型的有效性。依据构建的高职院校工科专业教师实践教学胜任力"双模块四维度"结构模型，将基准性胜任力和鉴别性胜任力作为主要测查项目，针对每项胜任特征设置 3～5 道描述教师行为表现的题目，通过将相同或相近的问题合并和专家咨询，形成高职院校工科专业教师实践教学胜任力调查问卷（预测卷）。通过探索性因素分析，提取 7 个共性因素：教学组织与实施、教学设计与研究、校企合作、教学知识、安全教学、身份认同、教学评价与反馈，因素累计变异解释力达 67.688%，其内含的胜任特征与高职院校工科专业教师实践教学胜任力结构模型中包含的胜任特征基本吻合，表明已构建的高职院校工科专业教师实践教学胜任力结构模型质量良好。构念效度和效标效度的检验结果也验证了这一结论。此外，在项目分析和探索性因素分析的基础上，编制了高职院校工科专业教师实践教学胜任力调查问卷（正式卷），检验了问卷的测量学属性，其信度、效度都非常理想，表明调查可靠且有效，可以在高职院校工科专业教师实践教学胜任力现状调查中广泛使用。

第三，调查高职院校工科专业教师实践教学胜任力现状。运用自编的、经过信效度检验的高职院校工科专业教师实践教学胜任力调查问卷（正式卷），采用分层随机抽样方式，抽取浙江省国家优质高职院校3所、省级优质高职院校5所、普通高职院校7所进行调查。回收问卷642份，其中有效问卷570份，有效率达到88.79%，对调查数据进行分析发现：高职院校工科专业教师实践教学胜任力整体处于中等水平，但不同性别、不同年龄、不同教龄、不同专业技术职务、不同学历、不同教师类型、不同企业工作经历的高职院校工科专业教师实践教学胜任力表现水平有所差异。结合访谈资料，进一步发现当前浙江省高职院校工科专业教师存在学历层次高但实践教学胜任力较弱、教学评价与反馈能力不足、校企合作能力不强，青年教师实践教学胜任力较差，兼职教师实践教学胜任力不足，教师实践教学胜任力水平参差不齐等问题。剖析问题存在的原因，主要在于教师个体缺乏专业自主发展意识与发展能力、政府部门尚未制定高职院校工科专业教师实践教学胜任力标准、高职院校不够重视工科专业教师实践教学胜任力发展、企业参与职业教育的积极性不够、培训机构难以满足教师实践教学胜任力提升的培训需求。

第四，提出高职院校工科专业教师实践教学胜任力提升的对策。针对高职院校工科专业教师实践教学胜任力现状、存在的问题和原因，探讨提升高职院校工科专业教师实践教学胜任力的对策，从明确基于实践教学胜任力结构模型的教师自我发展路径、形成高职院校工科专业教师实践教学成长共同体、构建政校行企协同工科专业师资培养培训格局、规范高职院校工科专业教师专业发展等四个方面提出高职院校工科专业教师实践教学胜任力提升的对策，为高职院校工科专业实践教学师资队伍建设和工科专业教师实践教学胜任力提升提供基本依据。

二、未来研究展望

在我国，高校教师胜任力结构模型的理论研究与实践应用工作尚处于起步阶段，聚焦高职院校工科专业教师实践教学胜任力的研究更是少之又少。本书通过国内外文献综述，在前人研究的基础上，对高职院校工科专业教师实践教学胜任力结构模型及其应用进行了探讨，并取得了相应的成果。但由于个人能力、研究经费和研究精力有限，再加上胜任力结构模型中更多蕴含着内在的潜在特征，所以，本研究成果仅是投石问路，初步探索。展望未来，该领域在以下几个方面尚需进一步研究。

（一）内容

第一，本研究高度聚焦高职院校工科专业教师的核心教学胜任力——实践教学胜任力。一般而言，高职院校工科专业教师不仅承担着教学任务，还承担着科研、社会服务和文化传承等多种任务。因此，除了研究高职院校工科专业教师的实践教学胜任力，还可以研究高职院校工科专业教师的科研胜任力、社会服务胜任力和文化传承胜任力。

第二，不同专业的高职院校教师或者处于不同专业发展阶段的教师，其胜任力有差异，需要针对性地进行研究（何齐宗，2014）。高职院校中的专业归属于不同的专业大类，如农林牧渔大类、资源环境和安全大类、能源动力与材料大类、土木建筑大类、水利大类、装备制造大类、生物与化工大类、轻工纺织大类、食品药品与粮食大类、交通运输大类、电子信息大类、医药卫生大类、财经商贸大类等。不同专业、不同专业大类对高职院校教师实践教学胜任力的要求会有所侧重、有所偏差。本研究聚焦高职院校工科专业教师实践教学胜任力，今后的研究也可以聚焦更为具体的专业大类或专业，进行更加有针对性的教师实践教学胜任力研究。

第三，本研究的访谈对象和问卷调查样本均来源于浙江省，因此研究结果还有一定的局限性。今后可以把研究取样扩大到全国范围，不仅可以深入比较东西部、南北方高职院校工科专业教师实践教学胜任力的现状和差异，探求差异产生的深层因素，而且有利于研究成果的推广辐射。

（二）方法

第一，从研究方法来讲，为了能够全面深入地了解研究对象，弄清问题的本质，本研究在研究过程中针对研究问题试图采取多种研究方法，如采取了问卷调查法、行为事件访谈法、德尔菲法等，构建高职院校工科专业教师实践教学胜任力结构模型；采用了调查问卷法和访谈法，探析浙江省高职院校工科专业教师实践教学胜任力问题。

众所周知，问卷调查对施测环境要求极高，对相关变量需要进行有效控制。在以后的研究中，在正式施测时，要进一步提高施测的科学性和有效性。本研究中胜任力结构模型构建主要通过行为事件访谈法和德尔菲法，可能与其他方法构建的模型会有差异，以后可以尝试通过其他方法来建立高职院校工科专业教师实践教学胜任力结构模型并对两者进行比较，进一步提高研究的科学性。

第二，社会赞许性的控制问题。虽然采用匿名方式填写，且将问卷题目进行随机编排，但仍存在社会赞许性的影响，一些项目平均分明显偏高，这表明胜任力调查问卷在使用上应该慎重，今后可以考虑开发情境测试问卷，以得到更加准确的结果。

第三，胜任力对绩效有预测作用，从研究方法上讲，最好的研究方法是纵向跟踪研究。本研究采取了常用的横向研究方式同时收集数据，但是胜任力对绩效的预测效应需要长时间检验，如果进行纵向研究，获得的胜任力结构模型的预测效度会使研究结论更加可信。

总之，高校教师胜任力结构模型研究与应用在我国仅仅是一个开端，聚焦高职院校工科专业教师实践教学胜任力的研究更是少之又少。本研究抛砖引玉，希望有更多的研究者来添砖加瓦，以提升我国高职院校工科专业教师实践教学胜任力的研究水准及高职院校人力资源管理能力。

参考文献

Blancero D, Boroski D, Dyer L. Key competencies for a transformed human resource organization: Results of a field study[J]. Human Resource Management, 1996(3): 383-403.

Bonder A. A blue print for the future: Competency-based management in HRDC [J].Human Resource Management, 2003, 35: 383-403.

Boyatzis R E, Leonard D, Rhee K, et al. Competencies can be developed, but not the way we thought [J]. Capability, 1996, 2(2): 25-41.

Boyatzis R E. The Competent Management: A Model for Effective Performance[M]. New York: John Wiley, 1982.

Bader R, Schäfer B. Lernfelder getalten.Vom komplexen Handlungsfeld zur didaktisch struktuierten Lernsituation[J]. Die berufsbildende Schule,1998, 50 (7-8):229-234.

Caldwell R. HR business partner competency models: Re-contextualising effectiveness [J]. Human Resource Management Journal, 2008, 8(3): 275-294.

Charlotte D. Enhancing professional practice: A framework for teaching [M].Alexandria, VA: Association for Supervision and Curriculum Development, 1996.

Dalton M. Are competency models a waste? [J]. Training and Development, 1997, 51(10): 46-49.

Danielson, C. Enhancing professional practice: A framework for teaching [M]. Alexandria, AV: Association for Supervision and Curriculum Development, 1996.

Deaux K. Reconstructing social identity [J]. Personality and Social Psychology Bulletin, 1993 (19): 4-12.

Derouen K. New developments in employee training [J]. Work Study, 1994(2): 13-16.

Douglas A P. ED leadership competency matrix: An administrative management tool[J]. The American Journal of Emergency Medicine, 2003(10): 483-486

Fletchers S. Standards and Competence: A Practice Guide for Employers Management and Trainers [M]. London: Kogan, 1992.

Fred A K. In search of the essence of a good teacher: Towards a more holistic approach in teacher education [J]. Teaching and Teacher Education, 2004, 20(1): 77-79.

Gerstberger, R. Sustainability is an inside job: A competency model based approach to filling management positions [J]. Proceedings of the Water Environment Federation, 2011(14): 2748-2751.

Guglielmino P J. Developing the top-level executive for the 1980's and beyond training [J]. Development Journal, 1979, 33(4): 12-14.

Hamilton N W. Law-firm competency models and student professional success: Building on a foundation of professional formation/professionalism [J]. Social Science Electronic Publishing, 2013, 11(1): 5-38.

Hansson B. Competency models: Are self-perceptions accurate enough? [J].Journal of European Industrial Training, 2001, 25(9): 428-441.

Hewlett P O, Eichelberger L W. Creating academic/service partnerships through nursing competency models [J]. Journal of Nursing Education, 1999, 38(7): 295-297.

Huberman M. The professional life cycle of teachers[J]. Teachers College Record, 1989, 91(1): 31-57.

Hortsch H. Ansatzpunkte für eine planmäßige Entwicklung der Wissenschaftsdisziplin "Didaktik der Berufsbildung"[M]. Dresden: TU Dresden, 1987.

Janet O. Management competences, school effectiveness and educational management[J]. Educational Management and Administration, 1993, 21(4): 212-221.

Jank W, Meyer H. Didaktische Modelle[M]. Frankfurt am Main: Cornelsen Scriptor, 1991.

Jennife M B, Bishop M J, Andrew E W. The competencies and characteristics required of an effective project manager: A web-based delphi study [J]. Educational Technology Research and Development, 2006, 54(2): 115-140.

Kerlinger F N. Behavioral research: A conceptual approach[M]. New York: Holt, Rinehart and Winston, 1979.

Kuijpers M A, Scheerens J. Career competencies for the modern career [J]. Journal of Career Development, 2006, 32(4): 303-319.

Ledford. Paying for the skill, knowledge and competencies of knowledge workers [J]. Compensation and Benefits Review, 1995(4): 55-62.

Levinson. A conception of adult development[J]. American psychologist, 1986, 41(1): 3-13.

Lois O, Charles C, Graham K. New Strategies for Pretesting Survey Questions[J]. Journal of Official Statistics, 1991(3): 349-365.

Lucia A D, Lepsinger R. The art and science of competency models[M]. San Francisco: Jossey-Bass, 1999.

Mansfield R S. Building competency models: Approaches for HR proessionals[J]. Human Resource Management, 1996(1): 7-18.

Markus L H, Cooper-Thomas H D , Allpress K N. Confounded by competencies?: An evaluation of the evolution and use of competency models[J]. New Zealand Journal of Psychology, 2005, 34(2): 117-126.

Marrelli A F, Tondora J, Hoge M A. Strategies for developing competency models [J]. Administration and Policy in Mental Health, 2005, 32(5-6): 533-561.

Marrelli A F. An introduction to competency analysis and modeling [J]. Performance Improvement, 1998, 37(5): 8-17.

McAloone T C. A competence-based approach to sustainable innovation teaching: Experiences within a new engineering program [J]. Journal of Mechanical Design, 2007, 129(7): 769.

McClelland D C. Gaining competitive advantage through strategic management development [J]. Journal of Management Development, 1994, 13(5): 4-13.

McClelland D C. Identifying competencies with behavioral event interviews [J]. Psychological Science, 1998, 9(5): 331-339.

McClelland D C. Testing for competence rather than for intelligence [J]. American Psychologist, 1973, 28(1): 1-14.

McLagan P A. Competencies models: Great ideals revisited[J]. Training &Development Journal, 1996, 51(5): 60-64.

McLagan P A. Competency model training [J]. Development Journal, 1980(12): 22-26.

McLagan P A. Competency models [J]. Training & Development Journal, 1980, 34(12): 22-26.

Mirabile R J. Everything you wanted to know about competency modeling [J]. Training and Development, 1997(51): 73-77.

Nordhaug O， Gronhaug K.Competences as resources in Firms[J].The International Journal of Human Resource Management， 1994(3): 89-106.

Oksenberg L, Cannell C, Kalton G. New strategies for pretesting survey questions [J]. Journal of Official Statistics, 1991(3): 349-365.

Olson, Wyett. Teachers need effective competencies[J]. Project Innovation Summer, 2000(4): 741.

Ouston J. Management competences, school effectiveness and educational management [J]. Educational Management and Administration, 1993, 21(4): 212-221.

Parry B. S. Just What is a competence?: And why should you care?[J]. Training, 1998(6): 58-64.

Pavett C M, Lau A W. Managerial Work: The influence of hierarchical level and functional specialty[J].Academy of Management Journa, 1983(26), 170-177.

Peterson N G, Mumford M D, Borman W C, et al. The Development of Prototype Occupational Information Network Content Model[M]. Utah: Utah Development of Employment Security, 1995.

Raelin J A. From generic to organic competencies [J].Human Resource Planning, 1996(3): 24-33.

Redmond E. Competency models at work: The value of perceived relevance and fair rewards for employee outcomes [J].Human Resource Management, 2013, 52(5): 771-792.

Rowe, Christopher. Clarifying the use of competence and competency models in recruitment, assessment and staff development[J]. Industrial and Commercial Training, 1995, 27(11): 12-17.

Schon D. The Relective Practitioner: How Professionals Think in Action[M]. NewYork: Basic Books, 1983.

Serdberg J. Understanding human competence at work[J].An Interpretative Approach Academy of Management Journal, 2000, 43(1): 9-17 .

Sheperd C D, Ridnour, R E. The training of sales managers: An exploratory study of sales of sale management[J]. Journal of Personal Selling and Sales, 1995, 15(1): 69-74.

Skorková, Zuzana. Competency models in public sector [J]. Procedia-Social and Behavioral Sciences, 2016, 230: 226-234.

Spencer L M, McClelland D C, Spencer S M. Competency Assessment Methods: History and State of the Art [M]. Boston: Hay-McBer Research Press, 1994.

Spencer L M, McClelland S. Competency Assessment Methods: History and State of the Art [M].Boston: Hay-McBer Research Press, 1994.

Spencer L M, Spencer S M. Competence at Work: Models for Superior Performance[M]. New York: John Wiley & Sons, Inc, 1993.

Staff J. Development of engineering competency models continues [J]. Journal of Petroleum Technology, 2016, 68(2): 54-57.

Tigelaar D E H，Dolmans D H J M, Wolfhagen I H A P, et al.The development and validation of a framework for teaching competencies in higher education[J]. Higher-Education，2004, 48(2): 253-268.

Uden J R. A case study of higher education competency models utilizing an assessment framework [J]. ProquestLlc, 2012: 174.

Unruh A, Turner H E. Supervision for Change and Innovation [M]. Boston: Houghton Mifflin, 1970.

Wilkinson A M. The Scientist's Handbook for Writing Papers and Dissertations [M]. Englewood Cliffs, NJ: Prentice Hall, 1991.

Woodruffe C. What is meant by a competency[J]. Leadership and Organizational Development Journal, 1993, 14: 29-36.

Yeung A K. Competencies for HR professionals, an interview with richard boyatzis [J]. Human Resource Management, 1996(1): 119-132.

Yukl G. Managerial leadership: A review of theory and research[J]. Journal of Management，1989(15): 251.

阿吉里斯，舍恩.实践理论 [M].邢清清，赵宁宁，译.北京：教育科学出版社，2008.

埃利斯.课程理论及其实践范例 [M].张文军，译.北京：清华大学出版社，2005.

巴克教育研究所.项目学习教师指南 [M].任伟，译.北京：教育科学出版社，2008.

白非，万圆.校企协同实践教学体系：内涵、路径与关键问题 [J].现代教育管理，2014（10）：85-90.

卞丹丹.产教融合视域下高职"双师型"教师胜任力提升研究 [J].太原城市职业技术学院学报，2019（11）：52-54.

别敦荣.我国高职教育内涵式发展历程及研究现状述评 [N].云南经济日报,2018-12-10(1).

蔡永红，林崇德.教师绩效评价的理论与实践 [J].教师教育研究，2005（1）：36-41.

蔡则祥，刘海燕.实践教学理论研究的几个角度 [J].中国大学教学，2007（3）：79-80.

操太圣，卢乃桂.伙伴协作与教师赋权——教师专业发展新视角 [M].北京：教育科学出版社，2007.

曹正香.中职教师教学胜任力实现过程中隐性因素分析 [D].广州：广东技术师范学院，2016.

常欣，陈淑娟，杨金花，等.中小学教师教学胜任特征模型的检验 [J].心理科学，2009，32（1）：178-180，189.

陈本敬.困境与转向：高职教师专业发展环境探析 [J].黑龙江高教研究，2012，30（3）：126-128.

陈斌，刘轩.高等职业院校教师胜任力模型的构建 [J].高教发展与评估，2011，27（6）：106-110.

陈德云，周南照.教师专业标准及其认证体系的开发——以美国优秀教师专业标准及认证为例 [J].教育研究，2013，34（7）：128-135.

陈冬松.地方工科院校教师教学发展策略的思考与重构 [J].吉林化工学院学报，2018，35（6）：37-41.

陈冬松.转型期背景下地方工科院校教师教学发展策略探析——以吉林化工学院为例 [J].吉林化工学院学报，2018，35（4）：50-54.

陈强.高职院校教师专业发展初论 [J].江苏高教，2017（7）：95-97.

陈向明，等.搭建实践与理论之桥：教师实践性知识研究 [M].北京：教育科学出版社，2011.

陈向明.质的研究方法与社会科学研究 [M].北京：教育科技出版社，2000.

陈小云."双元育人"模式下高职双师型教师职业胜任力提升策略 [J].中外企业家，2019（16）：162-163.

谌珊.企业中层管理者胜任力结构模型研究 [J].贵州财经大学学报，2015（5）：104-109

慈琳.高校教师网络教学胜任力结构模型构建研究 [D].长春：东北师范大学，2012.

戴维斯.教学方法手册 [M].严慧仙，译.杭州：浙江大学出版社，2006.

单中惠.教师专业发展的国际比较 [M].北京：教育科学出版社，2010.

邓宏宝.高职院校职业生涯辅导课程开发研究 [D].南京：南京师范大学，2012.

邓友超.教师实践智慧及其养成 [M].北京：教育科学出版社，2007.

丁钢.全球化背景下的教师专业发展创新计划 [M].北京：北京师范大学出版社，2009.

丁金昌.高职院校"三能"师资队伍建设的思考与实践 [J].中国高教研究，2012（7）：90-92.

杜学文，梁雪，王曼.职教师资培养本科专业课程体系研究：问题与出路 [J].黑龙江高教研究，2017（5）：127-129.

樊小杰，吴庆宪.提升研究型大学青年教师教学能力：制度创新与文化重构并举 [J].高等教育研究，2014，35（9）：50-55.

范良火.教师教学知识发展研究 [M].上海：华东师范大学出版社，2003.

范梅南.教学机智 [M].李树英，译.北京：教育科学出版社，2001.

冯明.对工作情景中人的胜任力研究 [J].外国经济与管理，2001（8）：22-26，31.

冯旭芳，李海宗. 德国企业参与职业教育实践教学和培训模式对我国的启示 [J]. 职教论坛，2008（18）：60–61.

冯旭芳，张桂春. "转型"试点高校"双师双能型"教师队伍建设探究 [J]. 高等工程教育研究，2017（1）：140–144.

冯旭芳. 高职实践教学质量保障体系研究 [D]. 杭州：浙江工业大学，2008.

冯旭芳. 高职院校发展战略规划 [M]. 杭州：浙江大学出版社，2014.

冯旭芳. 高职院校专业课教师企业实践研究——基于浙江省 15 所高职院校的问卷数据与访谈资料 [J]. 职教论坛，2018（3）：94–100.

傅琼. 公平理论在高职兼职教师激励中的应用 [J]. 教育与职业，2010（18）：44–45.

甘宜涛，苑健. 工程专业认证视角下的工科教师专业化发展研究 [J]. 现代教育管理，2017（10）：119–123.

葛洛曼，劳耐尔. 国际视野下的职业教育师资培养 [M]. 石伟平，译. 北京：外语教学与研究出版社，2011.

苟维杰，杨大伟. 职业院校教师企业实践现状调查及建议 [J]. 职教论坛，2019（10）：73–80.

谷丽丽. 德国职教兼职教师的特点及启示 [J]. 教育与职业，2011（25）：100–102.

国务院. 关于深化产教融合的若干意见 [Z]. 国办发〔2017〕95 号，2017–12–05.

国务院. 国家职业教育改革实施方案 [Z]. 国发〔2019〕4 号，2019–01–24.

韩茂源. 行动导向教学法的理论释义及实践解读 [J]. 黑龙江高教研究，2011（6）：146–148.

郝永林. 研究型大学教师教学胜任力建模——基于 41 份文本分析的理论构建 [J]. 高教探索，2015（8）：76–81.

郝兆杰，潘林. 高校教师翻转课堂教学胜任力结构模型构建研究——兼及"人工智能 +"背景下的教学新思考 [J]. 远程教育杂志，2017，35（6）：66–75.

何贵阳. 角色论视阈下谈高职院校教师教育教学能力的构成 [J]. 中国成人教育，2014（20）：121–123.

何齐宗，熊思鹏. 高校教师教学胜任力结构模型构建研究 [J]. 高等教育研究，2015，36（7）：60–67.

何齐宗，赵志纯. 高校教师教学胜任力的调查与思考 [J]. 中国大学教学，2018（7）：77–79，85.

何齐宗. 我国高校教师胜任力研究：进展与思考 [J]. 高等教育研究，2014，35（10）：38–45.

何阅雄，蒋云良，马志和，等.教学型高校青年教师教学能力"三阶段四协同"发展模式的探索 [J].高等工程教育研究，2013（6）：97–102.

胡冰.信访工作者胜任特征及其影响因素 [M].北京：中国社会出版社，2010.

胡海员.高职院校青年教师自我导向专业发展的路径探究 [J].黑龙江高教研究，2012，30（6）：85–87.

胡欣，石菲，王孙禺.我国高校工科教师的工程实践水平研究 [J].中国大学教学，2016（8）：74–80.

黄斌.青年高校工科教师教学体会 [J].高教学刊，2018（23）：106–108.

黄宏伟.高职院校专业教师实践教学能力培养的问题与对策 [J].教育与职业，2010（14）：51–52.

惠晓丽，吉莉，徐鹏.高等工科院校青年教师工程实践能力培养问题研究 [J].教育科学，2010，26（6）：65–68.

霍晓丹.高校辅导员素质标准与开发 [M].北京：北京大学出版社，2013.

贾文胜，梁宁森.归属感提升：高职院校兼职教师激励与培养路径探析 [J].高等工程教育研究，2015（6）：162–166.

贾文胜，梁宁森.基于校企共同体的高职院校"双师型"教师队伍建设 [J].中国高教研究，2015（1）：92–95.

姜大源.当代德国职业教育主流教学思想研究——理论、实践与创新 [M].北京：清华大学出版社，2007.

姜大源.职业教育学研究新论 [M].北京：教育科学出版社，2007.

姜美玲.教师实践性知识研究 [M].上海：华东师范大学出版社，2008.

姜勤德，蔡永红，孟静怡，等.基层统计部门领导胜任力结构模型的构建与检验 [J].统计与决策，2019，35（4）：63–67.

蒋宗珍.高职"双师型"教师实践教学能力培养 [J].教育与职业，2011（20）：63–64.

教育部，财政部.关于实施职业院校教师素质提高计划（2017—2020年）的意见 [Z].教师〔2016〕10号，2016–11–15.

教育部，国家发展改革委，财政部.关于引导部分地方普通本科高校向应用型转变的指导意见 [Z].教师〔2015〕7号，2015–10–23

教育部.关于全面提高高等教育质量的若干意见 [Z].教高〔2012〕4号，2012–3–16.

教育部.关于职业院校专业人才培养方案制订与实施工作的指导意见 [Z].教职成〔2019〕13号，2019–6–11.

教育部等七部门.职业学校教师企业实践规定 [Z].教师〔2016〕3号，2016–05–11.

教育部等四部门.深化新时代职业教育"双师型"教师队伍建设改革实施方案 [Z].教师〔2019〕6号，2019–08–30.

教育部师范教育司.教师专业化的理论与实践（修订版）[M].北京：人民教育出版社，2003.

杰塞尔，格里菲思.学会教学 [M].丰继平，徐爱英，译.上海：华东师范大学出版社，2009.

金辉.高职院校教师开展行动研究的意义与路径 [J].中国高教研究，2012（12）：88–91.

金礼舒.基于胜任力理论的高职院校"双师型"教师队伍建设 [J].教育与职业，2019（24）：53–56.

金娜，龚幼龙.工作任务分析方法及其应用 [J].国外医学（社会医学分册），1995（4）：153–156.

金薇.高职院校兼职教师教学能力及管理现状调查报告 [J].邢台职业技术学院学报，2016，33（2）：35–38.

康锦堂.教学能力结构及测评 [M].厦门：厦门大学出版社，1991.

克莱因，斯佩克特，格拉博斯基，等.教师能力标准——面对面、在线及混合情境 [M].顾小清，译.上海：华东师范大学出版社，2007.

肯尼迪.学术责任 [M].阎凤桥，等，译.北京：新华出版社，2002.

雷忠良.转制型高职院校高层次教师队伍建设的对策研究 [J].高教探索，2015（7）：104–107.

李德方.做一个胜任的校长——高职院校校长胜任力研究 [M].北京：知识产权出版社，2015.

李斐.教育供给侧改革背景下高职院校教师职业胜任力提升策略 [J].开封教育学院学报，2017，37（10）：127–128.

李海涛，郭华东.如何在校企合作中提高教师的实践教学能力 [J].职教论坛，2011（29）：80–81.

李海宗，冯旭芳.高职院校实践教学质量保障的作用与实现 [J].中国高教研究，2010（3）：92–93.

李宏.教师能力素质导论 [M].广东：世界图书出版广东有限公司，2013.

李慧亭.中学信息技术教师教学胜任力研究 [D].南京：南京师范大学，2011.

李季.教育影响力是教师的核心素养 [J].江苏教育，2017（23）：1.

李可.高职院校青年教师实践教学能力的培养 [J].教育与职业，2016，（22）：77–79.

李梦卿，杨妍旻."双师型"视阈下职业院校教师到企业实践工作的研究 [J]. 教育发展研究，2013（19）：53-58.

李明成，陈建平，童明波.着力实践 提升青年教师教学能力 [J]. 中国高等教育，2013（1）：29-32.

李明斐，卢小君.胜任力与胜任力模型构建方法研究 [J]. 大连理工大学学报（社会科学版），2004（1）：28-32.

李庆明.美国职业教育教师标准浅析 [J]. 中等职业教育，2010（12）：32-35.

李鲜玲，张志平，高红艳.高职院校专业教师队伍建设刍议 [J]. 教育发展研究，2012，32（17）：78-81.

李晓静.工科院校青年教师提升教学能力的探索与实践 [J]. 黑龙江高教研究，2015（12）：109-111.

李长华，曾晓东.美国高校教师绩效评价存在的争议 [J]. 外国教育研究，2004（11）：40-43.

联合国教科文组织.教育——财富蕴藏其中 [M]. 北京：教育科学出版社，1996.

梁成艾.职业学校"双师型"教师专业化发展论 [M]. 重庆：西南交通大学出版社，2014.

廖宏建，张倩苇.高校教师 SPOC 混合教学胜任力结构模型——基于行为事件访谈研究 [J]. 开放教育研究，2017，23（5）：84-93.

林金辉，潘赛.研究型大学青年教师教学能力结构的实证研究 [J]. 江苏教育，2010（6）：82-84.

林立杰.高校教师胜任力研究与应用 [M]. 北京：中国物资出版社，2010.

林莉萍，张祥兰.高职教师胜任特征的实证分析 [J]. 现代教育管理，2014（12）：66-69.

林杏花.国外高职"双师型"教师队伍建设的经验及启示 [J]. 黑龙江高教研究，2011（3）：59-61.

蔺粟.高校青年教师教学胜任特征模型的构建研究 [D]. 西安：西北大学，2014.

刘邦祥，吴全全.德国职业教育行动导向的教学组织研究 [J]. 中国职业技术教育，2007（5）：51-53，55.

刘邦祥."行动导向教学"原则下的教师职业能力建设 [J]. 职业技术教育，2008，29（27）：56-58.

刘福才，刘复兴.教师教育政策顶层设计之省思 [J]. 济南大学学报（社会科学版），2013，23（3）：86-90，92.

刘洁.高职院校青年教师实践教学能力研究 [D]. 南充：西华师范大学，2015.

刘捷.专业化：挑战 21 世纪的教师 [M]. 北京：教育科学出版社，2002.

刘猛. 多维视角下的我国高职教师专业化发展 [J]. 中国高教研究，2014（10）：98–101.

刘钦瑶，葛列众，刘少英. 教师胜任力研究述评 [J]. 高等工程教育研究，2007（1）：65–69.

刘淑杰. 教育研究方法 [M]. 北京：北京大学出版社，2016.

刘兴凤，张安富. 高校工科教师胜任力的研究——模型构建与实证分析 [J]. 高等工程教育研究，2018（1）：154–158.

刘兴凤. 基于胜任力的高校工科教师绩效评价研究 [D]. 武汉：武汉理工大学，2016.

刘泽文. 胜任力建模——人才选拔与考核实例分析 [M]. 北京：科学出版社，2009.

刘仲文，刘守义，朱方来，等. 高等职业技术教育实践教学研究 [M]. 北京，清华大学出版社，2006.

柳燕君. 现代职业教育教学模式——职业教育行动导向教学模式研究与实践 [M]. 北京：机械工业出版社，2016.

陆靓霞. 高职院校教师双师素质提升研究 [J]. 中国高教研究，2013（5）：104–106.

陆宁宁. 高职院校中青年教师实践教学能力提高途径研究 [J]. 常州信息职业技术学院学报，2009，8（6）：82–83.

马星，刘贤伟. 基于责任三角模型的高校教师责任感研究 [J]. 高教探索，2015（6）：117–121.

慕玮，杨春平. 论高职院校师资队伍整合的出发点及路径 [J]. 黑龙江高教研究，2017（3）：138–140.

潘玲珍. 基于产教融合的高职教师专业发展研究 [J]. 高等工程教育研究，2015（2）：159–163.

潘文安. IT 业项目经理人胜任力结构模型研究 [J]. 科技进步与对策，2005（2）：152–154.

潘文光. 略论学校教师专业发展文化的创建——组织文化的视角 [J]. 教师教育研究，2006（5）：26–29.

彭剑锋. 人力资源管理 [M]. 北京：中国人民大学出版社，2003.

庆海涛，陈媛媛，关琳，等. 智库专家胜任力结构模型构建 [J]. 图书馆论坛，2016，36（5）：34–39.

邵海燕. 中等职业学校教师教学能力培养课程体系建构 [D]. 哈尔滨：哈尔滨师范大学，2011.

邵建东，徐珍珍. 现代职教体系下高职师资队伍建设的诉求、问题与路径 [J]. 中国高教研究，2016（3）：100–103.

佘远富.地方高校青年教师教学能力的现状考察与对策思考[J].高等工程教育研究，2010（5）：150–155.

舍恩.反映的实践者——专业工作者如何在行动中思考[M].夏林清，译.北京：教育科学出版社，2007.

舍恩.培养反映的实践者：专业领域中关于教与学的一项全新设计[M].郝彩虹，等，译.北京：教育科学出版社，2008.

申继亮，王凯荣.论教师的教学能力[J].北京师范大学学报（人文社会科学版），2000（1）：64–71.

申继亮，姚计海.心理学视野中的教师专业化发展[J].北京师范大学学报（社会科学版），2004（1）：35.

圣吉.第五项修炼——学习型组织的艺术与实务[M].郭进隆，译.上海：上海三联书店，1998.

施晶晖.高职院校教师专业发展的问题与对策研究[J].黑龙江高教研究，2018，36（5）：121–124.

施克灿.国际教师专业发展标准的三种模式及其启示[J].比较教育研究，2004（12）：81–85.

石中英.教育哲学导论[M].北京：北京大学出版社，2002.

石中英.知识转型与教育改革[M].北京：教育科学出版社，2007.

时勘，侯彤妹.关键事件访谈的方法[J].中外管理导报，2002（3）：52–55.

时勘，王继承，李超平.企业高层管理者胜任特征模型评价的研究[J].心理学报，2002（3）：306–311.

舒尔曼.实践智慧：论教学、学习与学会教学[M].王艳玲，等，译.上海：华东师范大学出版社，2015.

束仁龙.新建本科高校青年教师教学能力提升探讨[J].江苏高教，2011（5）：51–52.

宋明江，胡守敏，杨正强.论教师教学能力发展的特征、支点与趋势[J].教育研究与实验，2015（2）：49–52

宋明江.高职院校"双师型"教师教学能力发展研究[D].重庆：西南大学，2015.

宋晓芳.高校教师教学胜任力结构模型研究[D].武汉：华中科技大学，2007.

苏志刚.论高职院校教师专业素质三维结构[J].中国高教研究，2013（12）：73–76.

孙蓓雄."双师型"背景下的高职院校青年教师培养机制研究[J].黑龙江高教研究，2012，30（2）：102–105.

孙翠香.职业教育教师专业标准的内涵及内容架构 [J].中国职业技术教育，2013（3）：51–55.

孙晶，王奇.提高工科青年教师教学能力的思考与建议 [J].黑龙江畜牧兽医，2016（6）：168–169.

孙晓燕.人力资源管理教师实践教学胜任力洋葱模型 [J].人才资源开发，2017（24）：141–142.

谈向群，姜敏凤."专业教学论"与高职教师专业化培养 [J].江苏高教，2011（3）：123–125.

谭宏，李守林.职业院校教师到企业实践现状及对策探析 [J].中国职业技术教育，2017（22）：63–66.

汤舒俊，刘亚，郭永玉.高校教师胜任力结构模型研究 [J].教育研究与实验，2010（6）：78–81.

唐金花.校企利益共同体的高职教师专业发展路径探究 [J].黑龙江高教研究，2012，30（5）：87–89.

唐玉光.教师专业发展的研究 [J].外国教育资料，1999（6）：39–43.

唐振华，池云霞.高职教师反思性实践分层及研修转向 [J].中国高教研究，2016（12）：99–103.

唐智彬，石伟平.国际视野下我国职教师资队伍建设的问题与思路 [J].教师教育研究，2012，24（2）：57–62.

陶宇，任聪敏.高职教师教学能力发展的路径和策略研究 [J].高等教育研究，2015，36（11）：50–54.

涂三广，石伟平.职业学校教师企业实践的身份认同困境及其超越 [J].河北师范大学学报（教育科学版），2016（3）：60–64

涂三广.职业院校教师到企业实践：问题与对策 [J].职教论坛，2014（27）：23–27.

万卫.教师实践能力与高职院校的教学改革 [J].学术论坛，2015，38（7）：177–180.

王成福，邵建东，陈海荣，等.高职教师专业实践能力的内涵及培养对策 [J].高等工程教育研究，2015（3）：146–151.

王剑.社会交换理论视角下职业院校教师企业实践困境与对策分析 [J].中国职业技术教育，2016（7）：73–77.

王良春，冯旭芳，等.基地＋联盟：高技能人才协同式培育的实践探索 [M].杭州：浙江大学出版社，2017.

王诺斯，彭绪梅，徐晗.高校兼职教师教学能力提升路径研究 [J].高教发展与评估，2019，35（4）：53–65，80，112.

王强. 知德共生：教师胜任力发展研究 [D]. 上海：华东师范大学，2008.

王为民. 走出"制度陷阱"：高职教师专业发展制度的供给困境反思 [J]. 河南大学学报（社会科学版），2018，58（1）：137–142.

王宪平，唐玉光. 课程教学视野下的教师教学能力结构 [J]. 集美大学学报，2006（1）：30–31.

王宪平. 课程改革与教师教学能力发展研究 [M]. 上海：学林出版社，2009.

王亚南. 高职院校专业带头人能力模型构建及发展研究 [D]. 上海：华东师范大学，2018.

王亚盛. 提升高职院校教师职业能力方法研究——职业能力结构要素与标准构建 [M]. 北京：清华大学出版社，2014.

王振洪. 高职院校兼职教师有效管理探析 [J]. 教育发展研究，2010，30（5）：72–75.

王重鸣，陈民科. 管理胜任特征分析：结构方程模型检验 [J]. 心理科学，2002（5）：513–516，637.

王重鸣. 管理心理学 [M]. 北京：人民教育出版社，2000.

魏军锋. 高校青年教师职业认同对工作满意度影响的实证分析 [J]. 黑龙江高教研究，2015（10）：33–37.

魏钧，张德. 国内商业银行客户经理胜任力结构模型研究 [J]. 南开管理评论，2005（6）：4–8.

魏钧，张德. 商业银行风险经理胜任力结构模型与层级结构研究 [J]. 管理世界，2007（6）：86–93.

魏明，郝理想. "实践教学能力建设"概念透析 [J]. 职教论坛，2010（15）：64–66.

文剑辉. 地方高校教师专业发展的策略研究——基于教学学术的视角［J］. 高教探索，2017（3）：123–128.

翁朱华. 澳大利亚 TAFE 教师发展的实践模式及其启示 [J]. 全球教育展望，2011，40（8）：45–52.

吴炳岳，等. 职业院校"双师型"教师专业标准及培养模式研究 [M]. 北京：教育科学出版社，2014.

吴继霞，黄希庭. 诚信结构初探 [J]. 心理学报，2012（3）：356.

吴明隆. 问卷统计分析实务——SPSS 操作与应用 [M]. 重庆：重庆大学出版社，2011.

吴秋凤，宋晓昱. 工科院校教师教学评价体系的构建研究——基于学生学习成效的视角 [J]. 教育探索，2019（5）：100–104.

肖薇. 高职院校教师激励管理制度的实证研究 [J]. 学术探索，2012（11）：116–118.

谢员. 企业员工通用胜任力结构模型的构建与验证 [M]. 广州：世界图书出版公司，2017.

邢强，孟卫青.未来教师胜任力测评：原理和技术 [J]. 开放教育研究，2003（4）：39-42.

熊华军.高校青年教师教学能力发展研究——基于西北民族地区 17 所高校的调查 [M].
　　北京：科学出版社，2016.

熊思鹏.高校青年教师教学胜任力结构模型与测评研究 [D]. 南昌：江西师范大学，2015.

徐芳.研发团队胜任力结构模型的构建及其对团队绩效的影响 [J]. 管理现代化，2003（2）：
　　43-46.

徐国庆.高职教师课程、教学能力分析与提升路径构建 [J]. 中国高教研究，2015（12）：
　　96-99.

徐国庆.职业教育课程与教学论 [M]. 上海：华东师范大学出版社，2008.

徐继红.高校教师教学能力结构模型研究.长春：东北师范大学，2013.

徐建平，张厚粲.中小学教师胜任力结构模型：一项行为事件访谈研究 [J]. 教育研究，
　　2006（1）：57-61，87.

徐建平.教师胜任力结构模型与测评研究 [D]. 北京：北京师范大学，2004.

徐丽，孙艳萍.民办本科高校实践教学教师胜任力模型构建 [J]. 大学教育，2013（23）：
　　27-28.

徐伟丽，何胜华，杨林.研究型高校工科专业青年教师实践教学能力提升途径探讨 [J].
　　黑龙江高教研究，2019，37（3）：82-85.

徐艳.职技高师院校教师实践教学能力提升策略研究与实践 [J]. 职教论坛，2015（11）：
　　13-16.

许迈进，章瑚纬.研究型大学教师应具备怎样的教学能力？——基于扎根理论的质性研
　　究探索 [J]. 浙江大学学报（人文社会科学版），2014，44（2）：5-15.

薛茂云.用"工匠精神"引领高职教师创新发展 [J]. 中国高等教育，2017（8）：55-57.

薛琴.胜任力结构模型构建与应用研究——以教学型高校教师为例 [M]. 南京：南京大学
　　出版社，2016.

闫志利，李欣旖，邰牧寒.高职教师企业实践的阻力因素与动力机制研究 [J]. 黑龙江高
　　教研究，2018，36（10）：126-131.

颜正恕.高校教师慕课教学胜任力结构模型构建研究 [J]. 开放教育研究，2015，21（6）：
　　104-111.

杨超.高职教育实践课教师专业发展阶段探析——基于发展任务与关注内容的视角 [J].
　　教育理论与实践，2012，32（30）：23-25.

杨茜，周莹.高校工程实践课程教师胜任力模型初探 [J]. 中国新技术新产品，2010（23）：
　　228.

杨雪.员工胜任素质模型与任职资格全案 [M].北京：人民邮电出版社，2017.

杨彦.高职院校师资队伍多元化建设与协同创新路径研究 [J].高等工程教育研究，2016（2）：163-166.

姚利民，贺光明，段文彧，等.自主发展与学校促进：高校青年教师教学发展策略探寻 [J].大学教育科学，2018（2）：43-49，67.

姚翔，王垒，陈建红.项目管理者胜任力结构模型 [J].心理科学，2004（6）：1497-1499.

叶澜，白益民，王枬，等.教师角色与教师发展新探 [M].北京：教育科学出版社，2001.

易森林，程宜康.高职院校教师专业化发展研究述评 [J].现代教育管理，2014（5）：79-83.

游明伦.政校企合作：高职教师的培养模式 [J].中国高等教育，2012（22）：47-49.

俞成涛，孙月梅，叶霞.新工科建设背景下地方高校教师教学能力提升途径研究 [J].江苏理工学院学报，2019，25（6）：102-106.

俞启定，和震，等.职业教育本质论 [J].中国职业技术教育，2009（27）：5-10.

喻科.基于个体差异视角的教师实践教学能力培养路径优化 [J].教育评论，2015，（10）：117-119.

袁晓初，张利.高职院校"双师型"教师队伍能力研究 [J].黑龙江高教研究，2013，31（1）：117-118.

臧乐源.教师学 [M].天津：天津人民出版社，1987.

张宝成.二次职业化：高职院校教师成长与发展的必经之路 [J].教育理论与实践，2018，38（6）：23-25.

张承芬.教师素质学 [M].济南：济南出版社，1990.

张丹，孙月华，胡金平，等.新工科背景下煤炭院校青年教师教学能力提高途径初探 [J].才智，2018（25）：125.

张锋.校企合作视角下高职院校师资队伍建设路径探析 [J].教育理论与实践，2017，37（9）：14-15.

张桂春.职业院校实践课教师专业发展的国际比较研究 [M].长春：长春出版社，2014.

张浩.高校教师本科教学胜任素质模型构建 [D].成都：西南财经大学，2011.

张洪春，林文学.高职院校教师教学能力形成阶段与发展模型研究 [J].现代教育管理，2014（5）：84-88.

张洪春，温中梅.高职教师教学能力成熟度模型的研究及应用 [J].现代教育管理，2015（9）：115-119.

张立昌. 试论教师的反思及其策略 [J]. 教育研究，2001（12）：17–21.

张薐奥，代德伟. 地方工科院校青年教师提升教学能力的路径选择 [J]. 西部素质教育，2019，5（12）：109–110.

张鬼. 研究型医师胜任力结构模型构建研究 [D]. 上海：中国人民解放军海军军医大学，2018.

张伟萍. 高职教师专业化发展的标准构建与实践动向 [J]. 中国高教研究，2013（6）：99–102.

张伟萍. 高职院校兼职教师胜任素质模型建构 [J]. 教育发展研究，2014（11）：60–69.

张伟萍. 协同创新视角下高职院校"双师型"教师队伍建设路径探析 [J]. 高等教育研究，2014，35（4）：56–59.

张文文. 高校工科教师工程实践教学能力问题与对策研究 [D]. 北京：北京工业大学，2019.

张祥兰，许放. 项目化课程改革中高职院校工科专业教师教学胜任力研究 [J]. 高教探索，2009（6）：123–126.

张晓冬，嵇波. 新工科背景下高职教师实践共同体构建策略研究 [J]. 机械职业教育，2019（11）：59–62.

张新兰. 高职院校"双师型"教师胜任力模型研究 [J]. 保山学院学报，2019，38（1）：89–96.

张亚. 论新时期我国高职教师专业化发展 [J]. 教育理论与践，2014，34（21）：33–34.

张颖，蒋永忠，黄锐. 高职院校"双师型"教师胜任力结构模型的构建 [J]. 安徽农业大学学报（社会科学版），2010，19（2）：61–64.

张志新. 基于测评的职业教育教师职业能力研究 [M]. 北京：清华大学出版社，2016.

张忠华，李婷婷. 论大学青年教师的教学能力结构与发展策略——基于实证的结论与逻辑的分析 [J]. 中国高教研究，2013（4）：51–55.

赵辉，黄晓，韦小军. 党政领导干部胜任力结构模型的构建 [J]. 科学管理研究，2006（2）：88–91.

赵志群，罗什. 职业教育行动导向的教学 [M]. 北京：清华大学出版社，2016.

赵志群. 职业教育工学结合一体化课程开发指南 [M]. 北京：清华大学出版社，2009.

郑开启，李国芬. 新工科教育背景下高校青年教师教学能力提升对策研究 [J]. 科教文汇（中旬刊），2019（8）：71–72.

郑其恭，李冠乾. 教师的能力结构 [M]. 广州：广州教育出版社，1993.

仲理峰，时勘. 家族企业高层管理者胜任特征模型 [J]. 心理学报，2004（1）：110–115.

仲理峰，时勘.胜任特征研究的新进展[J].南开管理评论，2003（2）：4–8.

周翠霞.中职教师胜任特征模型的构建[J].中国健康心理学杂志，2012，20（3）：374–376.

周慧娜.提升高职院校兼职教师教学能力对策研究——基于对天津市部分高职院校的调查[J].厦门城市职业学院学报，2015，17（4）：63–67.

周建松，陈正江.高职院校教师职业发展的逻辑起点与推进策略[J].现代教育管理，2015（8）：80–85.

周建松.提高质量：高职院校师资队伍建设的着力点[J].教育研究，2012，33（1）：138–140，157.

周榕.高校教师远程教学胜任力结构模型构建的实证研究[J].电化教育研究，2012，33（11）：86–92.

周作云，等.教师心理学概论[M].成都：成都科技大学出版社，1988.

朱建柳.高职院校专业教师职业能力模型建构及其应用[D].上海：华东师范大学，2016.

朱小蔓，笪佐领.新世纪教师教育的专业化走向[M].南京：师范大学出版社，2004.

朱秀民."卓越工程师教育培养计划"模式下的高校工科教师专业化建设[J].现代教育管理，2014（1）：107–110.

朱正伟，周红坊，马一丹，等.面向新工业革命的工科教师专业发展新阐释[J].高等工程教育研究，2019（2）：79–85.

祝成林，张宝臣.高职院校教师教学实践智慧：内涵、价值与生成路径[J].中国高教研究，2014（6）：94–97.

祝成林.高职院校教师的身份及其文化建构[J].教师教育研究，2017，29（3）：19–24.

祝英杰，曲成平，商怀帅，等.高等工科院校教师教学能力提升途径研究[J].中国成人教育，2016（12）：147–150.

庄榕霞，俞启定.高职院校双师素质教师基本特征及资格标准研究——基于39所国家骨干高职立项建设院校的分析[J].教师教育研究，2014，26（1）：69–74.

邹赐岚.卓越工科教师队伍建设：基于胜任特征的视角[J].首都师范大学学报（社会科学版），2015（4）：147–150.

邹艳荣.高职院校"双师型"教师胜任力模型的构建[J].学理论，2016（4）：207–208.

附　录

附录一：高职院校工科专业教师实践教学胜任力的开放式问卷

尊敬的老师：

您好！

本问卷旨在了解高职院校工科专业教师实践教学应具备的胜任力（包括知识、能力、态度与价值观、特质与动机等），请列出您认为高职院校工科专业教师实践教学应具备的胜任力，并简述理由。您提供的材料仅用于学术研究，请直接写在题后横线处。衷心地感谢您的支持！

实践教学胜任力调研课题组

1.＿＿＿＿＿＿＿＿＿＿＿＿＿＿＿＿＿＿＿＿＿＿＿＿＿＿＿＿＿＿

2.＿＿＿＿＿＿＿＿＿＿＿＿＿＿＿＿＿＿＿＿＿＿＿＿＿＿＿＿＿＿

3.＿＿＿＿＿＿＿＿＿＿＿＿＿＿＿＿＿＿＿＿＿＿＿＿＿＿＿＿＿＿

4.＿＿＿＿＿＿＿＿＿＿＿＿＿＿＿＿＿＿＿＿＿＿＿＿＿＿＿＿＿＿

5.＿＿＿＿＿＿＿＿＿＿＿＿＿＿＿＿＿＿＿＿＿＿＿＿＿＿＿＿＿＿

6.＿＿＿＿＿＿＿＿＿＿＿＿＿＿＿＿＿＿＿＿＿＿＿＿＿＿＿＿＿＿

7.＿＿＿＿＿＿＿＿＿＿＿＿＿＿＿＿＿＿＿＿＿＿＿＿＿＿＿＿＿＿

8.＿＿＿＿＿＿＿＿＿＿＿＿＿＿＿＿＿＿＿＿＿＿＿＿＿＿＿＿＿＿

9.＿＿＿＿＿＿＿＿＿＿＿＿＿＿＿＿＿＿＿＿＿＿＿＿＿＿＿＿＿＿

10.＿＿＿＿＿＿＿＿＿＿＿＿＿＿＿＿＿＿＿＿＿＿＿＿＿＿＿＿＿

11.＿＿＿＿＿＿＿＿＿＿＿＿＿＿＿＿＿＿＿＿＿＿＿＿＿＿＿＿＿

12.＿＿＿＿＿＿＿＿＿＿＿＿＿＿＿＿＿＿＿＿＿＿＿＿＿＿＿＿＿

13.＿＿＿＿＿＿＿＿＿＿＿＿＿＿＿＿＿＿＿＿＿＿＿＿＿＿＿＿＿

14.＿＿＿＿＿＿＿＿＿＿＿＿＿＿＿＿＿＿＿＿＿＿＿＿＿＿＿＿＿

15.＿＿＿＿＿＿＿＿＿＿＿＿＿＿＿＿＿＿＿＿＿＿＿＿＿＿

16.＿＿＿＿＿＿＿＿＿＿＿＿＿＿＿＿＿＿＿＿＿＿＿＿＿＿

17.＿＿＿＿＿＿＿＿＿＿＿＿＿＿＿＿＿＿＿＿＿＿＿＿＿＿

18.＿＿＿＿＿＿＿＿＿＿＿＿＿＿＿＿＿＿＿＿＿＿＿＿＿＿

19.＿＿＿＿＿＿＿＿＿＿＿＿＿＿＿＿＿＿＿＿＿＿＿＿＿＿

20.＿＿＿＿＿＿＿＿＿＿＿＿＿＿＿＿＿＿＿＿＿＿＿＿＿＿

21.＿＿＿＿＿＿＿＿＿＿＿＿＿＿＿＿＿＿＿＿＿＿＿＿＿＿

22.＿＿＿＿＿＿＿＿＿＿＿＿＿＿＿＿＿＿＿＿＿＿＿＿＿＿

23.＿＿＿＿＿＿＿＿＿＿＿＿＿＿＿＿＿＿＿＿＿＿＿＿＿＿

24.＿＿＿＿＿＿＿＿＿＿＿＿＿＿＿＿＿＿＿＿＿＿＿＿＿＿

25.＿＿＿＿＿＿＿＿＿＿＿＿＿＿＿＿＿＿＿＿＿＿＿＿＿＿

26.＿＿＿＿＿＿＿＿＿＿＿＿＿＿＿＿＿＿＿＿＿＿＿＿＿＿

27.＿＿＿＿＿＿＿＿＿＿＿＿＿＿＿＿＿＿＿＿＿＿＿＿＿＿

28.＿＿＿＿＿＿＿＿＿＿＿＿＿＿＿＿＿＿＿＿＿＿＿＿＿＿

29.＿＿＿＿＿＿＿＿＿＿＿＿＿＿＿＿＿＿＿＿＿＿＿＿＿＿

30.＿＿＿＿＿＿＿＿＿＿＿＿＿＿＿＿＿＿＿＿＿＿＿＿＿＿

请您填上个人相关信息：

学校：＿＿＿＿＿＿＿＿＿＿＿＿＿＿＿＿ 专业：＿＿＿＿＿＿＿＿＿＿＿＿＿＿＿＿

性别：＿＿＿＿＿＿＿＿＿＿＿＿＿＿＿＿联系电话：＿＿＿＿＿＿＿＿＿＿＿＿＿＿

附录二：高职院校工科专业教师实践教学胜任力访谈提纲

姓名		性别		
出生年月		学历		
工作单位		职称职务		
执教年限		执教年级		
授课名称		获得奖励		
访谈者		访谈时间	年　　月　　日	

访谈说明：

您好！非常感谢您在百忙之中抽出时间接受本访谈！本访谈旨在通过您的陈述了解高职院校工科专业教师实践教学胜任力结构。您的意见对我们开展的研究来说十分宝贵！

本项研究将会占用您宝贵的时间，非常感谢您的全力支持和帮助。为了便于整理，我们将对您的谈话录音，并保证谈话内容的保密性。本资料仅供研究之用，请您予以理解，让我们再一次向您表示衷心的感谢！

1. 您认为高职院校工科专业教师实践教学胜任力应包括哪些方面？

_____

2. 请您列举三个您的成功事例。

（1）_____

（2）_____

（3）_____

3. 请您谈谈第一个成功事例（请详细说明您在该工作中的具体角色、任务、最初想法、实施过程中所遇到的问题及处理方法、事后的体会与感受，并指出影响您成功的主观因素，如知识、能力和素养）。

4. 请您谈谈第二个成功事例（要求同上）。

5. 请您谈谈第三个成功事例（要求同上）。

6. 请您列举三个您失败或遗憾的事例。

（1）_____

（2）_____

（3）_____

7. 请您谈谈第一个失败或遗憾事例（请详细说明您在该工作中的具体角色、任务、最初想法、实施过程中所遇到的问题及处理方法、事后的体会与感受，并指出关键影响因素）。

8. 请您谈谈第二个失败或遗憾事例（要求同上）

9. 请您谈谈第三个失败或遗憾事例（要求同上）

10. 结合您自身的从教经历和感受，您认为哪些因素促进了自身实践教学胜任力的提升？哪些因素阻碍了实践教学胜任力的提升？

_____

11. 其他需要补充说明的事项。

_____

非常感谢您的支持和配合！祝您工作顺利、身体健康！

附录三：高职院校工科专业教师实践教学胜任力专家咨询问卷（第一轮）

尊敬的专家：

您好！非常感谢您参加本项研究的专家调查！

在前期研究中，我们利用工作分析法、问卷调查法、行为事件访谈法等，初步提取了高职院校工科专业教师实践教学胜任力结构要素，本次专家调查的主要目的是提炼出更加系统、科学、可行的高职院校工科专业教师实践教学胜任特征。本次调查将进行两轮。您的意见对本项目的研究具有重要意义。谢谢您的支持！

高职院校工科专业教师实践教学胜任力研究课题组

填写说明：

1. 请在"重要性评价"一栏中对左侧能力要素的重要性做出评价，其中1～5分别表示不重要、不太重要、一般、比较重要、很重要。

2. 请根据您的理解对胜任特征是否能够入选最终的胜任力结构模型给出意见，在相应位置打"√"。

3. 如果您有不同的意见，请在相应位置进行说明，并提出修改、删除、替换或增加的建议。

序号	胜任特征	重要性评价	是否同意入选最终的胜任力结构模型					建议指标与修改意见
			不同意	比较不同意	修改后同意	比较同意	很同意	
1	尊重学生							
2	注重学生职业素养养成							
3	敬业精神							
4	身份认同							
5	责任感							
6	奉献精神							

序号	胜任特征	重要性评价	是否同意入选最终的胜任力结构模型					建议指标与修改意见
			不同意	比较不同意	修改后同意	比较同意	很同意	
7	团队协作							
8	成就导向							
9	专业发展							
10	专业知识							
11	职业知识							
12	实践性知识							
13	教育教学知识							
14	情境创设能力							
15	教学设计能力							
16	教学实施能力							
17	教学评价与反馈能力							
18	安全事故防范能力							
19	教学反思能力							
20	语言表达能力							
21	示范操作能力							
22	教学研究能力							
23	创新教育能力							
24	社会服务能力							
25	校企资源整合能力							
26	安全教育能力							
27	沟通交流能力							
28	现代信息技术能力							
29	因材施教能力							
30	问题解决能力							

附录四：高职院校工科专业教师实践教学胜任力专家咨询问卷（第二轮）

尊敬的专家：

您好！非常感谢您参加本项研究的专家调查！

本次专家调查的主要目的是提炼出更加系统、科学、可行的高职院校工科专业教师实践教学胜任特征。在前期研究中，我们利用工作分析法、问卷调查法，行为事件访谈法等，初步提取了高职院校工科专业教师实践教学胜任力结构要素，经过第一轮专家的筛选，对其中部分指标进行了删减与修改，确定了第二轮专家调查问卷，请您按照要求进行填写，答案无所谓正确与否，只要能真实反映您的意见即可，您的意见对本项目的研究具有重要意义。谢谢您的支持！

高职院校工科专业教师实践教学胜任力研究课题组

填写说明：

1. 请在"重要性评价"一栏中对左侧能力要素的重要性做出评价，其中 1～5 分别表示不重要、不太重要、一般、比较重要、很重要。

2. 请根据您的理解对胜任特征是否能够入选为最终的胜任力结构模型给出意见，在相应位置打"√"。

3. 如果您有不同的意见，请在相应位置进行说明，并提出修改、删除、替换或增加的建议。

序号	胜任特征	重要性评价	是否同意入选最终的胜任力结构模型					建议指标与修改意见
			不同意	比较不同意	修改后同意	比较同意	很同意	
1	尊重学生							
2	身份认同							
3	责任感							
4	团队协作							

序号	胜任特征	重要性评价	是否同意入选最终的胜任力结构模型					建议指标与修改意见
			不同意	比较不同意	修改后同意	比较同意	很同意	
5	专业发展							
6	影响力							
7	专业理论知识							
8	专业实践知识							
9	教育教学知识							
10	情境创设能力							
11	教学设计能力							
12	教学实施能力							
13	教学评价与反馈能力							
14	职业素养教育							
15	教学反思能力							
16	表达沟通能力							
17	示范操作能力							
18	教学研究能力							
19	创新教育能力							
20	校企合作能力							
21	安全事故防范能力							
22	现代信息技术能力							
23	因材施教能力							
24	问题解决能力							

附录五：高职院校工科专业教师实践教学胜任力调查问卷（预测卷）

尊敬的老师：

您好！感谢您参与本次问卷调查。本次调查的目的是了解您的实践教学行为情况。您的回答将为我们的后期研究提供很大帮助。本次调查不记名，并且对您的个人资料严格保密，调查结果仅供研究参考之用，请您按照自己的实际情况填写，在您认为最合适的选项处打"√"。真诚感谢您的支持与合作，祝您工作愉快！

高职院校工科专业教师实践教学胜任力研究课题组

一、基本情况

性别	男	（ ）	学校名称		
	女	（ ）	所教专业		
教龄	5 年及以下	（ ）	年龄	20～30 岁	（ ）
	6～10 年	（ ）		31～40 岁	（ ）
	11～15 年	（ ）		41～50 岁	（ ）
	16 年及以上	（ ）		50 岁以上	（ ）
专业技术职务	助教	（ ）	教师类型	专任	（ ）
	讲师	（ ）		兼职	（ ）
	副教授	（ ）	企业工作经历	有	（ ）
	教授	（ ）		无	（ ）
学历	专科	（ ）	所获最高荣誉（如教学名师、技能大师、指导学生技能竞赛等）	省级及以上	（ ）
	本科	（ ）		市级	（ ）
	硕士	（ ）		校级	（ ）
	博士	（ ）		无	（ ）

二、高职院校工科专业教师实践教学胜任力调查

序号	问题	完全不符合	基本不符合	不确定	基本符合	完全符合
1	能够创建有利于学生技术技能习得的实践教学环境	1	2	3	4	5
2	能够创建具有特定企业文化特征的学习环境	1	2	3	4	5
3	能够参与实践教学校本课程开发	1	2	3	4	5
4	能够根据培养目标设计教学目标和教学计划	1	2	3	4	5
5	能够正确选择并备好所需的教学设备、器材和工具等	1	2	3	4	5
6	能够基于职业岗位工作过程设计教学过程	1	2	3	4	5
7	能够将研究成果创造性地运用于实践教学过程	1	2	3	4	5
8	能够就同行提出的实践教学中存在的问题，进行积极主动的反思、改进	1	2	3	4	5
9	能够结合实践教学情况，不断反思和改进教育教学工作	1	2	3	4	5
10	能够针对实践教学工作中的现实需要与问题，进行探索和研究	1	2	3	4	5
11	能够参加实践教学研究和教学改革创新	1	2	3	4	5
12	能够指导学生主动学习和技术技能训练，有效调控教学过程	1	2	3	4	5
13	能够与团队成员交流商讨实践教学	1	2	3	4	5
14	能够建立、保持与企业的联系网络	1	2	3	4	5
15	能够站在学生的立场考虑问题	1	2	3	4	5
16	了解技术技能人才成长规律以及从学校到工作岗位过渡阶段的心理特点和学习特点，并掌握相关教育方法	1	2	3	4	5
17	了解所在区域经济发展情况、相关行业现状趋势与人才需求等基本情况	1	2	3	4	5
18	拥有所教专业扎实的专业理论知识	1	2	3	4	5
19	主动考取并及时更新专业技能证书和职业资格证书	1	2	3	4	5
20	积极参加专业领域的培训和会议	1	2	3	4	5
21	认为开展实践教学非常有必要	1	2	3	4	5
22	能够平等地与学生进行沟通交流	1	2	3	4	5
23	能够客观地进行自我教学评估	1	2	3	4	5

续表

序号	问题	完全不符合	基本不符合	不确定	基本符合	完全符合
24	能够利用多样化途径及时反馈学生实践教学学习情况	1	2	3	4	5
25	能够挖掘企业实践教学资源，并运用到实践教学过程中	1	2	3	4	5
26	能够针对不同学生的实践兴趣爱好分配学习任务	1	2	3	4	5
27	能够运用多种方式，规范、正确、清晰地示范技能动作	1	2	3	4	5
28	能够很好地把各类操作技能动作进行有机整合	1	2	3	4	5
29	能够妥善应对教学过程中的安全突发事件	1	2	3	4	5
30	能够精准地排查实践教学设施设备故障	1	2	3	4	5
31	具有适应教育现代化的信息技术运用能力	1	2	3	4	5
32	能够在实践教学前，做好安全教育工作	1	2	3	4	5
33	能够为学生营造安全的实践学习环境	1	2	3	4	5
34	能够清晰准确地表达思想，说话有条理、逻辑性强	1	2	3	4	5
35	能够指导学生利用网络平台学习职业技能等	1	2	3	4	5
36	认为具有较强实践教学能力的高职教师，能够得到社会的认可和尊重	1	2	3	4	5
37	能够引导学生进行新信息的加工利用	1	2	3	4	5
38	掌握学生专业学习认知特点和技术技能形成的过程及特点	1	2	3	4	5
39	善于引导学生从不同的角度、用不同于常规的方法思考问题、解决问题	1	2	3	4	5
40	对学生技术技能的习得，具有影响和示范作用	1	2	3	4	5
41	积极参加企业实践	1	2	3	4	5
42	能够与团队成员合作完成课题／项目	1	2	3	4	5
43	对学生始终抱着认真负责的态度	1	2	3	4	5
44	掌握所教专业涉及的职业资格及其标准	1	2	3	4	5
45	能够运用多元评价方法，评价学生的实践教学成效	1	2	3	4	5
46	即使遇到困难和挫折，也会坚守实践教学工作一线	1	2	3	4	5
47	作为一名高职院校教师很满意，在工作中，非常积极地开展实践教学	1	2	3	4	5
48	能够针对实践教学中存在的问题，积极寻求解决途径与方法	1	2	3	4	5

序号	问题	完全不符合	基本不符合	不确定	基本符合	完全符合
49	能够在实践教学过程中将行业企业优秀文化传递给学生	1	2	3	4	5
50	能够运用讲练结合、工学结合等多种理论与实践相结合的方式方法，有效实施教学	1	2	3	4	5
51	能够在实践教学过程中渗透职业素养养成教育	1	2	3	4	5
52	对学生创新创业意识的形成，具有影响和示范作用	1	2	3	4	5
53	能够针对不同学生的个性特点，采取不同的教育教学方式	1	2	3	4	5
54	能够把复杂的操作技能动作进行拆解分析	1	2	3	4	5
55	能够针对不同学习进度的学生给予针对性指导	1	2	3	4	5
56	能能根据学生的理解、认知水平，进行教学和交流	1	2	3	4	5
57	能够进行网络教学资源建设	1	2	3	4	5
58	能够准确快速地发现教学中出现的问题	1	2	3	4	5
59	能够帮助学生妥善解决实践学习中遇到的问题	1	2	3	4	5
60	能够准确讲解教学要点	1	2	3	4	5
61	即使存在职业倦怠，但对实践教学工作也不曾懈怠	1	2	3	4	5
62	能够有效整合校企实践教学，保证学生学习连贯统一	1	2	3	4	5
63	积极主动了解专业相关的新知识、新技术和新工艺	1	2	3	4	5
64	无论学生实践能力强弱，均能平等对待	1	2	3	4	5
65	认同职业院校学生的独特性	1	2	3	4	5
66	具有行业或企业实践的经验知识	1	2	3	4	5
67	掌握所教实践课程的教学方法和策略	1	2	3	4	5
68	了解所教专业知识国内外发展的最新动态	1	2	3	4	5
69	能够与团队成员共同开发实践教学资源	1	2	3	4	5
70	具有一定的相关学科专业知识	1	2	3	4	5
71	对学生职业精神的形成，具有示范和引领作用	1	2	3	4	5
72	能够引导学生进行创新成果展示	1	2	3	4	5
73	能够注重学生的职业道德教育	1	2	3	4	5
74	能够从整体上把握实践教学节奏，保证实训实习效果	1	2	3	4	5
75	能够与行业企业合作进行项目开发、技术支持、课题研究等工作	1	2	3	4	5

除此之外，关于高职院校工科专业教师实践教学胜任力的问题，您愿意分享的看法还有吗？请写在下面的横线上。

_____

_____

_____

问卷到此结束，再次感谢您的参与和配合！祝您工作顺利、生活愉快！

附录六：高职院校工科专业教师实践教学胜任力调查问卷
（正式卷）

尊敬的老师：

　　您好！感谢您参与本次问卷调查。本次调查的目的是为了了解您的实践教学行为情况。您的回答将为我们的后期研究提供很大帮助。本次调查不记名，并且对您的个人资料严格保密，调查结果仅供研究参考之用，请您按照自己的实际情况填写，在您认为最合适的选项处打"√"。真诚感谢您的支持与合作，祝您工作愉快！

高职院校工科专业教师实践教学胜任力研究课题组

一、基本情况

性别	男	（　）	学校名称			
	女	（　）	所教专业			
教龄	5 年及以下	（　）	年龄	20～30 岁	（　）
	6～10 年	（　）		31～40 岁	（　）
	11～15 年	（　）		41～50 岁	（　）
	16 年及以上	（　）		50 岁及以上	（　）
专业技术职务	助教	（　）	教师类型	专任	（　）
	讲师	（　）		兼职	（　）
	副教授	（　）	企业工作经历	有	（　）
	教授	（　）		无	（　）
学历	专科	（　）	所获最高荣誉（如教学名师、技能大师、指导学生技能竞赛等）	省级及以上	（　）
	本科	（　）		市级	（　）
	硕士	（　）		校级	（　）
	博士	（　）		无	（　）

二、高职院校工科专业教师实践教学胜任力调查

序号	问题	完全不符合	基本不符合	不确定	基本符合	完全符合
1	能够创建具有特定行业/企业文化特征的学习环境	1	2	3	4	5
2	能够参与实践教学校本课程开发	1	2	3	4	5
3	能够根据培养目标设计教学目标和教学计划	1	2	3	4	5
4	能够正确选择并备好所需的教学设备、器材和工具等	1	2	3	4	5
5	能够基于职业岗位工作过程设计教学过程	1	2	3	4	5
6	能够将研究成果创造性地运用于实践教学过程	1	2	3	4	5
7	能够就同行提出的实践教学中存在的问题，进行积极主动的反思、改进	1	2	3	4	5
8	能够结合实践教学情况，不断反思和改进教育教学工作	1	2	3	4	5
9	能够参加实践教学研究和教学改革创新	1	2	3	4	5
10	能够与团队成员交流商讨实践教学	1	2	3	4	5
11	积极参加专业领域的培训和会议	1	2	3	4	5
12	能够客观地进行自我教学评估	1	2	3	4	5
13	能够利用多样化途径及时反馈学生实践教学学习情况	1	2	3	4	5
14	能够挖掘企业实践教学资源，并运用到实践教学过程中	1	2	3	4	5
15	能够运用多种方式，规范、正确、清晰地示范技能动作	1	2	3	4	5
16	能够很好地把各类实践操作动作进行有机整合	1	2	3	4	5
17	能够精准地排查实践教学设施设备故障	1	2	3	4	5
18	能够在实践教学前，做好安全教育工作	1	2	3	4	5
19	能够为学生营造安全的实践学习环境	1	2	3	4	5

序号	问题	完全不符合	基本不符合	不确定	基本符合	完全符合
20	认为具有较强实践教学能力的高职教师，能够得到社会的认可和尊重	1	2	3	4	5
21	对学生技术技能的习得，具有影响和示范作用	1	2	3	4	5
22	积极参加企业实践	1	2	3	4	5
23	掌握所教专业涉及的职业资格及其标准	1	2	3	4	5
24	能够运用多元评价方法，评价学生的实践教学成效	1	2	3	4	5
25	即使遇到困难和挫折，也会坚守实践教学工作一线	1	2	3	4	5
26	作为一名高职院校教师很满意，在工作中，非常积极地开展实践教学	1	2	3	4	5
27	能够运用讲练结合、工学结合等多种理论与实践相结合的方式方法，有效实施教学	1	2	3	4	5
28	对学生创新创业意识的形成，具有影响和示范作用	1	2	3	4	5
29	能够针对不同学生的个性特点，采取不同的教育教学方式	1	2	3	4	5
30	能够把复杂的实践操作动作进行拆解分析	1	2	3	4	5
31	能够针对不同学习进度的学生给予针对性指导	1	2	3	4	5
32	能够根据学生的理解、认知水平，进行教学和交流	1	2	3	4	5
33	能够准确快速地发现教学中出现的问题	1	2	3	4	5
34	能够帮助学生妥善解决实践学习中遇到的问题	1	2	3	4	5
35	能够准确讲解教学要点	1	2	3	4	5
36	积极主动了解专业相关的新知识、新技术和新工艺	1	2	3	4	5
37	具有行业或企业实践的经验知识	1	2	3	4	5
38	掌握所教课程的教学方法和策略	1	2	3	4	5
39	了解所教专业知识国内外发展的最新动态	1	2	3	4	5

续表

序号	问题	完全不符合	基本不符合	不确定	基本符合	完全符合
40	对学生职业精神的形成，具有示范和引领作用	1	2	3	4	5
41	能够从整体上把握实践教学节奏，保证实训实习效果	1	2	3	4	5
42	能够与行业企业合作进行项目开发、技术支持、课题研究等工作	1	2	3	4	5

除此之外，关于高职院校工科专业教师实践教学胜任力的问题，您愿意分享的看法还有哪些？请写在下面的横线上。

_____

_____

_____

问卷到此结束，再次感谢您的参与和配合！祝您工作顺利、生活愉快！

图书在版编目（CIP）数据

高职院校工科专业教师实践教学胜任力研究/冯旭
芳著．—杭州：浙江大学出版社，2022.6
ISBN 978-7-308-22576-2

Ⅰ．①高… Ⅱ．①冯… Ⅲ．①高等职业教育－工
科(教育)－教师－教学能力－研究 Ⅳ．①G718.5

中国版本图书馆CIP数据核字(2022)第074287号

高职院校工科专业教师实践教学胜任力研究

冯旭芳　著

策划编辑	马一萍	
责任编辑	宁　檬	
责任校对	陈逸行	
封面设计	米　兰	
出版发行	浙江大学出版社	
	（杭州市天目山路148号　　邮政编码　310007）	
	（网址：http://www.zjupress.com）	
排　　版	杭州林智广告有限公司	
印　　刷	广东虎彩云印刷有限公司绍兴分公司	
开　　本	710mm×1000mm 1/16	
印　　张	14.5	
字　　数	237千	
版 印 次	2022年6月第1版　2022年6月第1次印刷	
书　　号	ISBN 978-7-308-22576-2	
定　　价	58.00元	